프랑스 요리의 모든 것

가정 요리

쥘 구페 지음
안세하 옮김

사소서사

프랑스 요리의 모든 것 - 가정 요리 초판 1쇄 발행   2025년 4월 19일
Le Livre de Cuisine

원작 쥘 구페
번역 안세하
출판 사소서사
인쇄 삼광프린팅

ISBN 979-11-979167-6-2 03920
출판등록 566-2022-000018
전자우편 editionsaso@gmail.com
인스타그램 @editionsaso

ⓒ 안세하 2025

이 책의 출판권 및 저작권은 역자에게 있습니다.
이 책에 담긴 저작물의 일부 또는 전부를 사용하려면 반드시 서면 동의를 받아야 합니다. 저작권자의 동의 없는 영리 목적의 행사 운영 및 영상물 제작 등의 2차적 창작, 무단 배포 및 전재, 복사, 제본 등 일체의 저작권 이용 행위는 처벌될 수 있습니다.

도서출판 사소서사는 FSC® 인증을 받은 용지를 사용하여 도서를 제작하고 있습니다.

일러두기

▷ 이 책은 1893년 프랑스 파리에서 출간된 Jules Gouffé의 *LE LIVRE DE CUISINE*를 완역한 것으로, 원전의 분량이 방대하여 저자가 의도한 바와 같이 구분한 두 개의 장을 각 한 권의 번역본으로 편집하였으며, 이 책은 그 중 제1장 「가정 요리」를 완역한 책입니다.

▷ 이 책의 본문은 원전의 배치를 고증하여 조판하였습니다. 행갈이의 경우 한 문장으로 이루어진 짧은 행의 경우 앞뒤 문단을 고려하여 적절히 연결할 수도 있었지만, 저자의 의도를 고려하여 원전 그대로 편집하였습니다.

▷ 식재료나 식기구, 부위 등을 나타내는 고유명사는 되도록 프랑스어를 기준으로 국립국어원의 외래어 표기법에 맞추어 적었습니다. 단, 프랑스어 외의 언어로 널리 알려진 명칭이나 한국어 명칭이 이미 존재하는 경우에는 해당 명칭을 사용하였으며, 프랑스 산의 특정한 품종을 지칭할 경우에는 프랑스어를 우선하였습니다.

※ cresson : 크레송 → 물냉이   turbot : 튀르보 → 대문짝넙치

▷ 요리 명칭의 경우 연음 규칙(liaison)을 준용하여 실제 프랑스어 발음에 적합하도록 표기하였습니다. 〈조리 용어〉 항목의 경우 프랑스 문화의 일부로써 프랑스어 어휘를 준용하여 기재하였습니다.

※ Blanchir : 데치기 → 블랑시르   Ciseler : 칼집넣기 → 시즐레

▷ 본문의 주석은 모두 번역자가 덧붙였습니다.

▷ 인명, 식재료, 요리 명칭 등에서의 하이픈은 그것이 수식하고 있는 대상을 붙여 옮겼습니다.

▷ 원문에서 따옴표로 묶이거나 또는 강조된 내용은 본문에서 모두 굵은 글씨로 강조하였습니다.

▷ 본문에서의 기호는 다음을 의미합니다.

※ ● → 각주   ■ → 도판번호   ▶ → 참고쪽수

LE LIVRE

DE CUISINE

LE LIVRE
DE CUISINE

PAR

JULES GOUFFÉ

ANCIEN OFFICIER DE BOUCHE DU JOCKEY-CLUB DE PARIS

COMPRENANT

LA CUISINE DE MÉNAGE ET LA GRANDE CUISINE

AVEC

4 PLANCHES IMPRIMÉES EN CHROMOLITHOGRAPHIE
ET 182 GRAVURES SUR BOIS

프랑스 요리의 모든 것

쥘 구페 지음
前 조키클럽 드 파리 케이터링 감독

가정 요리와 고급 요리에 관하여

다색석판인쇄 컬러 도판 4판
목판화 182종 수록

목 차

사전에 고려해야 할 것들	27
I. 포토푀와 소고기 수프	75
II. 포타주	89
III. 고명, 리에종, 가정용 소스	115
IV. 구이 - 석쇠구이 - 튀김 - 튀김옷	157
V. 일반적인 경우를 위한 오르되브르	167
VI. 소고기	173
VII. 송아지	201
VIII. 양	233
IX. 가금류	249
X. 돼지	273
XI. 수렵 짐승	283
XII. 가정 요리에서의 파테	297
XIII. 물고기	309
XIV. 채소	341
XV. 달걀	367

TABLE DES MATIÈRES

XVI. 반죽	377
XVII. 앙트르메 쉬크레	383
XVIII. 가정 제과	403
XIX. 디저트	417
대형 도판	434
도판 목차	441
맺음말	445
보유	450
제작후기	459

머리말

근래에 펴낸 이 책을 쓰기로 결심하기까지 오랜 망설임의 시간을 보냈다. 여러 해 동안 나를 고민되게 한 것은, 사실대로 고백하자면 지금까지 출간된 대부분의 요리책들 거의 모두가 서로를 구차하게 베끼는 까닭에 있다. 대단히 불확실한데다 오류 투성이인 레시피들이 무람없이 유통되고, 또한 판에 박힌 방식과 실수가 공유되며 조리법에 있어 재료의 정확한 양이나 수, 조리 시간 등을 명확하게 제시하지 않아 요리사의 역량을 제고하기는커녕 저하시키고, 결국에는 요리를 아는 사람들이나 요리를 배우는 사람들, 평범한 사람들, 전문 요리사들 중 어느 누구에게도 도움이 못 되는 형편에 이르고 있다.

　　내가 이보다 더 뛰어난 책을 만들 수 있었을지, 아니면 모두가 손꼽아 기다렸던 요리책의 탄생을 마침내 내가 실현 시키는 기쁨을 누리게 된 것인지는 독자 여러분이 평가할 것이다. 지금껏 숱한 이들이 해왔던 작업과는 다른 방식의 작업을 수행했다는 것이 당장 내가 할 수 있는 유일한 말이다.

일반적인 요리책들은 간소한 요리와 거창한 요리를 구분하지 않고 있다. 복잡한 조리법들 사이에 단순한 조리법을 두서없이 끼워 넣는 것이다. 이 기절초풍할 노릇의 뒤죽박죽인 상황, 바로 이 점이 지금까지의 연구계와 현장에서 요리 기술이 거의 진보하지 못해온 까닭을 설명해준다.

예컨대, 비스크(*bisque*), 쉬프렘(*suprême*), 원액 레시피가 양고기 스튜, 토끼 소테(*sauté*), 블랑케트(*blanquette*), 뵈프 부르기뇽● 레시피와 같이 가정식에 있어 가장 기본적인 것들과 난삽하게 뒤섞인 것만큼 무질서한 상태를 또 어디서 발견할 수 있겠는가? 이런 어지러운 판국에서 가정의 살림꾼과 전문 요리사 중 도대체 그 누구가 책에 담긴 내용을 제대로 이해하겠는가?

이 책에서는 나의 기준으로 볼 때 한데 모으기에 적절치 못한 것은 따로 분리하였다. 다방면에서 요리를 아우르는 데 요구되는 적절한 분량을 갖춘 이 책의 특징을 십분 살려, 나는 책의 내용을 크게 두 부분으로 적절히 나눌 수 있었다. 하나는 가정 요리를 위한 장이며, 다른 하나는 격식을 갖춘 고급 요리를 위한 장이다. 이 두 분류는 필경 상호 관계적이며 서로가 보완적인 구도에 놓여있음을 여러 기회에 걸쳐 증명해낼 수 있을 것이다. 다만 실제로 두 분야가 구별됨은 자명한 사실이다.

● 비스크는 가재를 사용해 조리한 수프, 쉬프렘은 닭고기를 우린 소스 또는 그 소스를 이용해 닭고기를 조리한 음식, 소테는 볶음, 블랑케트는 송아지 고기로 만든 스튜를 말한다. 뵈프 부르기뇽은 소고기를 적포도주와 함께 오랜 시간 푹 졸여 만드는 찜요리이다.

일반 가정 주부에게 주어진 식탁의 과제가 대저택의 셰프에게 부과된 과제와 동일하지 않다는 것은 이론의 여지가 없다.

따라서, 첫 번째 장에서는 가정 요리를 앞서 다룰 것이며, 작업과 비용의 측면에 있어 복잡하지 않도록 내용을 명확하게 정리하였다. 이 장에서 독자들은 내가 상세한 세부 내용을 전달하고, 초심자와 견습자의 눈높이를 기준으로 정확히 설명함으로써 그들에 대한 배려를 잃지 않고 있음을 느낄 수 있을 것이다.

나는 요리책의 기본이란 무엇인가에 대해 항상 골몰하였으며, 그 문제의 답을 구하기 위한 노력을 바탕 삼아 이 책이 독보적인 위치를 차지하기를 바란다. 나는 가정 요리의 레시피에 있어 가장 정확한 계량 정보를 제공하기 위해 힘썼다. 요리에 있어 대략적인 어림이나 자의적인 눈대중에 의존한다면 그것은 어떠한 것도 설명하거나 입증하지 못한 것이 된다. 이는 재료의 무게와 규격, 조리 시간에 있어서도 마찬가지이다.

나는 항상 눈 앞에 시계를 두고 손에 저울을 든 채로 레시피를 정리하였다. 그렇다고 독자 여러분이 실제 조리시에 이런 절대적인 검증 수단에 계속 의존할 필요는 없음을 급히 덧붙인다. 숙련되고 완벽한 요리사가 된다면 더 이상 필요치 않기 때문이다. 그러나, 아직 적절한 지식을 갖추지 못한 이들을 위해서 조리법을 작성할 때에는 매우 엄격한 계량을 거쳐야 한다. 정확한 계량이야말로 대략적인 추정과 의심을 없앨 수 있는 유일한 방법이자 아주 간단한 준비 작업에도 여전히 중요한 것으로 남는다. 많은 이들이

자기 집에서 잘못된 음식을 먹으며, 왜 지금까지의 가정 요리가 거의 발전하지 못했는지 불평하는 것의 원인은 거지반 이 문제에서 비롯된다.

두 번째 장에서는 한층 발전되고 개선된 고급 요리들을 소개했다. 그 점에 있어서는 무엇 하나 빠트린 것이 없다. 한편 과장되거나 괴상하게 느껴지는 이름을 가진 요리들, 숱한 요리책들을 난삽하게 할 뿐이며 누구도 먹지 않는 순전히 관상용에 불과한 요리들, 또는 세련된 이름 아래 숨겨진 구식의 조리법 등에서 발견할 수 있는 꼴사나운 허세 등은 최대한 조심스럽게 피했다.

나의 조언과 경험의 손길을 구하려는 여러 젊은 동료들의 간곡한 요청에 의해 이 책을 쓸 수밖에 없었다는 사실을 언급하지 않을 수 있을까? 그들은 업계에서의 나의 위치나 연륜을 돌이켜보건대 내가 과거와 현재를 동시에 아우르는 요리사이자, 표준적이면서도 특별한 요리사로서 요리인들의 직무 계발에 있어 유용하고 계도적인 내용을 쓸 수 있는 적임자로 보았다. 이 이야기는 그 전에 내 앞에서는 들리지 않았던 것들이다.

아주 어린 시절부터 요리 경력을 쌓기 시작한 나는 많은 것들을 보고 관찰하였으며, 다방면으로 익혀왔다.

나는 과거의 대가들이 작업하는 모습을 가까이에서 배울 수 있는 기회를 가졌는데, 이들의 이름과 업적은 우리가 잊어서는 안 될 것이다. 방대한 규모의 요리를 설계하는 데 두각을 나타낸 로이에(Loyer), 뛰어난 요리사이며 주방장이었던 드

루아(Drouhat), 다방면에 있어 탁월한 감각을 지녔던 레샤르(Léchard), 섬세하고 정교한 작업으로 이름을 날린 베르나르(Bernard), 로이에와 드루아의 수제자이면서 그들의 후계로 손색이 없는 토르테즈(Tortez)도 있다. 또한 나는 7년 동안을 그치지 않고 그 유명한 카렘(Carême)의 문하에서 조리와 제과 분야를 수학하였다. 그의 훌륭한 가르침과 위대한 전통 아래에서 나는 무엇이든 배우려고 노력하였는데, 우리 시대에 그의 전통이 되살아나는 것은 매우 바람직한 일이라고 생각한다.

그러나 과거의 기억이 현재를 편협하게 바라보게 하는 것은 아니다. 나는 우리 민족의 큰 자랑인 프랑스 요리가 오늘날 그 명성이 실추되었으며, 결코 되살리지 못할 것이라고 못박는 사람이 아니다. 선하고 진실한 것들은 사라지지 않기 마련이다. 물론 쇠락의 시기는 있을 수 있지만 조만간 우리는 노력과 지성, 선의로 이 시기를 회복할 수 있다. 나는 우리 요리사들이 선하고 옳은 일을 하므로 프랑스 요리의 명성을 되살리는 데 이보다 더 적합한 위치에 있을 수는 없다고 생각한다.

이러한 확신, 나아가 아주 단순하거나 매우 고급스러운 단계를 막론하고 요리가 계속해서 진보할 수 있다는 신념에 사로잡혀, 나는 이미 유명세를 얻은 젊은 요리사들 가운데에 끼어 하루도 거르지 않고 연구와 노력에 매진하고 있다. 그들의 재능과 명성은 그 자체로 요리계의 신예들이 전혀 과거보다 모자라지 않음을 입증하고 있다. 가장 먼저 폴 파스키에(Paul Pasquier), 샤를 카니베와 레옹 카니베(Charles et Leon Canivet), 폴 데솔리에(Paul Dessolliers), 나폴레옹 3세 폐하의 수석 제과장인 고트(Got), 베르나르 2세(Bernard fis)와 코제리(Cogerie), 마들렌(Madelain), 크리스티나 왕비● 전하의 주방장인 아메데 방(Amédée Bain), 샤를 라비뉴와 알렉상드르 라비뉴(Charles et Alexandre Lavigne), 에두아르 슈뉘(Édouard Chenu) 등 많은 이들이 있다.

그들 중의 몇몇은 기꺼이 나의 제자임을 자처한다. 하지만 동료나 친구라는 호칭 외에 그들에게 다른 호칭을 붙이지 않는 것을 독자 여러분은 이해해주기를 바란다.

나는 이들에게 훌륭한 레시피들을 많이 빚지고 있으며, 그 모든 것들을 지면에 그대로 옮겨 적기만 했을 뿐이다. 특히 내 작업의 특별한 도움을 보탠 아메데 방과 샤를 카니베는 매일같이 지키고 있는 자신들의 생업 한가운데, **요리책**의 진정한 무대인 **화덕 옆에서** 한 권의 요리책을 만든다는 이 길고도 어려운 작업을 수행하는 데 적극적이고 헌신적으로 나를 크게 도와주었다.

나를 도운 이들 가운데 나의 형제들로서 25년 동안 영국 왕실에서 근무한 알퐁스 구페(Alphonse Gouffé)와, 앙드레 슈발로프(André Schouvaloff)●● 백작의 사저에서 25년간 근무한 이폴리트 구페(Hippolyte Gouffé) 또한 언급해야겠다. 이들이 해외에서 보내준 정보는 내게 큰 도움이 되었다. 이는 피를 나눈 형제로서 으로 그들에게 감사를 표할 뿐만 아니라, 요리사로서 의심의 여지가 없는 재능을 가진 그들의 공로에 보답하는 것이기도 하다.

● 스페인 페르난도 7세의 왕비였던 양시칠리아의 마리아 크리스티나를 의미하는 듯하다. 그는 말년에 숨을 거둘 때까지 프랑스에서 거주하였다.
●● 러시아의 외교관 피에르 슈발로프를 말한다.

마지막으로 정리하자면, 요리책을 판단하는 기준은 그것이 얼마나 유용한지에 달려있다.

내가 제안하는 개선책과 방식들이 마중물이 되어 앞으로 몇 년 안에 저마다 사회적 형편에 맞게 최선의 요리를 누리게 되었다는 소식을 듣게 된다면, 가정 요리가 마침내 정성스럽고 경제적이며 쾌적하게 실천되고 고급 요리가 발전과 미식과 화려함의 조건에서 신장되어 우리가 살아가는 이 광명과 풍요의 세기와 잘 어울리게 된다면, 그것이야말로 나의 본래 목표를 달성한 것이 되며 그러한 결과야말로 나의 온 수고를 보상해준다는 사실에 기꺼이 만족할 것임을 천명하는 바이다.

쥘 구페

1867년 7월 15일

그림 1. 포타주 그릇과 상차림

이 책의 삽화

이 요리책에 포함된 흑백 또는 채색 도판들에 담긴 특별한 용도를 기술할 필요가 있다.

이 도판들의 예술적 가치를 강조하거나, 또는 기꺼이 그들의 재능으로 이 책에 도움을 보탠 삽화가들과 조판가들의 노고를 인정하는 것은 내게 달린 일이 아니다. 다만 이러한 삽화들이 책에 생기를 불어넣음에 의심의 여지가 없으며, 특히 이 점에 대해 강조하고 싶다. 그것은 바로 이 도판들이 단지 책의 장식적 또는 시각적 효과를 위해 그려진 것이 아니라, 내가 이 책을 쓰며 그 무엇보다도 최우선으로 염두에 둔 교육적 기능을 철저히 수행하기 위해 수록되었다는 점이다.

여기 수록된 모든 도판들은 수준급의 화가인 롱자(Ronjat) 씨●가 실물을 바탕으로 직접 그린 것이며, 그의 수고가 큰 기여를 했다. 또한 다색석판인쇄●● 기법 덕분에 새로운 유용한 정보를 수록할 수 있게 되었는데, 예컨대 가금 또는 축산의 정육 부문에서는 좋은 상태와 좋지 못한 상태의 사례를 서로 마주하여 배치하는 방식을 통해 가능케할 수 있었다.

어떠한 과정을 설명하거나 또는 레시피의 실용적인 세부를 강조하는 과정에서 삽화가 유용하다고 생각될 때마다, 나는 삽화의 도움을 취하는 것을 망설이지 않았다. 이 책을 앞에 두고 일하게 될 젊은 요리사들에게 실무적 관점에서 제작된 삽화를 눈으로 따라가며 이들이 정확하게 따라야 할 예를 충실히 제공받는 것이야말로 이 책이 지닌 큰 이점이 될 것이라 확신했기 때문이다.

나아가, 플레이팅에 관한 문제에서는 실무자에게 시각적인 설명이 필요한 경우가 빈번하기 때문에, 나는 주저하지 않고 수프나 앙트레 다음으로 제공되는 매우 중요한 요리들에 있어서는 하나하나 삽화의 도움을 받았다. 이를 통해 요리사는 실무 작업에서 장식이나 고명이 배치되기 이전에 요구되는 개별 작업들을 이해할 수 있게 되며, 또한 전체 요리를 작업하는 과정에서 세부 사항의 전개를 시각적으로 확인할 수 있게 된다.

이처럼 하나의 작업을 각 부분으로 나누어 실용적인 특성을 살려 요리를 삽화로 그리는 것이 큰 규모의 요리를 전체 상태만 그림으로 보여주는 것보다 훨씬 낫다고 여겼다. 기존의 요리책

● 외젠 롱자는 당대에 활동한 전문 삽화가였다.
●● 다색석판인쇄는 리소그래피 기법의 하나로 여러 색을 바탕으로 한 석판을 중첩시킴으로써 그 결과물에서 보다 풍부한 색채를 표현해낼 수 있는 인쇄 기법이다.

에 수록된 삽화들은 종종 아무런 정보를 제공하지 않으며, 세부 과정을 수행하는 방법에 대해 충분치 않은 설명을 제공하고, 초심자들을 계도하거나 방향을 제공하기보다는 대체로 화려한 모습에 감싸여 겁을 심어주거나 사기를 꺾으려고 수록된 것처럼 보인다.

단지 고급 요리의 레시피를 설명할 때만 삽화를 이용하는 것이 아님을 알 수 있을 것이다. 가장 기초적인 가정 요리에서도 삽화를 풍부하게 활용하였는데, 이는 이 책에 담긴 삽화들이 실용적인 목적만을 염두에 두고 제작되었음을 입증하는 것이다.

삽화를 통해 실제 전문적인 조리 과정을 보완하는 이러한 방식은 앞으로 젊은 요리사들이 단순히 오랫동안 지켜온 관습대로 학습하는 것이 아닌, 매일의 수작업에 관찰과 연구를 결합하여 자신의 직능을 익히고자 할 때 진보의 계기를 제공할 수 있을 것이다. 기술, 과학, 미식에 대한 이러한 개념들 없이는 진정한 요리사가 될 수 없기 때문이다.

I

가정 요리

그림 2. 주방을 상징하는 도구들

사전에 고려해야 할 것들

이 항목에서는 간소하거나 또는 복잡한 요리의 초석이라고 고려되는 여러가지 기본적인 요소들과 규범들을 수록하였다. 조리 직무의 기초부터 정석적으로 수련하고자 하는 이들은 이 장에 주의를 기울여야 한다. 젊은 요리사들은 이 곳에서 대단히 필수적인 지식들을 습득할 수 있을 것이며, 이러한 정보들은 식탁이 언제나 중요한 요소로 여겨지는 가정에서 매사 가사에 여념이 없는 남녀에게도 추천할 만한 것이다.

다음은 이 책에 앞서 다루는 주제들을 요약한 것으로, 그 중요성을 강조하는 것만으로도 모자람이 없다.

첫째, 조리 용어 — 먼저 조리 용어들이 무엇을 의미하는

LE LIVRE DE CUISINE. — PREMIÈRE PARTIE.

지를 설명할 것이다. 내가 시도하려는 것은 관용적으로 사용되던 표현들을 가능한 제거하여 실무에서의 혼란을 줄이고, 조리 용어를 정확한 의미로 한정하는 것이다.

둘째, 주방 시설의 마련과 유지 — 누구든지 안정적으로 작업하기 위해서는 적절한 공간이 필요하다는 것에 의심의 여지가 없이 동의할 것이다. 나는 주방 상태의 유지와 청결 문제를 특히 강조한다. 이와 관련해 전문가와 초심자 모두의 효율을 위해 항상 유념해야 할 세부 사항에 대해 자세히 다룬다.

셋째, 주방 도구 — 주방에 비치해야 할 모든 도구들과 소품들의 목록을 가능한 완벽하게 제공하였다.

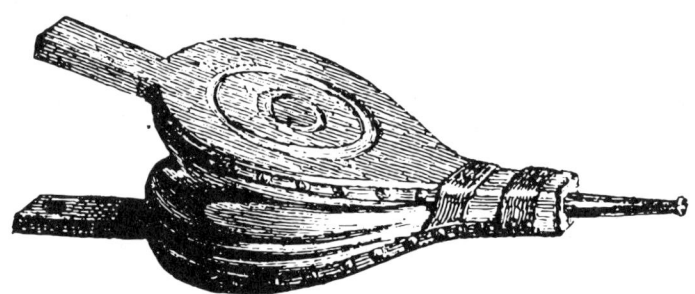

그림 3. 주방에서 쓰는 풀무

넷째, 식자재 조달 — 장보는 법을 앞서 다룬 다음, 화덕을 잘 다루고 다양한 종류의 조리 방식에 적합한 불의 상태를 정하는 법을 설명할 것이다. 이는 독자 여러분이 직접 조리하는 경우에 맞추어 전개된다.

CONSIDÉRATIONS PRÉLIMINAIRES.

다섯째, 향신료와 허브 — 이 책의 서두에서 밝혔던 바와 같이 각 레시피에 대해 정확한 양을 제시하는 한편, 실제 사용법과 준비 방식을 설명한다.

여섯째, 식탁과 주방에 대한 조언 — 주방과 식탁에 있어 매우 필요하다고 생각되는 것들을 언급하며 이 장을 마무리할 것이다.

위의 고려해야 할 사항들을 신중하고 세심하게 학습하고 그 내용을 잘 파악하여 화덕 앞에 선다면, 당신은 요리의 첫걸음을 제대로 내딛을 수 있는 상태가 될 것이며 무척 고통스럽고 복잡한 수련의 기간을 크게 단축할 수 있을 것이다.

I
조리 용어

이 장의 제목은 일반적으로 용인된 쓰임을 따르기 위해 '조리 용어'라고 지었으나, 고백하건대 내게 있어 이 표현은 큰 의미를 가지지 않는다. 솔직히 말하자면 조리 용어란 존재하지 않는다. 오늘날의 요리는 자연스럽고 참된 것이 우선하며, 이것은 오늘날 사회 진보의 특성이기도 하다. 바꿔 말하면 모든 이들이 이해할 수 있는 방식으로 표현되어야 한다는 것이다. 과거에는 관습적으로 일부 특수한 표현들이 도입되는 경우도 있었으나, 그러한 현상 대다수

LE LIVRE DE CUISINE. — PREMIÈRE PARTIE.

는 오늘날의 관점에서 시대에 뒤쳐진 것이 되어버렸고, 이들 표현을 널리 사용하는 것은 아무런 효용이 없다. 왜냐하면, 극히 일부의 경우를 제외하고는 일상에서 사용하는 어휘 자원들 만으로도 그러한 것들을 충분히 지시할 수 있게 되었기 때문이다.

그러므로 나는 이 장에서 조리 용어가 아닌 조리 공정에 대해 다루고자 하는데, 요리의 세부 과정에 들어가기에 앞서 명확한 개념을 갖추는 것이 최소한의 필수 소양이기 때문이다.

블랑시르(*Blanchir*)는 몇몇 채소를 끓는 물에 얼마간 넣음으로써 아린 맛을 제거하는 작업을 의미한다. 육질을 더 연하게 하고 손질이 용이하도록 송아지의 머리나 다리도 데치는 경우가 있다. 돼지껍데기도 쉽게 세척하거나 핏물을 빼기 위해 데치는 과정을 거친다.

브레제(*Braiser*)는 냄비에 고깃덩이를 넣고 완전히 밀폐한 다음 약한 불로 익히는 과정을 말한다.

브리데(*Brider*)는 가금의 날개나 다리를 끈으로 묶음으로써 조리 중에 벌어지지 않게 하고, 앙트레나 구이 요리로써 적합한 형태를 갖추는 것을 말한다.

시즐레(*Ciseler*)는 특정 생선 또는 채소의 표면에 칼을 이용하여 얕거나 깊게 절개함으로써 조리에 용이하게 손질하는 과정을 말한다.

클라리피에(*Clarifier*)는 젤리, 주스, 콩소메, 버터 등을 맑고 투명하게 만드는 과정에서 사용된다. 젤리는 달걀을 이용해

CONSIDÉRATIONS PRÉLIMINAIRES.

맑히고, 주스와 콩소메는 고기를 이용해, 버터는 약한 불에 올려 맑힌다. 우리가 흔히 맑은 버터라고 부르는 것은 다양한 조리 과정에서 사용할 목적으로 이것을 천에 한 번 더 거른 것이다.

데쿠페(*Découper*)는 튀기거나 소테를 만들기 위해 가금 또는 짐승의 각 부위를 절단하는 것을 말한다. 각 부위의 절단 방법은 7장의 삽화를 참고.

데고르제(*Dégorger*)는 채소의 아린 맛을 없애기 위해 물에 담가두는 것을 의미한다. 송아지 머리나 다리, 닭볏 또한 피를 빼내어 조리 과정에서 검게 변하는 것을 막기 위해 이 과정을 거친다.

데세셰(*Dessécher*)는 나무 주걱으로 채소나 파스타를 뒤집어 팬의 바닥 면에 지긋이 눌러주는 것을 말한다. 이를 통해 식재료가 서로 달라붙지 않으며, 동시에 수분의 증발을 촉진하기 위함이다.

플랑베(*Flamber*)란 가금 또는 짐승의 고기를 불에 그을리는 것을 말한다. 철제 화덕을 사용하는 주방에서는 플랑베를 위해 주로 에탄올 램프를 사용하는데, 이것에 관해서는 도구 설명 부분에서 자세히 다룰 것이다.

프레미르(*Frémir*)은 액체가 가열되어 끓으려 할 때 그 표면이 지글거리는 것을 말한다.

가르니튀르(*Garniture*)는 앙트레의 장식을 의미한다.

글라세(*Glacer*)는 글라스(*glace*)라고 부르는 고기에서

LE LIVRE DE CUISINE. — PREMIÈRE PARTIE.

얼은 농축된 육즙을 붓을 이용해 구운 고기, 소테, 크뤼통● 등의 표면에 발라 음식에 윤기를 내는 것을 말한다.

글라스가 되도록 만든다(*faire tomber sur glace*)는 표현은 점차적으로 불을 줄여가며 액체를 조리는 방식을 말한다.

글라세(*Glacer*)라는 단어는 또한 도넛, 팬케이크 등 특정 제과류의 표면에 입히는 설탕물을 나타내기도 한다.

끝으로, 이 단어는 네셀로데(*nesselrode*)●●나 샤토브리앙(*chateaubriand*)●●● 등과 같이 아이스크림을 이용해 만든 앙트르메를 나타내기도 한다.

무이예(*Mouiller*)는 요리에 필요한 액체를 냄비에 더하는 것을 말한다.

파레(*Parer*)는 가금이나 육고기에 있어 정형과 플레이팅에 방해가 될 수 있는 모든 부분을 제거하는 작업을 의미한다.

라프레시르(*Rafraîchir*)는 채소 또는 고기를 끓는 물에 데친 후 찬물에 담그는 것을 말한다. 채소가 갈변하는 것을 막고 고기는 거품을 제거하기 위해 이 같은 방식을 취한다.

르브니르(*Revenir*)는 고기조각에 색을 입히기 위해 버터에 넣고 굽는 방식을 말한다.

소테(*Sauter*)는 버터를 이용해 센 불에서 물기 없이 조리하는 것을 말한다.

투르네(*Tourner*)는 고명으로 사용되는 채소나 과일에 칼로 배 또는 물결, 코르크 모양을 새기는 것을 의미한다.

● 크뤼통은 작은 빵 조각을 버터나 기름에 튀겨 바삭하게 만든 것을 말한다.

●● 네셀로데는 밤을 재료로 아이스크림, 머랭 등을 곁들인 후식으로 밤을 좋아했던 러시아의 외교관 카를 네셀로데의 이름에서 유래한다.

CONSIDÉRATIONS PRÉLIMINAIRES.

II

주방 시설의 마련과 유지

무엇보다 모름지기 주방이란 가능한 넓고 환기가 잘 되며 좋은 설비와 좋은 장비들을 갖추어야 한다. 이러한 것들은 쾌적한 삶을 누리길 원하는 이라면, 주방을 출입하는 이들 중 위생과 요리의 성공을 중요하게 생각하는 이라면 누구든지 제일의 관심사로 두어야 할 것들이다.

그러나 불행하게도, 하물며 호화로움을 위해 작정을 하고 설계된 몇몇 웅장한 저택에서도 주방은 가장 소홀한 대접을 받는 공간이다. 주방에서는 경험과 성장을 위해 가장 기본적으로 고려되어야 할 개념들이 덜 중요하게 취급 받기 마련이다.

따라서 의심의 여지가 없이 주방을 처음부터 모두 바꿔야 한다. 다만 이 책의 1장에서는 가정 요리만을 다루고 있다는 사실을 주목히지. 그렇기 때문에 우리의 의무는 평균적인 소득 수준을 기반으로 하는 오늘날 대다수의 가정에 구비된 주방의 조건을 받아들이는 것이다.

대단히 고가의 저택들도 포함해 대도시권에 위치한 많은 수의 주택에 구비된 주방들이 공간 설계나 채광, 또는 인테리어의 측면에서 수다한 아쉬움을 남긴다는 사실은 부인할 수 없다.

이는 틀림없이 크나큰 흠이지만, 현명한 요리사라면 최선을 다해 대처하는 한편 노력과 정성, 재능과 기술을 통해 그러한

●●● 샤토브리앙은 부드러운 빵에 프랄린이나 견과류, 크림 등을 덧발라 팬케이크 모양으로 만든 후식의 일종으로, 소고기를 이용한 요리 샤토브리앙과는 다른 것이다.

LE LIVRE DE CUISINE. — PREMIÈRE PARTIE.

상황을 극복해야만 한다.

  요리사라는 직업이 언제나 샹티이(*Chantilly*)●나 페리에르(*Ferrières*)●●의 주방을 원하는 대로 사용할 수는 없는 노릇이기에, 눈앞의 것에 만족할 줄 알아야 하는 경우가 매우 많다. 다만 나는 아주 협소한 공간에서도 훌륭하고도 뛰어난 요리를 만들 수 있다고 주장한다. 특히 충분치 않은 여건에서 낙담해버리는 젊은 수련자들을 위해 이 말을 하는데, 조리 공간의 개혁이란 유감스럽게도 하루 아침에 이루어질 수는 없기에 그들은 적응하는 법을 배워야만 한다.

  이와 같은 경우에 갖추어야 할 실무적인 사고방식의 예를 들겠다. 무척 친한 친구 중 하나가 과거에 아무개 남작의 성관이 있는 아르장퇴유(*Argenteuil*)로 급히 연락을 받고 출장을 나간 적이 있었다. 두 종류의 커다란 피에스 몽테(*pièce montée*)와 찬 앙트레(*entrée*)를 내야 하는 일이었다. 그런데 막상 도착해보니, 성관의 내부가 무척 혼잡한 상황이어서 그가 작업을 할 만한 공간이 충분치 못해 비좁은 복도에 탁자도 없이 천장에 줄을 달은 넓적한 판자만 사용할 수밖에 없었다. 게다가 한쪽 구석에는 고정된 삼각보처럼 대리석 조각이 벽에 달려 있었다. 천장도 바닥도 없었고, 찬방에서 기름 받는 쟁반에다가 반죽을 구울 수밖에 없었는데, 그 쟁반은 다행이게도 구리 재질에 새로이 주석 도금을 입힌 것이었다.

  내 친구는 대단히 귀중한 자원처럼 여기며 두 개의 쟁반

● 파리 교외의 고성으로 몽모랑시 공작가가 건설하였다. 17세기의 전설적인 요리사 바텔(Vatel)은 이곳에서 루이 14세를 위한 만찬을 준비하다가 생선 배송이 늦자 스스로 목숨을 끊었다.

CONSIDÉRATIONS PRÉLIMINAIRES.

을 발견해 불로 도금을 벗겨낸 다음, 곁들일 앙트르메들과 페이스트리 반죽을 올려두기 위해 쟁반에 종이를 발랐다.

모든 장애물 그리고 그네처럼 흔들리는 작업대를 사용해야 하는 상황에서도 그는 끝내 자신의 요리를 완벽하게 해냈음은 물론이거니와, 어쩌면 자신보다 더 훌륭한 요리사들도 감히 얻지 못했을 찬사를 한 몸에 받았다.

임기응변으로 요리를 만들라 하기 위해 이 이야기를 하는 것이 아니다. 천만에! 다만 직면하게 되는 상황에서 가능한 최선의 해결책을 찾길 바라는 마음이다.

주방이 작업을 하기에 불리한 환경일수록 청결이나 여러 사소한 세부 사항, 설비, 작업을 하는 데 있어 부담을 줄이고 용이하게 해 주는 모든 장비 등을 통해 결점을 보완해야 할 필요가 있음을 덧붙이고 싶다.

"청결! 또 청결!" 직무의 완수를 위한 모든 세부 사항과 관련되어 매우 중요하게 취급하는 이 웅장한 단어는 비록 유지하고 과장된 것 같아 보여도 공간이 넓든 좁든 모든 주방의 출입문에 큼지막한 글씨로 새겨 넣어야 할 것이다.

주방이 비좁고, 어수선하고, 어두침침할 수 있으나 어떠한 경우에도 불결해서는 아니 될 일이다.

나는 여기에 아주 기본적인 원칙들을 제시하고 있으며, 그 세부 사항을 개괄하는 것은 아무리 과해도 모자람이 없다. 오직 조리 현장을 가까이서 목격하지 못했거나, 청결 문제와 관련해

●● 페리에르는 센에마른에 위치한 호화로운 성으로 로스차일드 가문이 소유했었다.

LE LIVRE DE CUISINE. — PREMIÈRE PARTIE.

세심한 관리가 부족하여 발생할 수 있는 좋지 못한 결과를 직접 경험하지 못한 자들만이 이러한 원칙들을 답답하게 여길 것이다.

불결한 상태의 냄비 단 하나가 최고의 저녁식사 전체를 망치기에 충분하다는 사실을 상기해 보라!

따라서 주방의 남녀 직원들에게 다음과 같이 말한다.

주방과 식자재 저장고의 바닥 타일은 적어도 일주일에 한 번씩 충분한 양의 물로 세척해야 한다. 타일을 씻은 후에는 매우 깨끗한 상태의 톱밥을 그 위에 깔고, 매일 새로 갈아줘야 한다.

싱크대는 올리브유와 올리브 나무를 태운 재를 배합해 만든 비누와 뜨거운 물로 날마다 세척해야 하며, 최대한 조심스럽게 해야 한다.

화덕은 매일 저녁마다 긁어내고 세척하며, 조리 중에 문제가 발생하지 않도록 구석 구석 세심히 관리해야 한다.

숯불 화덕은 작업 중에 솔질을 해야 하며 매일 저녁마다 페리시안화 칼륨을 물에 개어 붉은 칠을 해 두어야 한다.

타일로 된 화덕은 연탄을 완전히 분리하여 보관해야 한다. 그렇지 않으면 연탄으로 인해 항상 주변이 불결해지며, 마치 연탄가게처럼 검댕이 항상 묻은 상태가 되기 마련이다.

조리가 끝났다면 창문을 활짝 열어 주방 전체를 환기 시키고 악취가 남지 않도록 주의해야 한다. 잘 관리된 주방은 화덕의 불이 꺼져 있을 때 식당보다 더한 냄새가 나서는 안 된다. 이러한 상태를 지킨다면 식사 시간을 항상 즐겁게 보낼 수 있다.

CONSIDÉRATIONS PRÉLIMINAIRES.

     일상적으로 사용하는 도구들, 특히 냄비의 경우 주석 도금을 새로 입혀줘야 한다는 사실은 아무리 강조해도 지나치지 않다. 매일 주방 도구를 점검하고, 도구들 중 하나에 붉은 기가 나타나기 시작한다면 즉시 주석 도금을 해줘야 한다. 주방 도구 일체를 날을 잡아 한꺼번에 도금하는 방법은 추천하지 않는다. 매일 도구를 점검하여 도금이 필요한 도구를 즉시 손질하는 것이 훨씬 더 안정하고 신중한 방법이다. 이렇게 관리해야 항상 최상의 상태를 유지할 수 있다. 충분히 세정 되지 못한 냄비를 사용하게 된다면, 위생적인 위험에 요리를 먹는 모든 이들이 노출될 뿐만 아니라 좋은 품질의 요리를 만들 수도 없다. 콩소메, 소스, 젤리 등 모든 것들이 탁하고 검은 빛을 띠게 된다.

     냄비들은 필요할 때마다 주석 도금을 해야 하는 것은 물론, 과하다 싶을 정도로 각별한 주의를 기울여야 한다. 냄비는 사용할 때마다 연마분을 이용해 문질러 닦은 뒤 깨끗한 물로 재차 헹귀야 한다. 같은 물로 여러 가지 주방 도구들을 씻는 불결하고 건강에 해로운 관행은 강력히 비난 받아 마땅하다. 그렇게 한다면 두꺼운 기름층이 생긴 물이 도구의 내면에 검은 막을 형성하게 되고, 이 경우에는 세척 과정이 무용지물이 된다.

     냄비가 언뜻 보기에 반짝이고 윤이 나는 것은 매우 좋은 상태이다. 새 금속처럼 반들반들한 주방 도구가 선반 위에 놓여있는 것이 좋은 효과를 준다는 것도 인정한다. 그러나 외부 상태에 치중한 나머지 내부 청소를 소홀히 해서는 안 된다. 겉으로 보기

LE LIVRE DE CUISINE. — PREMIÈRE PARTIE.

아름다운 냄비를 위해 안쪽의 상태를 희생시켜서는 안 된다. 애석하게도 그러한 사례를 직접 목도했기 때문에 하는 말이다.

독자 여러분이 알아차릴 수 있어 실명을 거론하지는 않겠다만 어느 대저택에서 있었던 일이다. 저택의 주방에는 놀랄 정도로 정돈된 훌륭한 도구들이 구비되어 있었다. 나는 의뢰 받은 소스 하나를 만들기 위해 도착해서 냄비를 하나씩 꺼내 본 결과, 무려 열 개의 냄비를 꺼내 보아도 마땅히 쓸 수 있는 것이 없었다.

나는 그 중의 하나를 직접 세척할 수밖에 없었고, 세척한 뒤에야 냄비의 주석 코팅이 완전히 벗겨져 있는 사실을 발견할 수 있었다. 이 냄비 하나의 사례를 토대로 나머지 도구들의 상태가 어떠했을지는 독자 여러분이 짐작하기 어렵지 않을 것이다.

이 일로 인해 나 자신도 어쩔 수 없이 명심해야 했던 청결에 대한 교훈을 상기할 수 있는 계기가 되었다고 덧붙이고 싶다.

그 일이 있은 뒤로 그 저택을 여러 차례 방문하여 조리 도구가 완벽한 상태인지를 직접 확인할 수 있었는데, 다행히 냄비들의 안쪽은 전혀 흠잡을 데 없었다.

III
주방 도구

무릇 주방이란 그 존재 이유가 어떻든지 항상 가능한 최상의 상태

CONSIDÉRATIONS PRÉLIMINAIRES.

를 갖추고 있어야 한다. 이는 지각 있는 사람이나 요리 직종의 관행에 대해 아무런 지식이 없는 이들조차도 받아들이는 기본 규칙 중 하나이다. 필요한 도구가 없는 상태에서 어떻게 주방에서의 작업이 올바른 조건에서 수행되기를 기대할 수 있겠는가?

질서와 상식을 갖춘 모든 이들, 특히 지출 내역을 꼼꼼히 검증하고 계산하는 주부들에게 진정한 도움을 건네기 위해 다음과 같이 말한다. "**주방에 필요한 모든 것들을 절대적으로 갖추자. 그리하면 경제적으로나 식사의 수준 면에서 만족을 얻을 것이다. 나아가, 항상 최고의 가게에서 높은 품질의 식자재를 구입하자. 마찬가지로 지출과 요리 품질의 면에서 큰 이점을 얻을 수 있을 것이다.**" 무엇보다도 가정과 주방의 지출에 있어 자주 되뇌어야 할 오래된 속담이 있다. "**싼 게 비지떡이다.**"

이 장에서는 책의 서두에서 밝힌 내용의 순서에 따라 가정의 주방에서 구비해야 할 도구의 목록을 제공한다.

도구들을 가리키며, 동시에 그것들의 용도와 사용 방법도 함께 기록하였는데, 이는 요리에 막 입문한 이들에게 유용할 것으로 생각된다. 이들은 주방에 있는 다양한 용구들의 정확한 용도를 제대로 파악하지 못하는 경우가 빈번하기 때문이다.

조리 용구 일람

— 구리 냄비 2본 : 각각 10ℓ, 4ℓ용.(4ℓ용이 범용으로 2ℓ 양의 수프에 적합하고, 10ℓ는 6ℓ 양의 수프에 적합하다.)

LE LIVRE DE CUISINE. — PREMIÈRE PARTIE.

— 구멍이 나 있는 스푼 1개, 거품 내는 용도■3
— 코팅된 구리 국자 1개, 고기, 채소, 튀김을 꺼내는 용도
— 큰 스푼 1개
— 스튜용 스푼 2개, 스튜를 플레이팅하고 기름기를 걷어내는 용도
— 10-30cm 직경의 코팅된 팬 10본, 각 팬에는 뚜껑이 포함되어야 한다.
— 소테용 팬 3개, 각 30, 25, 20cm 직경으로 뚜껑이 포함되어야 한다.
— 타원형 냄비 1개, 30cm 길이, 20cm 너비, 18cm 높이에 손잡이 포함. 이 팬은 모든 경우의 조림 요리에 사용되며 조림용 팬을 대체하여 햄, 소고기 필레, 송아지 등심은 물론 필요한 경우에 몇몇 생선들도 조리가 가능하다.
— 글라세 용 팬 1개, 너비 20cm, 높이 12cm로 뚜껑이 포함된 것
— 받침판이 있는 가자미 팬 1개, 45cm 길이, 20cm 너비.
— 받침판이 있는 생선요리용 팬 1개, 55cm 길이, 17cm 너비.
— 샤를로트, 탱발(*timbale*), 가토 드 리를 만들 수 있는 평평한 틀 1개
— 고기 젤리, 젤리, 바바루아를 만들 수 있는 원통형 틀 1개
— 반죽용 틀 1개■61
— 플랑(*flan*)●용 틀 1개.■86 앞에 언급한 네 종의 틀에 대한 치

CONSIDÉRATIONS PRÉLIMINAIRES.

수는 제공하지 않으며, 쓰임에 따라 마음껏 선택할 수 있다.

— 찬방용 쟁반 2개, 가로 32cm, 세로 20cm.

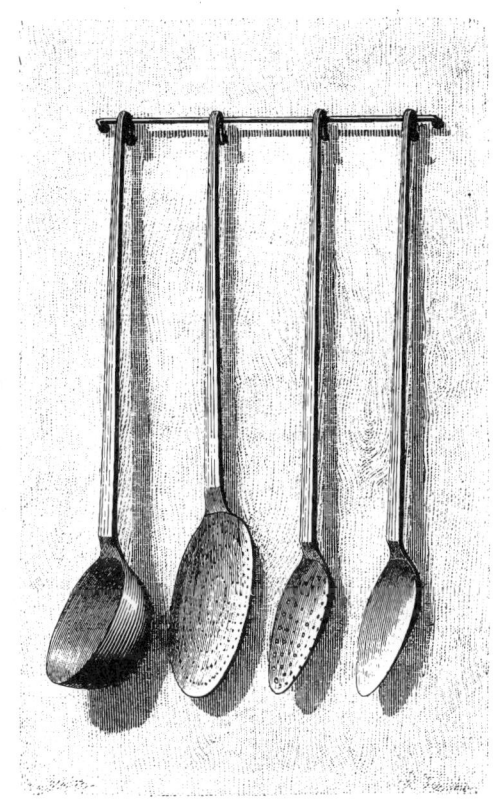

그림 4. 국자와 거품뜨개

— 구리 덮개 4개, 가로 18cm, 세로 30cm. 쟁반과 덮개는 두 가지 쓰임이 있다. 첫째, 실내에서 제과류를 만들 때에 사용

• 플랑은 커스타드 크림을 푸딩으로 만든 프랑스의 대표적인 후식이다.

LE LIVRE DE CUISINE. — PREMIÈRE PARTIE.

되며, 둘째, 눌러줘야 하는 과정이 필요한 요리들, 예컨대 갈랑틴, 푸아트린 드 무통, 코틀레트 브레제 등에 활용된다.

— 데치기용 큰 냄비 1개, 너비 32cm, 높이 22cm

그림 5. 구리로 된 큰 여과틀

— 코팅하지 않은 큰 냄비 1개, 너비 30cm, 높이 16cm.[87]
— 잼을 만들 때 쓰는 코팅하지 않은 거품뜨개 1개
— 코팅하지 않은 작은 팬 2개. 각각 10cm, 20cm 너비. 콩포트, 시럽, 설탕물 작업용
— 거품 흰자를 섞는 용도의 큰 대접 1개, 직경 22cm. 거품기 포함.
— 스튜, 블랑시르를 위한 구리 코팅된 대형 여과 냄비 1개, 직경 20cm.[5]

CONSIDÉRATIONS PRÉLIMINAIRES.

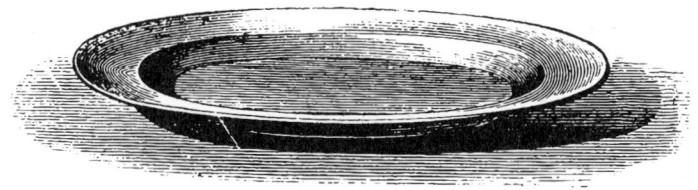

그림 6. 그라탱용 타원형 접시

— 일반적인 여과 냄비 1개, 직경 12cm. 물기를 빼내거나 파슬리 튀김을 받쳐놓는 용도.
— 그라탱용 구리 코팅된 타원형 접시 3개, 각각 30×19, 25×22, 40×24. 이 접시들은 손잡이가 없어야 한다.■6
— 휴대용 간이 오븐 1개, 22cm 너비, 15cm 높이. 수플레, 오믈렛, 머랭을 입힌 사과 또는 필요한 경우 앙트르메 용 제과

그림 7. 일명 시누아라고 하는 여과틀

LE LIVRE DE CUISINE. — PREMIÈRE PARTIE.

류 제작에 사용됨.[77]

— 철판으로 되어 가장자리가 돌출된 대형 덮개 1개, 가장 큰 타원형 접시를 덮을 수 있다. 이 덮개는 모든 그라탱 류를 덮는 데 충분하며, 모든 크기의 타원형 접시에는 한 가지의

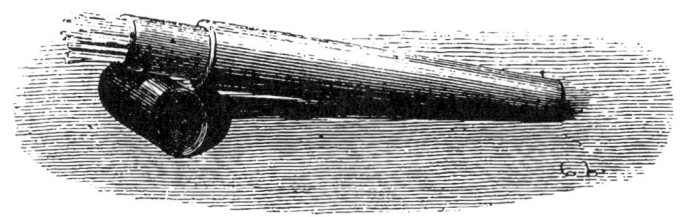

그림 8. 꼬챙이 통

덮개만 있으면 충분하다.

— 철제 코팅 튀김용 팬 1개, 길이 34cm, 너비 26cm, 높이 11cm. 이 팬은 모든 종류의 튀김을 다루며 양 옆에 각각 두 개의 손잡이가 있어야 한다.[34]
— 작은 튀김용 팬 1개, 24×15, 12cm 높이.
— 비 코팅 철제 팬 2개. 각각 22cm, 16cm 직경. 16cm 팬은 오믈렛 용도로만 사용할 것.[71, 78]
— 구이용 철제 석쇠 2개, 각 20cm, 30cm 너비[33]
— 튀김용 철제 코팅 석쇠 1개, 32×24. 이 석쇠는 튀김이 팬의 바닥에 달라붙는 것을 방지하는 용도로 쓰이며, 도넛, 크로

CONSIDÉRATIONS PRÉLIMINAIRES.

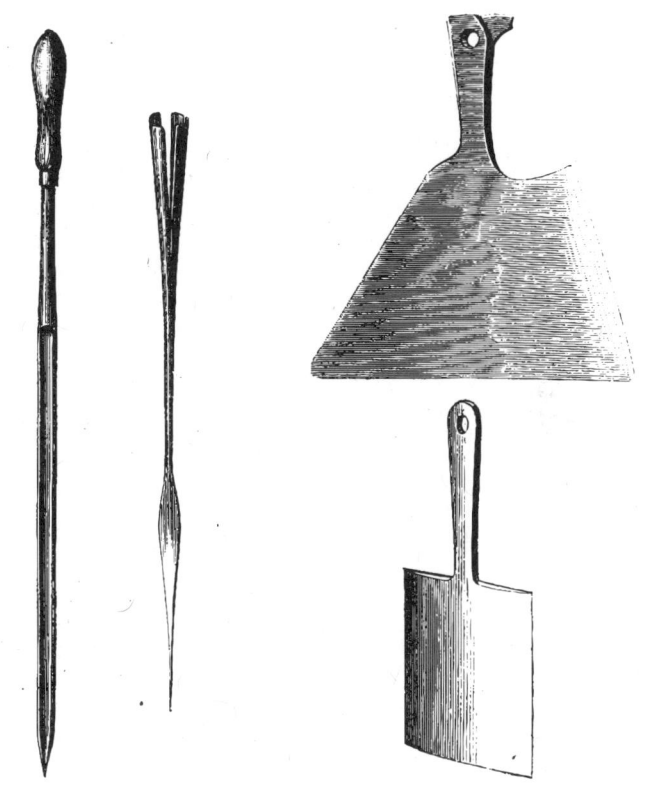

그림 9. 큰 꼬챙이, 일반 크기 꼬챙이, 철제 정육칼, 철제 고기망치

켓 등을 한꺼번에 건져 올리는 용도로 쓸 수 있다.■34

— 양철 체 2개. 이른바 '시누아(*chinois*)'라고도 부른다. 각각 14cm, 10cm 너비. 이 체는 '뒤벨루아(*dubelloy*)'라고 하는 커피포트의 필터만큼 미세한 구멍들이 있다. 가정에서 무명천을 훌륭히 대체할 수 있다.

45

LE LIVRE DE CUISINE. — PREMIÈRE PARTIE.

— 나무 숟가락 6벌 : 각 20cm 2개, 30cm 2개, 40cm 2개.
— 퓌레●용 철사 코팅 체 1개■21

그림 10. 브리데용 바늘

— 단단한 목제 퓌레 여과기 1개. 퓌레용 철사 코팅 체 위를 눌러 체 아래로 퓌레가 통과할 수 있도록 한다.
— 익힌 큰 고깃덩이를 찍을 수 있는 대형 철제 고기 꼬챙이 1개■9
— 동일한 용도의 일반적인 크기 고기 꼬챙이 1개. 철제 코팅된 꼬챙이 12개 들이 세트 1벌. 소고기 필레나 송아지 허벅다리, 송아지 내장, 사슴고기 등을 찍을 수 있다.
— 강철제 요리용 바늘 2개. 각 15cm, 22cm 길이■10
— 강철제 방망이 1개, 송아지나 양, 사슴의 등심 부위를 두드려 넓게 펼칠 때 사용한다.■9
— 철제 식육용 칼 1개■9
— 채소 손질 또는 다지기를 위한 칼 2개■29
— 정육을 위한 톱 1개■12
— 대리석 절구통 1개. 25×18, 단단한 목제 절굿공이도 포함

●갈거나 으깬 채소를 걸쭉하게 만든 것.

CONSIDÉRATIONS PRÉLIMINAIRES.

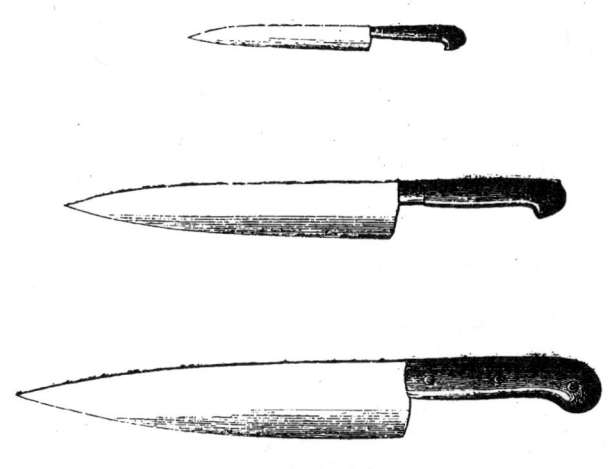

그림 11. 식칼

된다.■84 이 절구는 속재료의 손질, 고디보(*godiveau*), 크넬 (*quenelle*), 퓌레, 레 다망드● 등을 만들기 위해서는 주방에 필수적으로 두어야 한다.

— 회양목으로 만든 제과용 굴림대 1개, 32cm 길이 5cm 지름.■02

— 양철 글라세용 상자 1개. 앙트르메나 제과류의 글라세를 위해 사용한다.

— 반죽칼이 포함된 상자 2개, 타원형 무늬로 장식된 한 세트. 이 상자는 작은 제과류, 작은 페이스트리류, 작은 볼로방 (*vol-au-vent*) 등에 사용된다.

— 원통형 상자 또는 사과 과육 커팅기 1개■27

— 설탕에 절인 콩포트, 젤리, 잼 등의 당도를 측정할 수 있는

● 고디보는 스위스에 인접한 아르피탕 지역에서 소고기와 신장 기름을 섞어 만든 소시지이다. 크넬은 고기 등을 두 개의 스푼을 이용해 완자 형태로 만든 다음 마치 만두와 같이 밀가루와 계란을 섞은 반죽으로 감싼 요리이며, 레 다망드는 아몬드 우유이다.

당밀계와 시험관 1개. 당밀계의 정확도는 찬물에 기계를 담근 후 0을 표시하는 상태가 계속되는지를 확인하면 된다. 1 또는 2도를 표시한다면 올바른 상태가 아니다.
— 너도밤나무 도마 2개. 45×30×6cm 크기

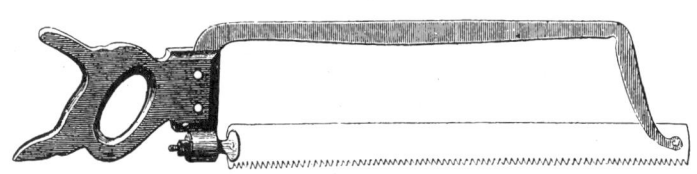

그림 12. 발골용 톱

— 고기 절단용 도마 1개
— 10kg 한도 주석 코팅 저울 1쌍. 1kg에서 5g까지의 구리 저울추 세트. 5kg무게의 철제 추 세트. 5kg 1개, 2kg 1개, 1kg 2개
— 테린(법랑) 10개. 10cm가 1fr로 등급이 매겨져 있다.[62]
— 석회 접시 6개. 2개는 25cm, 2개는 30cm, 2개는 35cm.
— 서랍이 달린 너도밤나무 주방 테이블
— 여과 필터가 달린 정수기.
— 양철 깔때기 2개.
— 강철 식칼 2개. 하나는 절단용이다.[11]
— 과도 2개.
— 콩소메와 젤리를 걸러내는 데 사용되는 식탁용 냅킨 12장.

CONSIDÉRATIONS PRÉLIMINAIRES.

이 냅킨은 수명이 짧고 매우 비싼 실크 체를 대체한다.

— 음식 저장대 1개.[13] 방 한 개짜리로 구성된 주방에서는 창문에 맞게 삽화에서 그리고 있는 목재와 철사로 만든 음식 저장대를 설치해야 한다. 주방에서 창문을 사용할 수 없는 경우에는 찬방 안쪽이나 또는 지하 저장고에 설치할 수 있는 다른 모델을 추천한다.[14] 북쪽을 향해 설치하는 것이 가장 바람직한 것은 익히 잘 알려져 있다. 완전히 냉동된 품목만 보관되도록 주의를 기울여야 한다.

그림 13. 음식 저장대

LE LIVRE DE CUISINE. — PREMIÈRE PARTIE.

만일 주방에 두 개의 창문이 있다면 음식 저장대 역시 두 개를 설치할 것을 추천한다. 다만 주방에 창문이 너무 많아서는 안 된다.

시계 — 아주 단순한 형태라도 시계는 조리 작업의 세부 사항들과 요리를 내가는 것의 규칙성을 위해서 꼭 필요하다.

에탄올 램프 — 숯불 화덕이 없는 주방의 경우, 불꽃을 피

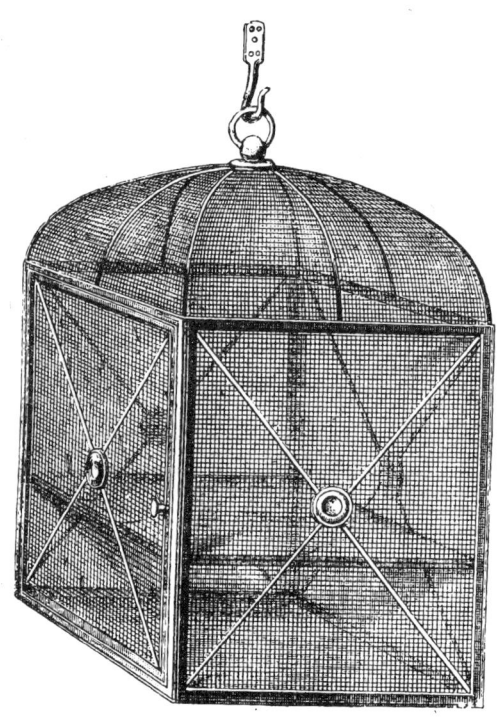

그림 14. 실내용 음식보관대

CONSIDÉRATIONS PRÉLIMINAIRES.

우기 위해서는 5cm 길이의 심지가 달린 에탄올 램프가 필요하다. 각 1ℓ, 500mℓ, 100mℓ들이.

주방 식기에 관한 고찰

나는 구리로 된 주방 도구들을 추천하지만, 그렇다고 해서 비록 내구도 면에서는 이점이 덜하고 또한 냄비, 소테 팬, 글라세 팬의 기능을 하기에도 다소 부족한 철제 코팅 도구들을 완전히 배제하는 것은 아니다. 철제로 제작되어도 마르미트(*marmites*)●, 브레지에르(*braisières*)●●, 가자미 냄비, 생선용 냄비와 같이 전혀 불편함이 없는 도구들도 있다.

내가 언급한 도구들은 중산층 가정에서 필수적인 것으로 여겨진다. 이 도구들은 2인에서 4인, 최대 12인 분량의 식사를 준비할 수 있고, 가정 요리의 범위를 지키기 위해 12인 이상의 규모는 고려하지 않았다.

앞선 주방 도구 목록이 각 가정의 조건에 따라 수정될 수 있음은 자명한 사실이다. 예컨대 식사를 하는 인원이 항상 둘, 넷 또는 여섯을 넘지 않는다고 하는 경우에는 앞서 언급한 큰 냄비나 팬만 구비하면 된다. 마찬가지로 가정에서 잼을 만들지 않는 경우라면 굳이 잼을 제조할 때 쓰는 냄비나 국자를 따로 장만할 필요가 없다.

그러나, 지출을 권장하려는 것은 결코 아니며 오히려 경제적 측면을 고려하여 앞부분을 작성했다는 점을 다시금 강조하

● 일반적인 솥을 총칭하는 어휘이다.
●● 특히 육류의 찜요리를 할 때 사용하는 낮은 깊이의 솥을 말한다.

LE LIVRE DE CUISINE. — PREMIÈRE PARTIE.

면서도, 각자 가정에서 필요한 조리 도구만 구입하는 것이 문제될 것은 없으나 내가 강조하고자 하는 바는 어느 가정에서든 가끔은 특별한 식사를 준비해야 하는 일이 드물지 않다는 점이다. 그러므로 대부분의 가정은 특별한 경우를 대비할 수 있는 필수 도구를 구비해두는 것이 좋다.

모두가 잘 알듯이, 저녁 만찬을 준비하는 과정에서 꼭 필요한 도구를 제때 찾을 수 없어 요리사가 불평하기에 이르고 그제서야 집 주인이 그 도구를 사전에 구입하지 않은 것을 후회하는 일은 무척이나 참고 보기 힘든 일이다.

또한 냄비나 팬, 그릴의 경우 너무 작은 것보다는 더 큰 것을 선택하는 것이 항상 두 배의 이점이 있다는 사실을 강조하고 싶다.

한편, 큰 크기의 도구를 사용하면 일반적으로 작업이 더욱 수월하다. 평소에 두 명만 저녁 식사를 하더라도, 너덧 명 분의 요리를 준비하는 것이 여러모로 더 낫다. 시간과 연료를 절약할 수 있고, 대부분의 가정에서 요리를 할 때 쉽게 겪는 문제들 중 하나와 같이 적은 양의 재료를 조리해야 하는 부담에서 벗어날 수 있기 때문이다.

여하튼, 기대치를 최대한 높게 잡는다고 해도 좋은 주방을 위해 조리 도구에 드는 지출은 누구에게도 과함이 없다. 특히 영세한 가정을 포함해 숱한 가정에서 아무런 근거도 없이 자행되는, 실용성이 떨어지는 사치품에 대한 헛된 낭비 풍조가 만연한 점

CONSIDÉRATIONS PRÉLIMINAIRES.

을 고려해 보면 더욱 그렇다.

　　　　잘 구입하여 잘 관리한 좋은 조리 도구는 일반적으로 평생에 걸쳐 사용이 가능하다. 그러므로 이는 초기 투자의 문제라고 볼 수 있다. 어떤 경우라도 자신의 주방은 모든 것이 다 갖추어 있다고 말할 수 있는 것, 혹여나 조리 과정에서 문제가 생겼을 때라도 그것이 필요한 도구가 없어서 생긴 문제가 아니라고 자신 있게 말할 수 있는 것이야말로 진정한 행복이 아닐까?

주방 화덕

오늘날의 요리에는 두 종류의 화덕을 사용하는데, '아 랑시엔(*à l'ancien*)'이라고 부르는 숯을 이용한 화덕과 주철 화덕이다.

　　　　아 랑시엔 화덕은 숯으로만 가열할 수 있다. 이 화덕은 세 개의 화구를 갖추고 있는데, 하나는 18cm², 다른 두 개는 15cm² 너비이다. 세 개의 화구는 대부분의 가정 요리에 충분하다.

　　　　가장 중요한 지점은 메인 화구를 잘 사용하는 것이다. 이 화구로는 큰 불에서 끓이는 솥, 데치는 요리, 조림, 채소 요리 등을 하는 데 사용되어야 한다.

　　　　다른 두 개의 화구로는 약한 불에서 뭉근하게 졸이거나, 흔히 "화덕 모서리에서(*au coin du fourneau*)" 조리하라고 말하는 것처럼 일체의 액체류를 조리하는 데 사용한다.

　　　　하나의 화구는 하나의 큰 솥과 주변에 배치한 세 개의 냄비를 동시에 약한 불로 뭉근하게 조리할 수 있는데, 이 때 불을 부

LE LIVRE DE CUISINE. — PREMIÈRE PARTIE.

지런히 조절할 줄 알아야 한다. 이 말인 즉 끊기지 않고 숯을 넣어주어야 하며, 냄비들에 주의를 끊어서는 안 된다.

요리사는 메인 화구가 항상 사용 중의 상태가 되도록 유지해야 하며, 강한 불을 요하는 요리가 끊임없이 이어짐으로 해서 연료 손실을 줄여야 한다.

주철 화덕은 석탄을 이용해 가열한다. 이 화덕은 금속 표면을 가열하는 상부와 하부에 위치한 오븐으로 구성되어 있다. 가정 요리에서는 한 개의 화덕과 오븐만 필요하다.

주철 화덕의 화구는 열을 조절하기 위해 한두 개의 철제 링으로 덮여 있는데, 강한 불이 필요할 때에는 링을 제거한다.

철판은 냄비와 주전자를 배치하는 데 사용되며, 요리마다 필요한 열의 세기에 따라 다양하게 배치한다.

오븐은 글라세, 조림, 앙트르메, 제과류, 그라탱 요리에 사용된다.

이 두 화덕은 각기 장단점을 가지고 있다.

아 랑시엔 화덕은 단연 작업의 마무리를 더 쉽게 처리할 수 있는 이점이 있다.

주철 화덕은 하부 오븐을 이용해 그라탱, 수플레, 제과류를 만들 수 있는데, 이는 아 랑시엔 화덕으로는 불가하다.

어떤 경우라도 주철 화덕과 숯불 화덕을 모두 사용할 줄 알아야 한다. 이는 더 많은 노력과 특정 작업에서 극복해야 할 어려움에 관한 문제일 뿐이다. 화덕에 관해서는 앞서 주방 시설을 설

CONSIDÉRATIONS PRÉLIMINAIRES.

그림 15. 표준 화덕

LE LIVRE DE CUISINE. — PREMIÈRE PARTIE.

명할 때 언급했던 것을 다시 강조하겠다. **"요리는 주어진 상황에 적응할 줄 알아야 한다."**

예전에 어느 중산층 가정의 주방에서 숯불 화덕과 주철 화덕을 동시에 실현한 것처럼 보이는 화덕을 본 적이 있다. 나는 이 화덕의 형태를 본보기로 삼을 필요가 있다고 생각했다.

그렇다고 내가 이 화덕만을 강요하는 것은 전혀 아니며, 그렇기에 각 가정에서 이미 설치된 화덕을 충분히 활용할 수 있어야 한다고 주장했음을 먼저 밝힌다. 다만 이제 막 가정에 화덕을 설치해야 하는 사람들이 있다면, 이 화덕을 설치하면 좋을 것이라

그림 16. 석쇠장

CONSIDÉRATIONS PRÉLIMINAIRES.

고 추천한다.

15번 삽화가 나타낸 화덕은 벽돌로 만들어졌으며, 주철판을 갖추고 있어 주철 화덕의 문제점으로 지적되는 과도한 열기를 방지한다.

이 화덕은 숯이나 연탄으로 가열될 수 있도록 설계되어 있다.

주철 판은 화덕과 오븐 위에만 존재하며, 일반적인 요리를 준비하기에 충분한 공간을 제공한다.

화덕의 왼쪽에는 숯을 보충할 수 있는 투입구가 있으며, 그 바깥쪽에서 보다 섬세하게 작업해야 하는 몇몇 소스들이나 리에종●, 카라멜 등을 조리할 수 있다.

이 화덕으로는 석쇠구이와 회전구이 방식으로 고기를 조리할 수 있다.

화덕에 관해 설명하게 되었으니, 불이 지속적이고 일정하게 유지되기를 원할 때 큰 도움이 되는 가스 화덕을 이번 기회에 특히 추천하고자 한다. 이 새로운 발명품이 아직 원활히 보급되지 못했으며, 특정 요리를 만드는 데 있어 상당한 유용성을 갖추었다는 사실이 제대로 알려지지 못했다는 점이 유감스러울 따름이다. 가스 화덕은 아주 작은 공간만을 차지하기 때문에, 실내 공간에 민감한 서민들에게는 무시할 수 없는 문제이다.

화덕 외에도, 주방은 석쇠와 구이용 도구를 마련해 두어야 하며, 이들은 조리대 앞 벽면에 고정시켜 설치할 수 있는 석쇠장

● 리에종은 일반 소스보다 더 농도가 진하고 점도가 높은 소스를 말한다. 밀가루, 달걀, 루 등을 넣어 소스를 걸쭉하게 만든다.

LE LIVRE DE CUISINE. — PREMIÈRE PARTIE.

(*coquille*) 또는 갖춘 꼬치 회전기로 구성된다.■16

이러한 설비는 특히 공간을 효율적으로 사용해야 하는 주방에 적합하다.

주방에서의 불과 연료

요리를 할 때 특별한 가열 방식에 따라 조리 과정의 차이를 나타내기 위해 불을 가리키는 명칭이 다양하다는 사실을 많은 사람들이 알고 있다.

그러한 조리 과정의 준비를 위해 특별히 요구되는 세부 사항을 언급하지 않더라도, 요리를 할 때의 다양한 불의 종류에 관한 보편적인 개념을 지금부터 제공하는 것이 유익할 것이다.
따라서, 우리는 주로 세 종류로 불을 구별할 수 있다.

1. 솥단지용 불 : 뭉근하게 오래 유지하는 것이 특징이다. 포토푀 레시피에서 충분히 설명할 것이다.

2. 석쇠용 불 : 언제나 불이 고르게 유지되어야 한다. 다시 말해 어느 경우라도 화덕이 골고루 점화된 상태를 유지해야 한다.

3. 구이용 불 : 강한 세기를 유지해야 한다. 말하자면 구이가 시작되고 끝날 때까지 항상 석쇠장에 연탄이 가득 차 있어야 한다.

CONSIDÉRATIONS PRÉLIMINAIRES.

특히 요리 교습 현장에서 "화덕 모서리에서"라는 표현을 자주 사용하는데, 나 또한 이 표현을 빈번하게 사용하기에 이 기회에 이 표현의 의미를 제대로 이해할 필요가 있어 보인다.

냄비를 화덕 모서리에 올려두라고 지시하는 것은, 다시 말하자면 냄비 안에 담긴 내용물을 약한 불에 뭉근히 끓이라는 뜻이다. 이 때 냄비는 전체가 아닌 한쪽 면만 끓어오르게 되는데, 예컨대 소스를 만들 때라면 열기 위에 있는 쪽에서만 보글보글 끓어오르게 될 것이다.

숯불 화덕을 사용할 때라면 작업은 아주 간단하다. 냄비를 화구에서 빼서 모서리에 두기만 하면 된다. 이렇게 하면 지름 25cm의 냄비는 약 10cm 부분만이 강한 불에 놓이게 된다. 나머지 화구는 너무 끓어오르지 않도록 재로 덮어주어야 한다.

다만 연탄 화덕의 경우 작업이 복잡해지며, 화덕 모서리에서 뭉근하게 끓인다는 흔한 표현 자체가 성립되기가 어렵다. 왜냐하면 모든 시점의 표면이 가열되기 때문이다.

이럴 경우에는 다음과 같은 방법으로 작업한다.

냄비를 화구에서 멀리 또는 가깝게 위치해 열의 세기를 조절한다. 이렇게 하면 아 랑시엔 화구를 쓸 때와 동일한 기법을 재현해낼 수 있다. 이 때 항상 한쪽만 끓어오르도록 주의해야 한다.

익히기와 졸이기에 관한 고찰

익히기와 졸이기에 관해서는 이 두 과정에 대해 나의 경험에서 우

LE LIVRE DE CUISINE. — PREMIÈRE PARTIE.

러나온 화덕 작업의 매우 필수적인 요소들을 기록하였으며, 이러한 정보를 사전 고려 사항으로 배치하지 않을 수 없었다.

익히는 과정은 낮지만 지속적인 상태의 불로 달성된다.

반면 졸이는 과정은 매우 강한 불에서 순간적인 증발을 통해 이루어진다.

따라서 무언가를 구울 때라면, 조리 과정을 서두르기 위해 연탄을 쏟아 붓는 짓은 저지르지 말기 바란다. 그렇게 한다고 해서 끓는점인 100°C를 넘어서지 못한다. 순차적인 조리 과정의 이점을 상실할뿐더러 시간을 절약할 수도 없다.

반면 졸이는 과정에서는 반드시 가능한 강한 불을 사용하여 빠르게 수분을 날려야 한다.

설탕물이든 소스든 너무 느리게 수분을 날릴 경우에는 시각적으로나 미각적으로나 손해이다.

IV
식자재 조달

제 아무리 세계 초일류 요리사라 하더라도 최상급의 식재료가 없이는 훌륭한 요리를 만들 수 없는 노릇이다.

그렇기 때문에 장 보는 일에 많은 주의를 기울일 수밖에 없다. 따라서 식자재 조달이 가장 기본적인 것으로서 하나의 기술

CONSIDÉRATIONS PRÉLIMINAIRES.

로 취급될 수 있으며, 오랜 연습과 경험으로 수련해야 하는 다른 요리 분야와도 일맥상통한다.

지금 당장은 식자재 조달에 있어 좋은 것을 고르고 사는 몇 가지 일반적인 개념들을 제공하는 수준에 만족해야 한다. 고기, 물고기, 수렵 짐승, 채소 등의 외부 특징에 대해서는 관련한 부분에서 더 자세히 다룰 것이다.

그렇지만 이 장을 열며 아직 초보적인 수준에 그치는 구매자들이 시장이나 가게에서 식자재를 구입할 때 지켜야 할 첫 번째 행동 규칙을 말하자면 다음과 같다.

우선 구입하려는 모든 상품의 가격을 확인하라. 이렇게 하면 최종적으로 구매를 결정하기 전 여러 곳의 상점을 비교하는 데 있어 언제나 편리할 것이다.

어느 특정한 상인에게만 의존하지 마라. 그 누구에게도 전적인 신뢰를 주지 마라. 상인의 설명보다는 온전히 자신의 안목과 식견에 의지해라. 그가 아무리 신뢰할 수 있는 자라 할 지리도 말이다.

어떤 상품을 특별히 강조하며 추천할 때에는 두 배로 경계하라. 신선도가 의심스러운 생선이나 작은 동물, 고기를 빨리 팔아 치우려는 유혹을 이겨낼 수 있는 상인은 거의 없다.

모든 상인들에게 정중하고 예의를 갖추어 대하되, 그 누구와도 지나치게 친밀해지지 마라. 친밀감이 지나친다면 구매자에게 득 될 것이 없는 일들이 일어날 가능성이 생긴다.

LE LIVRE DE CUISINE. — PREMIÈRE PARTIE.

다음은 식재료를 고를 때 깊이 새길 기본 사항들이다.

정육점에서 고기를 구입할 때

소고기를 구입할 때에는 붉은 빛이 아주 선명한 고기를 선택해야 한다. 지방은 매우 연한 노란 빛을 띠며, 마치 신선한 버터의 색과 같아야 한다.■V 손가락으로 눌렀을 때 단단하고 탄력이 있어야 하며, 지방이 부드럽고 적어야 한다. 갈색 빛이 돌거나 색이 옅다면 분명 문제가 있는 상품이다.

좋은 소고기를 고르는 법에 대한 보충 설명으로 콩팥의 좋고 나쁜 상태를 비교하는 자료도 수록하였다.

송아지 고기의 경우 꼭 살갗이 매우 하얀 것을 골라야 한다. 지방 또한 매우 하얗고 투명한 빛이 돌아야 한다.■VIII

지방이 거의 없거나 빛깔이 옅고, 콩팥이 붉은 빛이 도는 지방으로 덮여 있는 것은 피해야 한다.

좋은 양고기는 좋은 소고기를 고르는 기준과 동일하다. 선명한 붉은 빛, 얇은 힘줄, 희고 투명한 지방을 가진 고기가 상등품이다.

저질 양고기는 빛깔이 창백하고 칙칙하며 지방은 희끄무레한 노란 빛을 띤다.

가금

가금의 경우 무엇보다도 육질의 부드러움을 신경 써야 하며, 특히

CONSIDÉRATIONS PRÉLIMINAIRES.

요리사들이 '비수기'라고 부르는 12월 1일부터 5월 1일 사이 동안은 구입에 주의해야 한다.

신선한 닭은 5월부터 출하된다. 이 때가 구입하기 적합한 시기이지만, 그렇다고 해서 구입할 닭의 상태를 신중히 살펴봐야 하는 사실은 변함이 없다.

부드러운 육질의 닭은 다리와 목의 두께로 확인할 수 있다. 어린 가금류는 항상 다리가 굵고 무릎이 크다. 애호가들이 높이 평가하는 이러한 외관상 특징은 연령이 높아갈수록 사라진다.

육질이 부드럽지 못한 닭은 다리와 목이 가느다랗다. 허벅다리의 고기는 약간 자줏빛을 띠는 게 특징이다.

외부적 특징을 분석한 뒤에는 날개의 큰 부분과 가슴뼈의 끝을 집어봐야 한다. 이 두 부위의 살이 유연하면 안심하고 닭을 구입해도 좋다.

"늙은 것은 절대로 안 된다!"

모든 이들의 주의를 끌기 위해 의도적으로 강조하였다. 이것은 내가 요리에 있어 중요한 법칙 중 하나로 설정한 것이다.

절대 요리를 할 때 늙은 가금류를 사용하지 마라. 어떤 경우라도 그것을 재료로 해서는 좋은 결과를 얻을 수가 없다.

숱한 요리책에서 늙은 암탉을 포토푀에 넣어야 한다고 주장하는데, 이는 대단히 큰 실수를 저지르는 것이다. 늙은 암탉은 육수를 개선하기는커녕 오히려 닭장의 악취를 풍기게 해 육수를 망칠 뿐이다.

LE LIVRE DE CUISINE. — PREMIÈRE PARTIE.

　　또한 늙은 거위나 칠면조로 좋은 스튜를 만들 수 있다고 하는 것도 같은 맥락에서 잘못된 것이다. 그렇게 하면 그릇된 결과만을 받을 뿐이다.

　　한편 태생적으로 단단한 육질을 지녔지만 어린 가금류와 연령 때문에 질긴 가금류를 혼동해서는 안 된다.

　　어리고 단단한 육질을 가진 가금류는 특정 방식을 통해 요리에 쓸 수 있다. 이는 가금류에 관한 장에서 자세히 다룰 것이다. 그러나 분명한 확신을 가지고 강조하건대, 늙고 질긴 가금류로는 절대로 좋은 결과를 얻을 수 없을 것이다.

　　좋은 칠면조는 지방과 살의 흰 빛깔로 알아볼 수 있다. 긴 털이 나 있고 넓적다리와 살코기의 색이 보랏빛을 띠는 칠면조는 피하라.

　　거위를 고를 때에는 날개의 끝을 눌러보고 부리 아래쪽을 부수어 봐야 한다. 부리가 쉽게 부서지고, 지방의 색이 옅고 투명하다면 좋은 품질이다.

　　오리는 거위와 마찬가지의 기준으로 고르면 된다.

　　비둘기의 경우는 가슴살이 아주 밝은 붉은색을 띠어야 한다.

　　늙은 비둘기는 가슴살이 검푸른 빛으로 바뀌고, 다리가 현저하게 가늘어진다.

CONSIDÉRATIONS PRÉLIMINAIRES.

생선

신선한 생선은 붉은 빛이 도는 아가미, 반짝이는 눈, 육질의 단단함으로 알아볼 수 있다.

냄새만으로는 생선의 선도나 품질을 확인할 수 없다. 생선이 얼음 위에서 우리 표현대로 '지친' 상태일 수도 있는데, 이런 경우에는 악취가 나지 않지만 살의 색이 흐릿하고 물렁해지므로 절대 사용해서는 안 된다.

모든 생선들은 산란기 동안에는 품질이 떨어진다. 이는 생선을 구입할 때 반드시 고려해야 할 사실이다.

늙은 가금류에 대해 경고했던 내용들은 오래된 생선에서 더욱 직접적으로 적용할 수 있다. 오래된 생선은 어떠한 경우가 있더라도 식탁에 올려서는 안 된다.

수렵 짐승

늙은 산토끼는 언제나 요리에 적합하지 않으므로 기피해야 한다. 그러므로 새끼 토끼나 4분의 3정도만 자란 토끼만을 구입해야 한다. 육질이 부드러운 토끼는 앞다리가 쉽게 부러지며, 무릎이 크고 목이 짧고 뭉툭하다.

좋은 들토끼 역시 같은 원리로 품질을 비교할 수 있다.

꿩의 경우 발톱이 뚜렷해야 하며, 날개 끝을 집어 해당 부위가 유연한지 확인해야 한다.

꿩과 마찬가지로 도요새도 날개 끝과 가슴뼈를 집어보아

유연한지의 여부를 확인해야 한다.

야생 오리, 고방오리, 고니, 물닭, 흰뺨오리 등도 같은 방식으로 확인한다.

자고새 역시 마찬가지이다. 연령은 큰 깃털의 모양으로 확인할 수 있다. 늙은 자고새는 깃털이 둥근 반면, 어린 자고새는 깃털이 뾰족하다.

채소

채소를 구입할 때 무엇보다도 중요한 것은 채소가 각각의 종마다 맛과 외관이 계절별로 어떤 차이를 보이는지를 잘 아는 것이다.

채소를 고를 때에 중요한 것들을 각별히 새겨두기 바란다. 채소는 계절에 따라 큰 차이를 보인다. 예컨대 봄의 당근은 맛과 품질의 면에서 가을과 겨울 당근과 큰 차이를 보인다.

각 채소에 대해 이야기하는 장에서 채소별로 좋은 계절과 나쁜 계절을 정확히 알려주고, 그에 맞추어 채소를 사용하는 법을 설명하겠다.

향신료와 과일

향신료, 과일, 유제품, 버터, 크림, 기름, 식초, 설탕, 밀가루 등의 경우 최상품이 아니라면 눈길조차 주지 말아야 함을 신조로 삼기 바란다. 이를 따른다면 맛과 경제성 모두를 충족할 수 있다.

저질 기름을 소스에 사용하면 소스를 망칠 수밖에 없다.

CONSIDÉRATIONS PRÉLIMINAIRES.

마찬가지로, 신선하며 최상품의 버터를 사용하는 것도 중요하다.

풍미가 뛰어난 최상품 버터를 소량만 사용해도 좋은 결과를 얻을 수 있으며, 제공하는 요리의 품질도 향상시킬 수 있다. 한편 저질 버터를 사용한다면 정반대의 결과를 받게 될 것이다. 저질 버터를 쓰면 쓸수록 당신이 요리한 결과물은 처참해질 것이다.

불변의 진리로, 반드시 버터의 향을 신중히 맡아보고, 한 조각 떼어내 시식한 다음에만 구입하라. 신선함이 제대로 충족되지 못한다면 지체 없이 발길을 다른 곳으로 돌리기 바란다. **"의심스러운 버터로는 요리할 수 없다"**는 격언을 항상 명심하기 바란다.

달걀도 마찬가지로 구입할 때에는 신중을 기해야 한다. 최소한 한 알이라도 깨어 보고 상태를 확인해야 한다.

달걀의 경우 눈으로 보기에는 완벽해 보여도 정작 맛을 보면 지푸라기 맛이 나는 경우가 있는데, 이런 경우에는 전체 요리를 망치기 딱 좋다. 달걀을 하나씩 깨서 맛을 확인한 후에 요리에 써야 한다

라드의 선택도 매우 중요하며, 이를 소홀히 여겨서는 안 된다. 항상 흰색 빛깔을 띠고, 가능한 힘줄이 적어야 한다. 또한 누릿하거나 상한 듯한 냄새가 나서는 안 된다.

신선한 돼지고기는 약간 붉은 기가 있어야 하며, 마블링이 있어서는 결코 안 된다.

LE LIVRE DE CUISINE. — PREMIÈRE PARTIE.

V
향신료와 허브

조미료로 사용되는 향신료와 허브들은 주방에서 가장 필요한 것들 가운데 속한다.

특히 아래의 것들은 조리할 때 빠지면 안 되는 것들이다.

정제염과 조리용 식염

굵게 간 백후추와 통후추

육두구

정향 봉오리

타임

월계수잎

마늘

보통의 겨자(허브 무첨가)

영국겨자 분말

고추

칠리

엑상프로방스산 올리브유

오를레앙산 식초(허브 무첨가)

타라곤 향을 첨가한 식초

칠리를 첨가한 식초

계피

CONSIDÉRATIONS PRÉLIMINAIRES.

바닐라

귀리 가루(최상품)

오렌지꽃기름

백설탕

카라멜

종합 향신료

향신료

요리에서는 일반적으로 향신료라는 이름으로 다양한 종류의 허브들을 구별하며, 입맛을 돋우려 이들을 혼합해서 주로 사용한다. 특히 찬 요리, 갈랑틴(*galantine*)●, 파테 등에 사용된다.

최상의 조건에서 향신료를 준비하는 진정한 방법은 직접 준비하는 것이다. 다음은 일반적인 요리를 위해 사용되는 향신료의 양이다.

흰 종이 봉투에 다음을 넣어라.

타임 8g

월계수잎 8g

꽃박하 4g

로즈마리 4g

위의 네 허브는 건조한 곳에서 완벽한 상태로 말려두기 바란다. 제대로 건조되었다면 아래의 재료들을 섞어라.

육두구 15g

● 갈랑틴은 양념을 넣고 삶은 고기를 차갑게 식혀 먹는 요리의 일종이다. 주로 기름기가 적은 고기를 선택해 피스타치오, 송로버섯 등의 향이 강한 재료를 넣고 익힌 다음 젤리처럼 만든다.

정향 15g

굵게 간 백후추 8g

고추 4g

이것들을 전부 빻은 다음 체에 넣고 거르면 된다.

이렇게 만든 향신료는 깨끗하고 잘 밀폐된 병에 담아 보관하면 된다.

조합한 향신료는 단독으로 사용하거나 또는 소금을 넣어 사용한다. 잘 빻아 체에 걸러낸 향신료 25g 당 100g의 소금을 넣어 섞는다.

이 비율에 맞추어 향신료를 먼저 배합하고 그 다음 소금을 섞는다면, 좋은 조미료로 사용할 수 있다. 이를 통해 각각의 조미료마다 요구되는 향신료를 저마다 다른 양으로 배합할 때 발생하는 이점을 쉽게 이해할 수 있다.

지금 당장 실제 사용법을 예로 들자면, 방금 언급했던 향신료와 소금을 배합한 조미료는 갈랑틴을 위해 준비한 속의 양이 1.5kg이 될 때 32g 정도만 첨가하면 된다.

부케 가르니

파슬리, 타임, 월계수잎을 한데 묶은 것을 요리사들은 '부케 가르니'라고 부른다.

부케 가르니는 일반적으로 모든 조미료에 사용된다.

일반 부케 가르니는 다음과 같은 재료를 배합해 만든다.

CONSIDÉRATIONS PRÉLIMINAIRES.

파슬리 줄기 30g

타임 2g

월계수잎 2g

파슬리를 먼저 헹군 다음, 타임과 월계수잎을 가운데에 놓는다. 파슬리 줄기의 위아래를 접어 마치 타임과 월계수잎을 포장하듯 감싼 다음, 끈으로 잘 묶는다. 육수를 내기 위해 물에 담그어 놓을 때 바깥으로 빠져나오는 잎사귀가 있다면 잘라준다. 잘 만든 부케 가르니는 길이가 5cm정도 되어야 한다.

소금과 후추 한 자밤

주방에서는 항상 소금과 후추의 양을 표현할 때 '한 자밤' 또는 '한 줌'을 써서 일정량을 나타내는 경우가 있는데, 보다 분명하게 그 양을 알아두기 위해서는 확실히 미리 확인해두는 것이 중요하다.

정확한 양을 파악하기 위해서는 필경 저울만큼 뛰어난 것이 없다. 저울이 종종 필요할 때도 있을 것이다. 허지만 조리 중에는 저울을 거의 사용하지 않는 경우가 많다.

따라서 각자는 자신의 손가락으로 어느 정도를 집는지를 사전에 파악해두어야 한다. 후추 한 줌, 소금 한 자밤을 미리 잡아보면, 얼마만큼이 잡히는지를 가늠할 수 있다.

나는 한 줌을 10g, 한 자밤을 1g으로 정했다. 그러므로 레시피에서 이 표현들을 사용할 때 얼마만큼의 양을 요하는지를 정확히 알 수 있게 되었다.

LE LIVRE DE CUISINE. — PREMIÈRE PARTIE.

채소의 중량

포토푀 고명에 쓰이는 채소들

   일반적인 크기의 당근, 150g

   일반적인 크기의 양파, 100g

   깎은 리크, 35g

   일반적인 샐러리 줄기, 35g

   큰 크기의 에샬롯, 10g

   마늘 한 쪽, 7g

  가능한 눈대중으로 다양한 채소의 무게를 재는 일에 익숙해지는 것이 좋다. 일상적으로 눈대중만으로도 무게를 가늠할 수 있다면, 매 순간 저울을 사용할 수고를 덜 것이다.

VI
식탁과 주방에 대한 조언

식탁에서의 접대 예절에 관해서는 특히 웨이터 또는 그들의 집사장과 관계된 것이어서, 너무나 방대한 주제인 탓에 일반적인 요리책에서 다룰 만한 주제가 아닌 데다가 가정 요리를 다루는 상황에서는 더욱 그렇다.

  일반적인 접대라고 한다면 모두가 아는 바와 같이 차례로 요리를 식탁에 내오는 것이다.

CONSIDÉRATIONS PRÉLIMINAIRES.

이 경우 집의 안주인이 직접 요리를 제공할 순서를 정하는 경우가 보통이다.

오늘날 중산층 가정에서의 테이블 세팅에 관한 세부 사항은 널리 알려져 있기 때문에 내가 굳이 그 주제를 다룰 필요는 없어 보인다. 만일 그랬다간 이 책을 읽는 독자 여러분이 무식하다는 것을 인정하는 꼴이 되어버릴 수도 있기 때문이다.

요리의 서빙과 관해서는 요리사들에게 한 가지 절대 잊어서는 안 될 중요한 규칙을 상기시키는 것으로 만족하겠다. 그것은 요리가 늦게 준비되는 것보다는 미리 준비되어 있는 것이 언제나 옳다는 것이다. 시간이 여유로울 때는 요리를 준비하는 속도를 줄이는 것이 가능하지만, 시간이 부족해 급박하게 요리를 준비할 때에는 실수가 빈번해지고, 저녁 식사의 일부분을 그르칠 가능성이 높다. 또한 손님들에게 제공되는 요리의 수준이 뛰어나다고 해서 늦게 제공되는 것이 항상 용서된다고 생각한다면 크게 착각하고 있는 것이다 나는 얼마나 많은 훌륭한 요리들이 이러한 규칙을 지키지 못해 적당한 대접을 받지 못한 경우를 많이 보았다. 하물며 분노할 대로 해버린 위장은 산해진미를 대접받아도 분이 풀리지 않았으니 말이다! 시간을 제대로 지킬 줄 모르는 요리사는 진정한 요리사라고 할 수 없다.

그림 17. 솥단지

제1장
포토푀와 소고기 수프

소고기 육수는 가정 요리의 정수이며, 일상 식단에서 실제로 영양가가 높아 무척 중요한 위치를 고수한다. 말하지면 기름지면서도 좋은 수프인 것이다. 게다가 소고기 육수는 라구(*ragoût*),● 소스, 퓌레 등 여러 가지 요리를 준비할 때 가장 기본적인 재료가 된다.

  가장 최고의 육수는 단연코 소고기 육수이다. 하지만 다양한 종류의 육수들이 존재한다는 사실을 잊어서는 안 된다. 예컨대 닭고기 육수, 채소 육수, 생선 육수, 또는 토끼나 꿩 등으로 만든 육수도 있다.

  좋은 포토푀를 만드는 것은 기본적이면서도 중요한 요리

● 데치거나 볶은 재료들을 냄비에 넣고 육수를 부어 뭉근히 끓인 요리들을 말한다.

LE LIVRE DE CUISINE. — PREMIÈRE PARTIE.

과정 중의 하나로, 가정 요리를 논할 때에는 모든 사람들이 쉽게 접근할 수 있는 것이 중요하다고 생각된다.

이 대목에서 나는 아주 깊이 파고 들어가는 세밀한 부분까지도 소개할 것이다. 요리에 처음 입문하는 사람들은 많은 것을 알지 못한다. 무엇보다 중요한 것은, 인생에서 처음으로 주방에 들어온 사람이더라도 내가 문자로 기록한 공식들을 철저히 수행함으로써 틀림없이 요리를 성공 시키도록 하는 것이다.

솥

일반 가정에서는 크게 네 종류의 각기 다른 솥을 사용한다.

1 주철 솥
2 '위그노(*huguenot*)'라고 부르는 도자기 솥
3 주석 도금을 한 철제 솥
4 구리 솥

나는 위의 목록 중 앞선 두 종의 솥은 사용하지 말 것을 권고한다. 주철 솥은 시간이 지날 수록 주물의 미세한 구멍에 기름이 스며들어 제거하기가 어렵거나 불가능하기 때문이다.

마찬가지로 많은 주부들에게 불미스러운 명성을 얻은 도자기 솥도 추천하지 않는다. 자기 솥은 육수를 개선하는 것이 아니라 망칠 뿐이다. 새 솥은 오래도록 흙과 유약이 음식의 맛을 망치

POT-AU-FEU ET BOUILLON DE BŒUF.

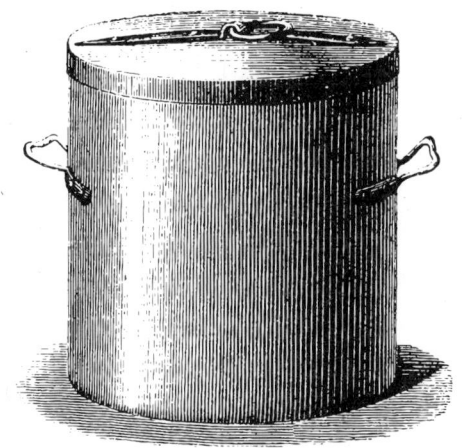

그림 18. 구리 솥

는데, 뜨거운 물로 씻어내도 완전히 해결하지 못한다. 오래 사용한 솥은 불쾌한 기름 냄새가 배어 어떻게 세척해도 제거할 수 없다.

  그러므로 구리나 철제 주석 도금 솥을 사용하는 것이 바람직하다. 보다 자세한 정보는 주방 도구 장에 제공된 지침을 따르기 바란다.▶[38]

  나는 이 두 종의 솥을 특별히 추천한다. 이들은 세척이 용이한데, 도구의 절대적인 청결이 따르지 않는다면 맛있고 훌륭한 육수를 얻기 힘들기 때문이다.

포토푀에 들어가는 재료
여기서는 두 종류의 포토푀를 다룰 것이다. 하나는 간소한 레시피

LE LIVRE DE CUISINE. — PREMIÈRE PARTIE.

로, 하나는 고급 레시피이다.

간소한 레시피는 보통의 것으로, 고급 레시피는 특별한 경우에 적합하다.

간소하게 만드는 포토푀의 재료는 아래와 같다.

고기 750g

뼈 125g(고기의 양은 뼈의 양과 거의 동일하다)

물 4ℓ

소금 30g

당근 150g

양파 150g

리크 200g

샐러리 10g

정향 1개

순무 150g

파스닙 25g

정향은 양파 안에 꽂아 넣는다.

어떤 사람들은 습관적으로 포토푀에 마늘을 넣는 경우가 있으나, 권하는 행동은 아니다. 마늘의 맛은 매우 강해서 육수의 향을 변질시킬 수 있고, 환자가 섭취하기 적합하지 못하다.

고급 포토푀를 위한 재료는 다음과 같다.

고기 1.5kg

뼈 400g

POT-AU-FEU ET BOUILLON DE BŒUF.

물 8ℓ

소금 60g

당근 300g

양파 300g

리크 400g

샐러리 25g

정향 2개

순무 300g

파스닙 50g

  내가 '간소한' 포토푀라고 일부러 부르는 레시피가 작은 규모의 가정에 적합한지 의심을 가질 수도 있을 것이다.

  나는 이 첫 번째 레시피에서도 작은 규모의 가정 또한 고려하고 있음을 밝힌다. 간소한 포토푀는 4-5인분의 양을 제공한다. **"하지만 우리 가족은 둘뿐인데?"** 라고 물을 수도 있을 것이다. 이에 대해 나는 대부분의 가정에서 포토푀를 끓일 때 이틀 분량을 한 번에 만든다는 점을 언급한다. 또한 남은 포토푀는 데운 소고기의 소스로 사용할 수도 있다.

  이렇게 보면 두 사람으로 구성된 가정이라 해도 간소한 포토푀가 적당한 양을 맞추고 있음을 확인할 수 있다. 내가 제시한 레시피보다 더 적은 양을 만들려고 하는 행위는 부적절한 절약 행위임은 물론 좋지 못한 요리법이 될 것이다.

LE LIVRE DE CUISINE. — PREMIÈRE PARTIE.

고기

포토푀에 들어가는 고기의 부위는 다음과 같다.

트랑슈(*tranche*)

작은 다리뼈

지트 아 라 누아(*gîte à la noix*)

퀼로트(*culotte*)•

이 네 부위는 소고기 허벅다리의 위쪽 부위를 구성한다. 다리나 무릎 같은 경우는 살점도 없고 물렁거리며 영양가도 거의 없다.

다음 두 부위는 주로 사용되는 것이다.

팔롱(*paleron*)

탈롱 드 콜리에(*talon de colier*)••

이 두 부위는 어깨 위쪽 부위를 구성한다. 두 부위로 좋은 육수를 낼 수 있으며, 수육으로도 제격이다. 다만 어깨 부위보다는 갈비 부위가 더 영양가 있는 육수를 내는 것으로 유명하다.

갈빗대 등심 부위로도 육수를 낼 수 있으며, 이렇게 하면 먹기도 좋은 고기를 얻을 수 있다. 하지만 이 부위는 주로 구워 먹기에 적합하며, 살이 충분히 붙어있지 않아 맛있는 국물을 내기엔 부족하다.

일부 가정에서는 삶은 소고기를 먹지 않는다는 이유로 관습적으로 정강이 부위만으로 포토푀를 끓이는 경우가 있다. 나는 이 방법을 권하지 않는다. 정강이 부위만으로는 좋은 국물을 낼

• 트랑슈와 퀼로트는 넓적다리의 위쪽 허벅지살을, 지트 아 라 누아는 아롱사태를 뜻한다.

•• 팔롱은 다리 위쪽 허벅지 가운데 견갑 부위 부채살을 말하며, 탈롱 드 콜리에는 목살 부위를 뜻한다.

POT-AU-FEU ET BOUILLON DE BŒUF.

수 없다. 그 이유는 정강이에 젤라틴이 많고 영양 성분이 적기 때문이다.

하지만 국물이 매우 진한 상태를 선호한다면 정강이를 첨가하는 것이 유리하다. 이 경우 고급 포토푀 레시피에 정강이 500g을 추가하면 된다.

무엇보다도 고기의 선도를 목숨처럼 여겨야 한다. 말리거나 상한 고기로는 좋은 육수는커녕 수육거리도 건질 수 없다.

포토푀를 만드는 방법

- 첫째로 신경 써야 할 것은 불 관리이다.
- 연탄으로 화덕을 완벽하게 채워라. 처음부터 불이 잘 지펴진 화덕은 신경 쓰지 않아도 3시간 동안 지속될 수 있다. 불을 다시 살려야 할 때에는 너무 성급히 불을 피워서는 안 된다. 거세게 타오르는 불은 언제든지 뭉근하게 끓여야 하는 포토푀에는 아무런 소용이 없다.
- 솥의 뚜껑을 덮을 때에는 손가락 두 마디만큼의 틈을 남겨야 한다. 뚜껑으로 밀봉할 경우에는 국물이 탁해질 수 있다.
- 소고기 조각을 내려놓는다.
- 끈으로 묶어 살을 고정한다.
- 식칼로 뼈를 부순다.
- 솥에 뼈를 먼저 넣고 그 위에 고기를 올려놓는다.
- 정수된 물을 붓는다. 큰 솥에는 6ℓ, 작은 솥에는 3ℓ를 붓는다.

LE LIVRE DE CUISINE. — PREMIÈRE PARTIE.

- 불을 피운다.
- 소금 30-60g을 추가한다.
- 끓인다.
- 거품이 올라오면 식힌다. 큰 솥에는 0.3ℓ의 찬물을 붓고, 작은 솥에는 0.25ℓ의 찬물을 붓는다.
- 거품을 걷어내는 스푼으로 거품을 걷는다.
- 세번 끓이고 세 번 거품을 걷어낸다.
- 이 작업 이후 국물에서 거품이 완벽하게 걷혀 있어야 한다.
- 솥의 가장자리를 조심스럽게 닦는다.
- 위에 적은 채소들을 더한 뒤 일시적으로 끓이는 것을 멈춘다.
- 다시 끓기 시작하면, 솥을 "화덕 모서리에" 배치한다. 즉, 화구의 3분의 1 정도만 솥의 바닥이 닿게 한다.
- 화구의 나머지 부분은 재로 덮은 다음 큰 솥은 5시간, 작은 솥은 3시간 동안 뭉근하게 규칙적으로 끓인다.
- 불이 꺼지지 않도록 주의해야 하며, 화덕에 숯을 보충할 때에는 갑자기 끓어오르지 않도록 주의해야 한다. 규칙적인 불의 세기는 포토푀의 품질을 위해 중요한 조건 중 하나이다.
- 포토푀가 완전히 익으면 고기를 꺼내 접시에 놓는다. 그 뒤 육수를 맛보고 포타주로서 간이 적절한지를 확인한다. 만일 소금을 더해야 한다면 육수를 수프 접시에 담은 뒤에 해야 한다.
- 솥의 육수는 간이 삼삼하게 유지되어야 한다. 육수는 다음날 다시 데울 때 간을 더하게 되며, 소스로 쓰기 위해 조릴 때에는

POT-AU-FEU ET BOUILLON DE BŒUF.

더욱 그렇다. 따라서 첫날부터 너무 짠 상태가 되지 않도록 하는 것이 중요하다.

기름기 제거

소고기를 꺼낸 후 육수의 기름기를 완벽하게 제거하는 것은 위생적 측면과 미식적 측면 모두에 있어 중요한 원칙이다.

기름기의 제거는 표면에 떠 있는 모든 기름을 기름 제거 스푼으로 제거하는 것을 의미한다. 기름을 제거할 때에는 육수를 가능한 적게 뜨도록 주의해야 한다. 이 작업은 육수가 화덕 모서리에서 뭉근히 끓고 있을 때 훨씬 수월하게 진행할 수 있다.

포토푀 및 기타 조리 과정에서 발생되는 기름은 완벽하게 정제된다면 아주 좋은 튀김유가 될 수 있다.

기름을 정제하려면 아주 약한 불에서 한 시간 동안 끓여야 한다.

15분 동안 식힌 후, 시누아라고 부르는 체에 걸러낸다.[45]

포토푀에 넣는 채소에 관한 고찰

채소는 육수의 맛을 크게 더해주지만, 이는 채소가 조리되는 데 필요한 시간만큼만 솥에 있을 경우에만 해당된다. 채소가 다 익었다면 곧바로 솥에서 꺼내 접시에 담아야 한다.

채소가 너무 오래 육수에 남게 되면 육수의 맛을 빼앗을 수 있음은 자명한 사실이다. 당근, 파, 무 등을 오래 포토푀에 넣어

LE LIVRE DE CUISINE. — PREMIÈRE PARTIE.

두면 육수의 일부 성분을 흡수해 맛을 빼앗는다. 포토푀를 만드는 목적은 최고의 품질로 육수를 얻는 것이지, 채소를 특별히 더욱 맛있게 만들려는 것이 아니다.

봄과 여름에는 채소가 더 부드럽기에 금방 익는다. 반면 겨울에는 조리하기가 더 어렵다. 따라서 채소를 포토푀에 사용하기 위해선 계절의 차이를 고려해야 한다.

육수의 빛깔 — 카라멜

사람들은 일반적으로 육수가 황금빛을 띠는 것을 좋아한다. 그렇다고 해서 특별히 맛이 좋아지는 것은 아니지만, 시각적인 만족을 주기 때문인데 이는 요리에 있어 중요한 요소가 된다.

육수의 색을 낼 때 가장 기본적인 것은 맛을 해치지 않는 것이다. 그래서 육수의 품질을 중요하게 여기는 사람들에게는 타버린 양파나 당근, 색소 덩어리 또는 다른 성분들을 사용하지 말기를 권장한다. 이러한 요소들은 육수에 쓴 맛을 더하고 원래의 맛을 변질시킬 수 있다.

최고의 카라멜은 당신이 직접 만드는 것이다.

카라멜은 다음과 같은 절차로 만든다.

팬에 설탕 가루 ½lb를 넣는다.

나무 주걱으로 저어주며 녹인다.

설탕이 잘 녹으면 거품이 1cm 정도 올라오도록 끓이고, 끓어오를 때마다 스푼을 넣어 저어준다.

POT-AU-FEU ET BOUILLON DE BŒUF.

　　　녹은 설탕이 아주 진한 갈색이 되면, 찬물 1ℓ를 넣는다.

　　　설탕을 약한 불에 넣고 잘 녹인다. 찬물을 넣으면 설탕이 굳어지는데, 이 때 화덕 모서리에 놓고 20분간 뭉근하게 끓인다.

　　　식힌 뒤에는 병에 담아 조심스럽게 뚜껑을 닫고 필요할 때마다 사용한다.

　　　카라멜은 마호가니처럼 짙은 붉은 빛을 띠어야 하며, 상기한 대로 아주 약한 불에서 조리하여 얻는다.

　　　센 불에서 만든 카라멜은 타버려 검은 빛을 띠므로 다른 요리에 색을 입힐 때 피해가 갈 수 있다.

　　　요리를 내기 5분 전에 육수를 수프 그릇에 담을 때 카라멜을 이용해 육수의 색을 내면 된다.

육수가 솥에 담긴 상태에서 색을 내려는 건 잘못된 행동이다. 또한 닭고기 요리나 블랑케트에 쓰는 소스에는 사용하면 안 된다.

　　　어떤 경우에도 최선의 방법은 다음날 사용할 수 있도록 원래 상태 그대로 보관하는 것이다. 요리에 색을 입히는 데에는 카라멜 만큼 좋은 도구가 없다.

육수의 보관

육수를 보관하는 첫 번째 원칙은 기름을 최대한 주의를 기울여 걷어내는 것이다.

　　　용기에 옮겨 담기 전에 육수는 완전히 식혀야 한다.

　　　육수는 서늘한 곳에 보관해야 하고, 단지에 담을 때에는

LE LIVRE DE CUISINE. — PREMIÈRE PARTIE.

뚜껑을 덮지 말아야 한다.

겨울철에는 2-3일가량 보관해도 상하지 않는다.

여름철에는 육수를 매일 끓인 다음 단지에 다시 넣어 보관해야 한다.

액체의 가열에 관해

포토푀나 육수에 관해 다음과 같은 질문을 할 수 있을 것이다.

"소고기를 7-8시간 끓이는 것이 5시간 끓이는 것보다는 더 맛있고 질 좋은 육수를 얻지 않겠습니까?"

질문에 답을 하면, 절대로 그렇지 않다! 고기가 익게 되면 더 이상 육즙이나 향이 우러나오지 않는 때가 도래한다. 조리 과정에서 육수가 다 소진된 이후에도 고기를 솥에 남겨놓으면 육수가 더 좋아지기는커녕 오히려 망칠 가능성이 농후하다!

따라서 좋은 육수를 위해서는 포토푀에 쓰는 고기를 너무 과하게도, 그렇다고 부족하지도 않은 정도로만 끓이면 된다.

나는 많은 양의 포토푀를 조리하는 데 5시간을 쓸 것을 규정했으나, 그렇다고 이런 규칙들이 항상 불변한 것은 아니라는 사실을 여러분은 잘 알고 있다. 몇몇 고기들은 동물의 연령이나 또는 품종에 따라서 빨리 또는 느리게 익기도 한다.

4-5시간이 지나면 요리용 바늘로 고기를 찔러서 익은 정도를 파악해야 한다.

바늘이 막힘없이 쉽게 들어가면 소고기가 완전히 익은

POT-AU-FEU ET BOUILLON DE BŒUF.

것이다. 이 상태라야 좋은 육수가 나온다.

그림 19. 주방에서 쓰는 소금단지

그림 20. 수프 그릇과 기타 식기

제2장
포타주

포타주의 중요성에 대해서는 더 강조할 필요가 없다. 포타주는 평범하든 성대하든 모든 저녁 식사에 있어 시작을 알리는 필수적인 요소로 여겨진다.

나는 일반적으로 흔히 사용되는 20-25가지의 고기 또는 채소 포타주 레시피를 수록한다. 이 레시피들은 대부분의 사람들이 보편적으로 즐기는 것들이다.

더 많은 레시피를 추가하고, 화려한 이름을 가진 포타주를 소개하는 데에도 무리가 없지만, 그럴 필요가 굳이 있을까? 복잡한 포타주는 고급 요리에나 속하는 것이기 때문에, 이는 자연스럽게 두 번째 항목에서 다룰 수 있다.

LE LIVRE DE CUISINE. — PREMIÈRE PARTIE.

잘 알려지지 않았거나 요리되지 않는 포타주, 또는 누구도 먹지 않는 포타주 레시피는 이 요리책의 가정 요리, 고급 요리 항목 어디에서도 다루지 않을 것이다.

여기에 수록한 설명과 세부 사항들을 통해서 독자 여러분이 분명한 한계를 노정하는 가정에서 직면하는 여러 요구들을 충족할 수 있기를 소망한다.

I

포타주 그라 POTAGE GRAS

수프 오 팽 SOUPE AU PAIN

수프 오 팽이 매우 단순한 요리이긴 하지만 몇 가지 주의사항을 절대로 잊어서는 안 된다. 게다가, 유감스럽게도 많은 주방에서 보편적인 요리들을 대충 만들어도 된다는 그릇된 생각이 만연해 있는데, 이에 대해 강력히 반대하는 입장이다. 오히려 이런 요리들이야말로 빈번하게 식탁에 오르기 때문에 더욱 주의를 기울여야 한다. 자주 올리는 요리일수록 실패할 여지가 없어야 한다.

앞서 기름을 제거한 상태에서 끓고 있는 육수를 남겨두었다. 이 때 수프를 만들어야 한다.

일반적으로 4인분의 양을 위해서는 1ℓ의 육수와 60g의 수프용 빵을 사용한다.

POTAGE.

수프 오 팽은 1인당 15g의 빵이 필요하다. 채소 퓌레나 고명이 들어간 수프는 빵의 양을 적게 잡아야 지나치게 걸쭉해지는 상태를 예방할 수 있다. 물론 인원수에 따라 육수와 빵의 양을 조절해야 한다.

수프용 빵은 1cm 두께로 자르고, 자른 빵 조각들은 수프 접시에 놓은 뒤 그 위에 육수를 부어서 불린다.

수프에 카라멜을 추가할 시점이 바로 이 때임을 잊지 마라. 그리고 이 시점에서만 필요할 경우 간을 더할 수 있다.

채소는 별도의 접시에 담아 제공한다. 한편 제철이 아닐 때의 채소는 섬유질이 많아 질겨지는 경우가 있다. 이럴 때는 차라리 채소를 빼 버리는 것이 훨씬 낫다.

또한 수프의 빵으로 부드럽게 구운 빵의 껍질을 사용하는 경우가 있으나, 일부 제빵사의 경우에는 빵 껍질을 충분히 구워 내지 않는데 이는 안쪽에 곰팡이가 생기는 원인이 된다. 이것만으로도 최고의 수프를 망치기는 충분하다.

일반 가정에서 식사용으로 먹는 빵의 껍질을 사용할 경우에는 반드시 오븐이나 그릴로 미리 구워서 사용해야 한다.

부이용 아 라 미뉘트 BOUILLON À LA MINUTE

말 그대로 **"서둘러"**● 만든 육수가 가정 요리에는 경제적인 측면에서 바람직하지 않아 보이기는 하지만, 이 레시피는 예외적인 상황, 예컨대 와병 중인 경우와 같이 비용은 전혀 문제가 되지 않는 상황

● 프랑스어로 아 라 미뉘트(À la minute)는 "곧, 당장, 서둘러"와 같은 뜻이 있다.

LE LIVRE DE CUISINE. — PREMIÈRE PARTIE.

을 대비하는 데 유용하게 사용될 수 있을 것이다.

부이용 아 라 미뉘트는 다음과 같이 만든다.

소고기 살코기 1lb

뼈 없는 닭고기 반 마리

- 고기는 모두 두드려 편 다음 소금 10g과 냄비에 넣는다.
- 1.55ℓ의 물을 더한 다음 부드럽게 저어주며 열을 가한다.
- 끓어오르기 시작하면 잘게 썬 당근, 무, 양파, 리크, 샐러리 등을 더한다.
- 20분동안 더 끓인 다음 접시에 담아 완성한다.

베르미셀 VERMICELLE

- 파스타는 항상 최상품을 취급해야 한다. 이 경우에는 이탈리아나 오베르뉴 산 파스타가 적합하다.
- 베르미셀 60g을 1ℓ의 물을 붓고 4g의 소금으로 간을 한 뒤 5분간 데친다.
- 면을 꺼내 식힌다.
- 체에 담긴 물을 빼낸다.
- 끓는 육수 1ℓ에 베르미셀을 부어준다.
- 면이 덩어리지는 것을 방지하기 위해 기름기를 걷는 스푼으로 잘 저어준다.
- 화덕 모서리에서 화구의 4분의 3정도 위치에서 5분간 뭉근하게 끓여준다.

POTAGE.

- ✣ 표면에 생긴 거품을 걷어낸다.
- ✣ 소금의 상태가 적당한지 맛본다. — 이 과정은 이 책에서 제시하는 레시피 전체에 일관되게 적용되는 것이다.
- ✣ 요리를 완성한다.
- ✣ 모든 포타주 파스타는 구별 없이 같은 방식으로 조리한다. 이탈리아식 파스타, 마카로니, 국수 등이 그러하다.
- ✣ 요리 위에 파르메산 치즈를 갈아 내는 경우가 많다.

타피오카 TAPIOCA

- ✣ 인도산 타피오카는 누구든지 한 번은 맛봐야 한다.
- ✣ 육수 0.12ℓ를 끓인다.
- ✣ 한손으로 타피오카 40g을 천천히 육수에 넣는다. 다른 한손으로는 덩어리지지 않도록 라구 스푼으로 저어준다.
- ✣ 모든 재료를 부은 뒤 화덕 모서리에 뚜껑을 완전히 덮은 냄비를 올려놓고 20분간 뭉근히 끓인다. 뚜껑을 덮는 이유는 표면에 껍질처럼 생기는 것을 막기 위함이다.
- ✣ 거품을 걷어내고 접시에 담는다.

쌀 RIZ

- ✣ 쌀은 캐롤라이나 지역에서 난 것이 언제나 으뜸이다.
- ✣ 35g의 쌀을 물에 세 번 씻는다.
- ✣ 물 1ℓ에 데친다. 불을 계속해서 신경 써야 한다.

LE LIVRE DE CUISINE. — PREMIÈRE PARTIE.

- 꺼내어 식힌다.
- 물기를 뺀다.
- 끓는 육수 0.12ℓ에 쌀을 넣고 육수가 잘 배도록 저어준다.
- 쌀이 잘 익도록 냄비는 뚜껑을 ¾ 정도 덮은 채 화덕 모서리에 26분가량 올려둔다.
- 거품을 걷어내고 접시에 담는다.

세몰 SEMOULE

- 고품질의 세몰을 선택할 때에는 특히 주의해야 한다. 세몰이 송진이나 먼지, 습기에 의해 맛이 변해 육수를 망칠 수 있기 때문이다.
- 50g의 세몰을 끓는 육수 0.12ℓ에 넣는다.
- 라구 스푼으로 저어준다.
- 세몰이 잘 섞이면 냄비의 뚜껑을 완전히 덮는다. 화덕 모서리에 약 30분간 올려 두고 뭉근하게 계속 끓는지를 주의한다.

수프 미토네 SOUPE MITONNÉE

- 냄비에 육수 0.12ℓ를 붓고 빵 60g을 넣는다. 잘려진 빵은 손으로 뜯은 빵처럼 쉽게 육수를 머금지 않기 때문에 뜯거나 자르지 않도록 주의한다.
- 나무 주걱으로 저으며 20분간 화덕 위에서 뭉근하게 끓인다.
- 빵이 완전히 흐물해지고 수프가 걸쭉한 상태가 되면 그릇에 담

POTAGE.

아 완성한다.

수프 오 슈 SOUPE AU CHOUX

수프 오 슈는 사계절에 해 먹을 수 있는 요리이다.

- ❖ 작은 케일을 준비한 다음 일반적으로 매우 질긴 겉 잎을 제거한다.
- ❖ 양배추를 4등분한다.
- ❖ 많은 물로 씻어낸다.
- ❖ 베이컨 200g을 넣고 끓는 물에 10분간 데친다.
- ❖ 많은 양의 찬물을 이용해 씻어낸 다음 한 시간 동안 물기를 빼낸다.
- ❖ 이렇게 작업하면 요리를 먹을 때 채소를 보다 완벽하게 소화해 낼 수 있다.
- ❖ 양배추의 물기를 뺄 때는 꽉 짜고, 소금과 후추 한 자밤씩을 넣어 간을 맞춘다.
- ❖ 재료는 다음과 같다.

　　　　부케 가르니 1개

　　　　당근 100g

　　　　양파 100g

　　　　소금 15g

- ❖ 정향 2개는 양파 속에 박아 넣는다.
- ❖ 4등분한 양배추와 부케 가르니, 당근, 양파와 함께 냄비에 넣은

LE LIVRE DE CUISINE. — PREMIÈRE PARTIE.

- 다음 물 4ℓ를 넣는다.
- ❖ 양배추 위에 소갈비살 500g을 놓는다.
- ❖ 양배추와 함께 데친 베이컨을 넣는다.
- ❖ 3ℓ의 물을 붓는다.
- ❖ 끓인다. 거품을 완전히 제거한 다음 화덕 모서리에 두고 3시간 동안 더 끓인다.
- ❖ 고기와 야채, 양배추를 건져낸다.
- ❖ 양배추를 잘라 수프 그릇에 놓고 그 위에 빵 25g을 곁들인다.
- ❖ 그 위로 육수를 부은 다음 완성한다.

포타주 오 레튀 POTAGE AU LAITUE

이 요리는 어느 계절에든 먹기 좋다.

- ❖ 고기를 우린 육수 0.1ℓ를 넣는다.
- ❖ 상추 200g의 껍질을 벗겨낸다. 이 말은 질긴 겉면 잎사귀를 제거하라는 뜻이다.
- ❖ 끓는 물에 10분간 데친다.
- ❖ 식힌 다음 상추의 물기를 꽉 짜낸다.
- ❖ 16cm 직경의 냄비에 넣는다.
- ❖ 고기 육수 0.3ℓ를 더한다.
- ❖ 육수가 완전히 졸 때까지 약한 불에서 뭉근하게 끓인다.
- ❖ 불이 너무 세면 즉시 냄비에 상추가 눌러 붙지 않게 해야 한다.
- ❖ 육수 0.8ℓ를 추가한다.

POTAGE.

- 한 소끔 끓으면 화덕 모서리에 놓고 10분간 둔다.
- 고기 수프와 마찬가지로 빵 40g을 그릇 바닥에 놓는다.
- 표면의 거품을 제거한 다음 수프를 붓고 완성한다.

II
채소 포타주

쥘리엔 JULIENNE

이 요리는 연중 9개월 동안에만 좋은 조건 하에 조리가 가능하다. 당근, 순무, 리크가 질겨지기 때문에 1-3월에는 가급적 만들지 말아야 한다.

재료

버터 60g

당근 125g

순무 125g

리크 50g

양파 50g

샐러리 줄기 12g

케일 25g

상추 10g

수영 10g

LE LIVRE DE CUISINE. — PREMIÈRE PARTIE.

파슬리 잎 5g(잎의 끝부분)

- ❖ 당근과 순무의 껍질을 벗겨낸다.
- ❖ 리크, 샐러리, 양파, 양배추를 손질한다.
- ❖ 야채들을 씻어 말린다.
- ❖ 리크, 샐러리, 양파, 당근, 순무, 양배추를 길이 2cm 너비 4cm 크기로 자른다.
- ❖ 손질한 야채들을 버터와 함께 20cm 직경의 냄비에 넣는다. 수영, 상추, 파슬리는 넣지 않는다.
- ❖ 야채가 짙은 갈색으로 변할 때까지 센 불에서 스푼으로 저어가며 볶는다.
- ❖ 0.12ℓ의 물을 더한다.
- ❖ 소금과 후추 2자밤으로 간을 한다.
- ❖ 육수가 너무 많이 졸 수 있으니 화덕 모서리에 두고 은근한 불에 세 시간만 끓인다.
- ❖ 처음 끓일 때 수영, 상추, 파슬리를 투입한다. 이것들은 퓌레 상태로 투입되는데 그렇게 하면 만약 모든 재료를 동시에 냄비에 넣었을 때 다른 채소들이 버터에 의해 구워지는 것을 예방할 수 있다.
- ❖ 그릇에 담아 완성한다.
- ❖ 쥘리엔은 야채와 함께 단독으로 먹는 경우가 가장 흔하다. 어떤 이들은 고기 수프처럼 자른 빵 껍질을 곁들여 먹기도 한다.

POTAGE.

참고 — 아리코나 렌틸콩을 요리할 때 이와 같은 채소 육수를 사용하는 경우가 있는데, 이렇게 하면 맛의 측면에서 물보다 더 좋은 효과를 얻을 수 있다.

쪄서 말린 채소 모둠을 쥘리엔이라는 이름으로 상점에서 판매하기도 한다. 그런데 이러한 시제품의 경우에는 이미 각 채소 고유의 맛을 상실해버려 포타주를 만들 때 아무런 쓸모가 없다. 무엇보다 신선한 채소를 사용해야 하기 때문이다.

마찬가지로 쥘리엔 오 그라를 만들 수도 있다. 물을 고기 육수로 대체하는 것만 빼면 조리법이 같다. 간을 맞출 때에는 육수의 염도를 신경 써야 한다.

수프 아 로뇽 SOUPE A L'OIGNON

❖ 양파 200g의 껍질을 벗긴다.
❖ 양파를 반으로 나눈나. ㄱ 나음 위아래 끝의 단단한 부분을 제거한다. 약 1.5cm 두께로 자르면 된다.
❖ 그 다음 양파를 동일한 두께로 얇게 썬다. 이렇게 하면 양파가 잘 익는다.
❖ 끓는 물에 10분간 데쳐 매운맛을 뺀다. 그 다음 물기를 짜낸다.
❖ 15cm 직경의 냄비에 버터 30g을 넣는다.
❖ 센불로 양파를 익혀 갈색 빛을 띄면 밀가루 30g(일반적으로 1큰 술)을 넣는다.

LE LIVRE DE CUISINE. — PREMIÈRE PARTIE.

- ✤ 2분 더 불에 익힌다.
- ✤ 1ℓ의 물을 더한다.
- ✤ 소금과 후추 2자밤을 넣는다.
- ✤ 처음 끓어오를 때까지 불을 켜둔다.
- ✤ 화덕 모서리에 5분간 놓아둔다.
- ✤ 소금간을 한다.
- ✤ 그릇에 빵 60g과 버터 30g을 놓는다.
- ✤ 그 위에 육수를 붓고 스푼으로 가볍게 저어 버터를 녹인다.
- ✤ 요리를 완성한다. 그뤼예르 또는 파르메산 치즈는 별도로 낸다.

참고 — 양파를 미리 데쳐 놓으면 이후 캐러맬라이징 하는 시간을 절약할 수 있다. 또한 데치면 양파가 잘 소화되는 효과도 얻을 수 있다.

수프 아 로뇽 리에 아 뢰프
SOUPE À L'OIGNON LIÉE À L'ŒUF

위의 조리법을 참고해 수프 아 로뇽 리에 아 뢰프를 만들 수 있다.

- ✤ 이전에 지시한 대로 육수를 준비하여 수프를 만든다.
- ✤ 앞서 ▶67 언급한 바와 같이 달걀에 대한 주의사항을 숙지한 상태에서 달걀 3개를 깬다.
- ✤ 흰자와 노른자를 별도의 식기에 분리해 둔다.
- ✤ 노른자에 버터 30g을 넣고 수프 0.1ℓ를 붓는다.

POTAGE.

✤ 육수와 버터, 달걀이 잘 섞이도록 스푼으로 저어준다.

✤ 이것을 수프 그릇에 붓고 잘 섞어서 먹는다.

✤ 이 과정은 매우 신속하게 이루어져야 한다.

수프 아 로제이유 SOUPE À L'OSEILLE

✤ 다음 재료의 껍질을 벗긴 뒤 물에 씻는다.

    수영 100g

    파슬리 25g

    상추 50g

✤ 전부 다진다.

✤ 버터 25g, 소금 3자밤, 후추 1자밤을 냄비에 넣는다.

✤ 불에 올린 다음 나무 주걱으로 저어 재료들을 풀어준다.

✤ 5분 뒤 밀가루 20g을 더한다.

✤ 5분 뒤 물 1ℓ를 더한다.

✤ 밀가루가 뭉치지 않도록 처음 끓이오를 때까지 지이준디.

✤ 화덕 모서리에서 15분간 뭉근히 끓인다.

✤ 오믈렛을 만들 때와 같이 달걀 두 개를 깨서 테린에 담는다.

✤ 버터 60g을 더한다.

✤ 화구에서 냄비를 뺀 다음 0.1ℓ의 육수를 테린에 붓는다.

✤ 버터가 녹도록 잘 저어준다.

✤ 0.2ℓ의 육수를 더한다.

✤ 2-3cm 크기로 자른 빵조각 60g을 그릇에 담는다.

LE LIVRE DE CUISINE. — PREMIÈRE PARTIE.

- 수프를 그 위에 끼얹는다.
- 육수와 달걀을 섞은 것을 그 위에 붓는다.
- 1분간 잘 저은 후 완성한다.

고찰 — 달걀이 완벽하게 섞이지 않으면 흰자가 뭉쳐지기 때문에 반드시 조심스럽게 저어줘야 한다.

9-11월 사이에는 수영이 강산성을 띤다. 이 기간 동안에는 수영을 레시피에 적힌 것에 절반의 양만 써야 한다. 가정에서는 겨울철에 수영 통조림을 이용해 편리하게 조리할 수 있다. 통조림은 9-10월에 직접 준비하는 것이 적당하다.

수프 오 푸아로 SOUPE AU POIREAU

수프 오 푸이로는 채소가 부드러운 시기에 요리하기 제격이다. 리크가 막 출하되는 3월과 4월에는 가급적 조리를 피해야 한다.

- 리크 200g을 다듬은 뒤 물에 씻고, 4cm 길이 2cm 너비로 자른다.
- 버터 15g을 넣고 갈색 빛이 돌 때까지 익힌다.
- 물 1ℓ를 붓는다.
- 소금 3자밤, 후추 2자밤을 더한다.
- 처음 끓으면 화덕 모서리에 냄비를 놓고 20분간 익힌다.
- 2-3cm 크기로 자른 빵 40g을 접시에 간다.

POTAGE.

- 테린에 노른자를 담아 준비해둔다.
- 찬 우유 0.1ℓ를 붓는다.
- 버터 30g을 더한다.
- 전부 골고루 섞어준다.
- 수프를 끼얹는다.
- 한손으로 달걀물을 붓고, 다른 한 손으로 내용물을 젓는다.
- 버터가 완전히 녹으면 수프가 완성된다.
- 완성한다.

수프 오 폼 드 테르 에 르 푸아로
SOUPE AU POMME DE TERRE ET LE POIREAU

- 리크 100g을 위의 레시피와 같이 손질하고 헹군다.
- 익히고, 육수를 붓고, 간을 하는 것도 동일하다.
- 깍둑썰기를 해 손질한 감자 100g을 넣는다.
- 조리 내내 뭉근하게 끓인다. 감사는 퓌레 상태와 같아야 한다.
- 빵 껍데기 20g을 얇게 썰고 버터 30g과 함께 냄비에 넣는다.
- 버터가 녹도록 잘 저어주고 완성한다.

퓌레 드 랑티유 PURÉE DE LENTILLE

- 씨알이 굵고 금빛인 렌틸콩 0.4ℓ를 준비한다. 수프와 퓌레에 사용하는 다른 채소들과 같이 렌틸콩은 일년 내내 생산된다.
- 렌틸콩을 미지근한 물로 씻은 다음 재료들과 냄비에 넣는다.

LE LIVRE DE CUISINE. — PREMIÈRE PARTIE.

물 1.5ℓ

양파 35g

샐러리 10g

당근 35g

소금 10g

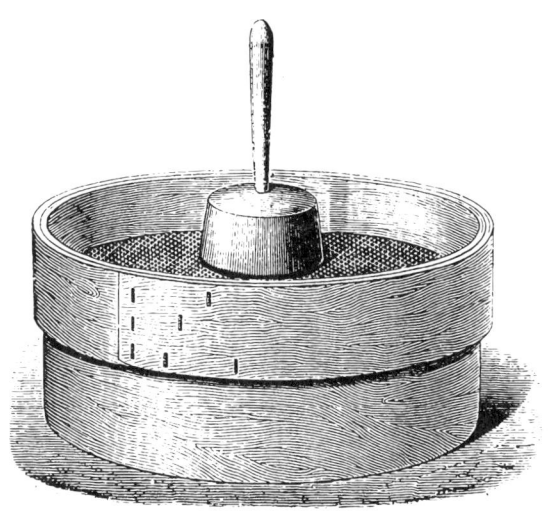

그림 21. 퓌레용 여과기

❖ 모두 끓인다. 렌틸콩이 끓기 시작하면, 불을 끄고 조리가 끝날 때까지 뭉근한 불에 둔다.
❖ 렌틸콩이 손으로 쉽게 뭉개지면 조리가 끝난 것이다.
❖ 보다 조리를 쉽게 하기 위해서는 30분 간격으로 찬물 반 컵 분

POTAGE.

량을 냄비에 부어주면 된다. 그 이상의 물을 넣으면 안 된다.
- 찬물을 부어주면 다시 가열한다.
- 과거에는 퓌레를 만들 때 말린 야채를 전날 물에 담가두는 것이 권장되었는데, 조리 중에 찬물을 보충해주면 굳이 미리 불릴 필요가 없어진다.
- 렌틸콩이 잘 익으면 체에 담아 물기를 빼낸다.
- 렌틸콩을 끓인 물은 따로 보관한다.
- 체 아래에 접시를 받쳐 놓아서 여과된 것을 받아놓는다.
- 야채가 더 쉽게 통과할 수 있도록 육수를 여러 번 추가해준다.
- 퓌레가 완성되면 냄비에 넣는다. 처음 끓을 때 퓌레가 눌러 붙지 않도록 나무 주걱으로 저으며 30분간 화덕 모서리에 둔다.
- 그릇에 빵 15g을 넣는다.
- 버터 60g을 더한다.
- 버터와 빵 위에 퓌레를 붓는다.
- 버터가 녹도록 스푼으로 잘 저어준다.
- 완성한다.

퓌레 드 아리코 블랑
PURÉE DE HARICOT BLANC

- 연중 나오는 수아송(*Soissons*)● 산 아리코 0.4ℓ를 준비한다.
- 퓌레 드 랑티유의 레시피를 참고하여 조리하면 된다.

● 수아송은 프랑스 북부 오드프랑스 주의 도시로 예로부터 아리코의 주산지로 유명하였다.

LE LIVRE DE CUISINE. — PREMIÈRE PARTIE.

퓌레 드 아리코 루주
PURÉE DE HARICOT ROUGE

✤ 리앙쿠르(*Liancourt*)• 산 아리코 루주를 쓰는 것이 좋다.
✤ 퓌레 드 랑티유의 레시피와 조리법이 동일하다.

퓌레 드 푸아 섹 PURÉE DE POIS SEC

✤ 진한 녹색의 완두콩 0.5ℓ를 준비한다.
✤ 완두콩을 냄비에 넣고 물 1.5ℓ를 붓는다.
✤ 다른 양념 없이 소금 5g을 넣는다.
✤ 나머지는 퓌레 드 랑티유의 레시피와 동일하다. ▶103

고찰 — 퓌레에는 대부분 채소를 사용하지만 물론 고기도 사용할 수 있다. 4인분 기준으로 1ℓ의 수프에 채소 육수 대신 고기 육수를 사용하면 된다.

수프 오 포티롱 SOUPE AU POTIRON

✤ 호박은 10월 중순부터 2월 중순 까지가 제철이다.
✤ 통상 노란색의 큰 호박이나 지로몽(*giraumon*)이라고 하는 녹색 호박을 쓴다.
✤ 호박 800g을 준비한다.
✤ 다음과 같이 손질한다.
✤ 호박 안의 씨앗을 제거한다.

• 리앙쿠르는 프랑스 북부 오드프랑스 주의 소도시로, 인접한 클레르몽과 함께 햄으로도 유명하다.

POTAGE.

- 상단의 껍질을 0.5cm 두께로 깎아낸다.
- 4cm 크기로 깍둑썰기 한다. 냄비에는 다음의 재료와 함께 넣는다.

    버터 30g

    소금 한 자밤

    설탕 30g

    물 0.2ℓ

- 2시간 동안 가열한다.
- 체에 걸러 테린에 담는다.
- 끓인 우유 0.6ℓ를 냄비에 넣는다(우유를 끓이지 않으면 변질될 우려가 있다).
- 처음 끓으면 얇게 썬 빵 15g을 그릇에 놓고 그 위에 수프를 붓는다.
- 완성한다.

수프 드 퓌레에 관한 고찰

퓌레를 만들 때 정확한 비율을 명시하기 위해 신경을 썼으나 조리법에 적힌 비율이 절대적으로 정확하지 않을 수 있다. 또한 특정 채소들은 다른 채소보다 더 많은 양이 필요할 수도 있다. 이 문제는 수프를 덜 걸쭉하게 만들도록 채수를 추가하면 된다. 채수가 없으면 물을 사용하되 4인분 기준 1ℓ를 넘기면 안 된다.

　　수프를 위한 퓌레와 앙트르메를 위한 퓌레의 조리법이 다

LE LIVRE DE CUISINE. — PREMIÈRE PARTIE.

른 점을 주목해야 한다. 전자는 수프에 적합하기 때문에 항상 액체 상태를 유지하지만, 후자의 경우 채소 앙트르메 항목에서 다루는 것처럼 단단한 모양을 유지해야 한다.

수프 드 퓌레를 위한 쌀과 보리

- 퓌레 수프에서 빵은 쌀로 대체할 수 있다.
- 4인분 기준으로 쌀의 양은 30g이 적당하다.
- 쌀을 찬물에 깨끗이 씻은 다음, 0.2ℓ의 물을 넣고 끓인다.
- 버터 15g, 소금 4g을 추가한다.
- 밥은 20분 가까이 끓여야 한다.
- 밥과 퓌레를 섞은 다음, 그릇에 버터 15g을 놓는다.
- 그릇에 옮겨 완성한다.
- 보리 또한 같은 방법으로 준비된다.
- 보리는 물 0.6ℓ에 소금 8g을 넣고 아주 약한 불에서 1시간 반 정도 끓인다.
- 체에 밭쳐 물기를 빼낸다.
- 보리와 퓌레를 섞고 쌀을 쓸 때와 마찬가지로 그릇에 버터 15g을 놓는다.

포타주 오 리, 포타주 오 제르브
POTAGE AU RIZ, POTAGE AUX HERBES

수영 50g

POTAGE.

  상추 50g

  파슬리 50g

✤ 다듬고 씻은 다음 곱게 다진다. 수프 아 로제이유와 동일하다.

✤ 재료들을 냄비에 넣고 물 2ℓ와 아래 재료를 섞는다.

  버터 15g

  소금 12g

  후추 2g

✤ 5분간 익힌다.

✤ 물 0.14ℓ를 붓는다.

✤ 화덕 모서리에 두고 15분간 뭉근하게 끓인다.

✤ 잘 씻은 쌀 60g을 넣는다.

✤ 익히는 동안 쌀이 잘 섞이도록 저어준다.

✤ 육수 조금을 넣고 30분간 더 익힌다.

✤ 식탁에 낼 때에는 그릇에 버터 30g을 첨가한다.

✤ 냄비 내용물을 그릇에 붓고, 내면 된다.

✤ 이 같은 포타주 조리법은 베르미셀은 물론 모든 종류의 파스타를 넣어서도 조리가 가능하다.

리 오 레 RIZ AU LAIT

✤ 최상품 쌀 60g을 씻은 다음 데친다.

✤ 식힌 다음 물기를 뺀다.

✤ 2ℓ 들이 냄비에 우유 0.12ℓ를 넣고 끓인다.

LE LIVRE DE CUISINE. — PREMIÈRE PARTIE.

- ✥ 쌀을 냄비에 넣고 덩어리지지 않도록 익히는 동안 잘 저어준다.
- ✥ 설탕과 소금 5g을 넣어준다.
- ✥ 아주 약하게 끓어오르도록 30분간 익힌다.
- ✥ 완성한다.

고찰 — 나는 의도적으로 이 레시피에서 설탕과 소금의 양을 최소화했다. 하지만 나는 리 오 레도 마찬가지로 달거나 짜게 할 필요가 있다고 생각한다.

또한, 특히 달거나 짠 리 오 레를 좋아하는 사람들의 경우에는 설탕과 소금의 양을 더 늘릴 수도 있다.

밥알이 부서진다면 20분만 익히기 바란다.

모든 우유, 베르미셀, 세몰 등을 넣은 포타주들은 이 같은 방식으로 조리된다.

부이 BOUILLIE

- ✥ 1ℓ들이 냄비를 사용한다.
- ✥ 밀가루 30g을 우유 0.4ℓ에 갠다.
- ✥ 덩어리지지 않도록 부드러운 상태를 유지한다.
- ✥ 소금 한 자밤과 설탕 5g을 넣는다.
- ✥ 냄비에 눌러 붙지 않도록 나무 주걱으로 계속 저어주며 센 불에서 20분간 끓인다.
- ✥ 너무 걸쭉해지면 우유를 넣어 농도를 조절한다.

POTAGE.

- ✣ 스푼에 달라붙을 정도로 걸쭉하게 끓여야 한다.
- ✣ 특정 밀가루는 다른 밀가루보다 더 잘 뭉치는데, 그렇기 때문에 우유를 넣어 농도를 조절해야 한다.
- ✣ 요리를 할 때는 최상품의 밀가루를 사용해야 한다. 특히 어린 이들이 요리를 섭취할 때 소화하기가 쉽기 때문이다.

파나드 PANADE

- ✣ 3ℓ 용량의 냄비에 물 0.14ℓ를 넣는다.
- ✣ 다음 재료를 넣는다.

    빵조각 50g

    소금 1자밤

    버터 15g
- ✣ 센 불을 준비한다.

그림 22. 육수 볼

LE LIVRE DE CUISINE. — PREMIÈRE PARTIE.

- ✥ 처음 끓어오를 때에는 육수가 냄비 바닥에 눌어붙지 않도록 나무 주걱으로 저어준다.
- ✥ 약 20분간 계속 저어가며 익힌다.
- ✥ 테린에 우유 0.05ℓ로 희석한 달걀 노른자 4개를 준비한다.
- ✥ 버터 30g을 더한다.
- ✥ 그릇에 끓인 요리를 옮겨 담는다.
- ✥ 한 손으로 달걀물을 붓고 다른 손으로 저어준다.
- ✥ 완성한다.

고찰 — 파나드가 너무 걸쭉하면 우유를 0.05-0.1ℓ 정도 섞는다.

파나드에 사용하지 않는 달걀 흰자를 버려서는 안 된다. 크림 및 튀김옷 항목에서 이를 활용할 수 있는 방법을 소개한다.

채소 수프에서 버터의 쓰임

상기한 모든 종류의 수프에 버터를 사용하는 데 있어 요구되는 일반적인 원칙으로 이 장을 마무리하겠다.

채소 수프에는 버터를 두 배가량 써야 한다는 사실은 중요하다. 단 한꺼번에 버터를 투입해야 하는 쥘리엔은 예외이다.

채소를 조리하고 익히는 데 사용되는 버터는 최소한도로 사용해야 한다. 이 때의 버터는 단순히 익히기 위해서만 사용될 뿐이기 때문이다.

풍미를 입히는 것은 두 번째 사용에서 이루어지며 완성된 음식을 그릇에 담을 때 이루어진다. 가열하지 않은 버터는 불을 사용할 때와는 전혀 다른 신선함과 풍미를 제공해준다.

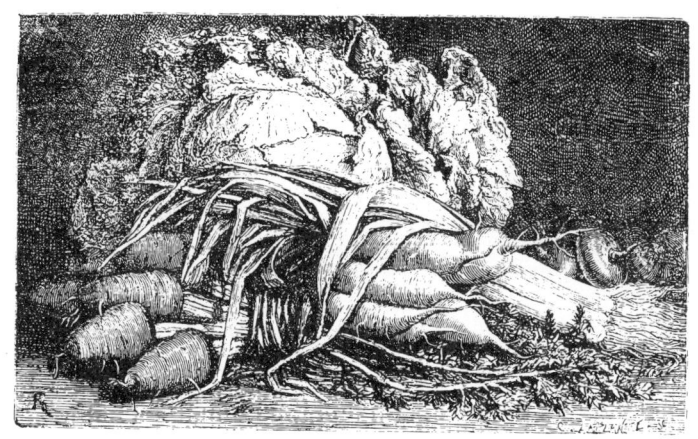

그림 23. 고명 재료

제3장
고명, 리에종, 가정용 소스

어쩌면 가정 요리 항목에서 고명을 언급하는 것을 보고 당황할 시도 모른다. 고명은 아무래도 고급 요리에서 다룰 만한 것으로 보인다. 고명이 고급 요리에서 중요한 역할을 한다는 것은 자명한 사실이다. 따라서 고급 요리 항목에서 고명에 대해 구체적으로 다룰 예정이지만, 가정 요리에서도 알아야 할 특정 종류의 고명들이 있으니, 이 장에서는 그것들을 다룰 것이다.

가정 요리에서의 고명은 주로 고기 요리에서 사용되는 채소 고명들을 논한다. 여기 사용되는 채소들은 일반적으로 사용되

LE LIVRE DE CUISINE. — PREMIÈRE PARTIE.

는 소스를 만들 때에도 사용된다. 이 소스들은 뒤에 가정용 소스라는 제목으로 따로 다룰 것이다.

소스와 마찬가지로 수프에서도 자주 소비되는 것들을 다룰 예정이다. 수다한 레시피를 간결하게 설명하기보다는 한정된 수의 레시피를 모든 세부 사항을 다루며 설명하는 것이 더 낫다고 생각한다. 이렇게 함으로써 꼭 필요한 정보를 제공할 수 있기 때문이다.

고명과 소스의 레시피 외에도 필수적인 요소인 루 레시피도 함께 수록할 것이다.

이 장은 소스에 관한 지식이 필수로 선행되어야 하는 육류, 생선 및 가금을 사용한 전채 요리에 대해 설명할 것이다.

I
고명

고명 용으로 손질한 버섯

버섯은 고명과 소스에 모두 사용된다.
- 좋은 버섯은 희고 단단하며 갓과 꼭지 사이 틈이 없어야 한다.
- 4인분의 고명을 준비하려면 시장에서 파는 버섯 한 다발(중간 크기 버섯 5-6개 들이)을 기준으로 4다발 정도면 충분하다.
- 먼저 칼로 버섯 꼭지의 흙이 묻은 부분을 제거한 후, 찬물이 담

GARNITURE.

긴 그릇에 넣는다.
- 버섯에 묻은 모래를 문질러 제거한다.
- 깨끗해지면 바로 꺼내 천으로 물기를 닦는다. 버섯이 너무 오래

그림 24. 세로홈이 나 있는 칼

물에 담겨 있으면 맛과 모양을 잃게 되므로 주의해야 한다.
- 2ℓ 들이 냄비에 레몬즙 한 스푼, 물 한 스푼, 소금 5g을 넣는다.
- 버섯의 껍질을 벗기는 가장 좋은 방법은 버섯을 뒤집는 것이다. 이 작업을 수행하기 위해서는 갓을 건드리지 말고 꼭지를 잘라야 한다. 왼손 네 손가락 사이에 고정한 다음 오른손으로는 작은 칼을 쥔 채로 칼날 위를 버섯이 회전하는 식이다. 이렇게 약 2mm정도를 벗겨낸다.■25
- 버섯을 손질하는 이유는 레몬즙이 더 잘 스며들어서 흰 빛깔

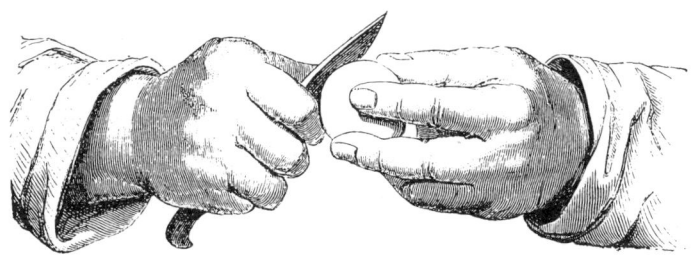

그림 25. 양파를 돌려 깎을 때의 자세

LE LIVRE DE CUISINE. — PREMIÈRE PARTIE.

이 강조되기 때문이다.
- ❖ 버섯을 뒤집은 채로 냄비에 넣는다. 레몬즙과 소금이 잘 배도록 저어준다.
- ❖ 센 불에 냄비를 올린다.
- ❖ 버터 30g을 더한다.
- ❖ 5분간 끓이며 냄비를 살짝 흔들어 고르게 익히도록 한다.
- ❖ 버섯을 테린에 담고 그 위를 종이로 덮어준다. 이렇게 하면 충분히 양념을 머금지 못한 버섯의 색이 어두워지는 것을 막을 수 있다.
- ❖ 준비된 버섯은 고명과 소스로 사용된다. 손질하고 남은 부분은 다음에서 설명하는 용도를 위해 잘 보관해 두어야 한다.

고찰 — 레몬즙은 버섯을 더 하얗게 만들어준다. 레몬의 신 맛을 싫어하는 사람이 있을 경우 버섯을 소금 5g을 섞은 1ℓ의 온수에 15분 동안 담가두면 산성을 완전히 제거할 수 있다.

이렇게 하면 산미를 날리고 수분을 지킬 있고, 모든 소스에 사용할 수 있다.

고명과 소스를 위한 다진 허브들

여기에서는 요리에 흔히 사용되는, 가정 요리에서는 난해하게 느껴지는 위셀(*uxelles*)이라는 이름을 가진 허브 혼합물을 다룰 것

GARNITURE.

이다. 나는 그 용어보다는 훨씬 더 간단하고 실제 용도를 나타내는 데 적합하도록 위의 제목과 같이 이름을 새로 지었다.

✥ 이것을 만들 때에는 정확한 양을 제시할 수 없는데, 아까 손질한 버섯의 자투리 양에 따라 비율이 결정되기 때문이다.

✥ 고명용으로 버섯을 준비해서 앞선 레시피 대로 손질하고 남은 자투리를 잘게 다진 다음, 천에 담아 물을 잘 짜낸다.

✥ 같은 양의 파슬리를 잘 다진 다음 마찬가지의 방식으로 물기를 짜낸다.

✥ 에샬롯은 다진 것을 사용한다. 남은 버섯 자투리 양의 절반 비율로 준비하면 된다. 즉 버섯 100g에 에샬롯 50g을 사용한다.

✥ 먼저 에샬롯을 다음 재료와 같이 냄비에 넣는다.

    버터 15g

    소금 5g

    후추 한 자밤

✥ 냄비를 화구 위에 올려놓고 에샬롯이 눌러 붙지 않도록 저어가며 5분간 익힌다.

✥ 버섯과 파슬리를 추가한다.

✥ 계속 저어가며 5분을 더 익힌다.

✥ 테린에 부은 다음 수분이 날아가는 것을 방지하기 위해 버터를 바른 종이로 위를 덮는다.

✥ 이 조미료는 그라탱, 바리굴(*barigoule*), 파피요트(*papillote*), 이탈리아풍 소스, 살사 소스 등에 사용할 수 있다.●

● 바리굴은 엉겅퀴 요리의 일종이다. 파피요트는 생선 등을 종이에 싸서 굽는 조리 방식이다.

LE LIVRE DE CUISINE. — PREMIÈRE PARTIE.

❖ 남은 버섯 자투리는 손질된 즉시 사용해야 하며, 시간이 오래 지날수록 색이 검게 변하고 맛을 잃어버린다.

고명을 위한 버섯 소테

❖ 버섯 3다발을 손질한 다음 물에 씻긴다. 버섯 손질에 대해서는 70쪽을 참고하면 된다.
❖ 갓과 꼭지를 0.5cm 두께로 얇게 저민다.
❖ 소테용 팬에 버터 100g을 두른다(오믈렛용 팬으로 요리해서는 안 된다. 사전 고려사항 42쪽을 참고하라).
❖ 버터의 색이 변하지 않도록 잘 녹인 다음 버섯을 투입한다. 소금과 후추를 각 두 자밤씩 넣는다.
❖ 버섯을 4분여간 볶는다.
❖ 농도 조절을 위해 밀가루 20g을 넣는다.
❖ 1분간 더 볶는다.
❖ 0.1ℓ의 육수를 첨가한다.
❖ 다진 파슬리 한 스푼과 다진 에샬롯 한 스푼을 추가한다.
❖ 이렇게 준비된 버섯 소테는 밝은 갈색빛이 돌아야 한다.

당근 CAROTTES

❖ 당근은 일 년 내내 고명으로 사용할 수 있다.
❖ 당근의 제철은 4월 말부터 7월 중순이다.
❖ 고르게 익도록 동일한 크기의 당근을 40개가량 선별한다.

GARNITURE.

✤ 선별한 당근은 배 모양으로 깎는다.
✤ 물에 씻은 다음 물기를 제거하고, 2ℓ 용량의 냄비에 다음 재료와 함께 넣는다.
　　0.2ℓ 육수
　　설탕 5g
　　소금 5g

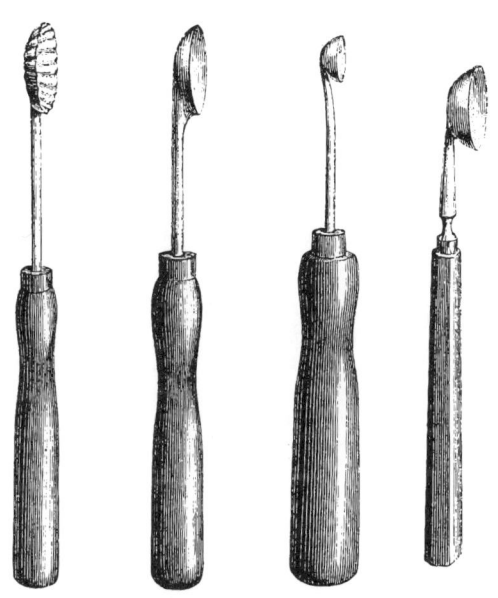

그림 26. 채소 용 스푼

✤ 뚜껑을 덮고 센 불에서 20여분간 끓인다.
✤ 이 시간은 채소가 익고 육수가 졸기에 충분하다.

LE LIVRE DE CUISINE. — PREMIÈRE PARTIE.

- ❖ 육수가 충분히 졸지 않으면 뚜껑을 열어 속도를 높인다.
- ❖ 요리를 낼 때 고명으로 사용하게 익은 당근은 따로 보관한다.
- ❖ 제철이 지난 당근은 너무 커서 통으로 사용할 수 없다. 따라서 6×4cm 크기로 자른 뒤 작은 칼로 껍질을 벗겨 사용한다.
- ❖ 물에 씻은 다음 물기를 제거하고, 위와 동일한 용량의 냄비에 다음 재료와 함께 넣는다.

    0.3ℓ 육수

    설탕 5g

그림 27. 원통 함

GARNITURE.

소금 3g

❖ 뚜껑을 덮은 채로 중간 불에서 30분간 익힌다. 육수가 너무 천천히 졸면 뚜껑을 열어두면 된다.

❖ 이 작업은 7월 말부터 9월 말 사이에 출하된 당근을 쓸 때의 사용할 수 있는 방법이다.

❖ 겨울 당근도 마찬가지로 조리하나, 미리 데친 다음 0.6ℓ의 육수에 넣고 아주 약한 불에서 2시간 동안 끓여야 한다.

❖ 겨울 당근은 다른 때의 당근보다 더 단단하기 때문에 더욱 시간을 들여 조리해야 한다.

순무 NAVETS

❖ 순무의 제철은 5월 1일부터 2월 말 사이이다.

❖ 속이 여물고 매끈한 순무를 선택한다. 마치 녹슨 자국처럼 벌레 먹은 상품은 고르지 말아야 한다.

❖ 고명으로 사용할 순무를 흰색 또는 색깔별로 준비한다. 이는 큰 고기 요리 또는 스튜에 사용할 때마다 다르다.

흰색 순무 NAVETS BLANCS

다음과 같이 조리하라.

❖ 사방 4×3cm 크기의 순무 40조각을 만든다.

❖ 작은 칼로 껍질을 벗겨낸다.

❖ 물에 씻고 물기를 제거한 다음 끓는 물에 5분간 데치고 다시

LE LIVRE DE CUISINE. — PREMIÈRE PARTIE.

물기를 제거한다.

✥ 2ℓ 용량의 냄비에 다음의 재료와 함께 넣는다.

      0.2ℓ 육수

      물 0.1ℓ

      설탕 5g

      소금 5g

✥ 약한 불에서 20분간 익힌다.

✥ 무가 익었는지 확인하려면 요리바늘로 찔러봐야 한다.

✥ 다 익었다면 화덕에서 냄비를 내리고, 식탁에 낼 때까지 냄비에 두어 수분이 증발되도록 한다.

색깔 순무 NAVETS COLORÉS

✥ 색깔이 있는 순무의 경우에는 씻고 물기를 제거한 다음 앞서 지시한 대로 데친다.

✥ 냄비에 버터 25g을 녹인다.

✥ 버터의 색이 변하지 않도록 달군 다음 순무를 넣고 8-10분동안 볶아 붉은 빛이 나도록 한다(항상 채소의 상태에 맞추어 조리 시간을 조절하라).

✥ 스튜의 고명으로 사용하기 위해서는 물기를 제거해야 한다.

양파 OIGNONS

고명으로 사용하는 양파는 제철이 따로 없다.

GARNITURE.

세 가지 방법으로 고명을 만들 수 있다.

1 닭고기 프리카세와 블랑케트에 사용되는 흰 양파
2 스튜, 마틀로트, 라구, 지벨로트 등에 사용되는 색깔 양파●
3 소고기 요리 고명으로 사용되는 글라세 과정을 거친 양파

흰 양파 OIGNON BLANC

흰 양파는 다음과 같이 준비한다.

- 직경 3cm 정도의 양파 20개를 준비한다.
- 위 아래 꽁지를 0.5cm 두께로 잘라내고 1ℓ의 끓는 물에 10분간 데친다.
- 물기를 빼고 식힌다.
- 작은 칼로 옆면을 절개해 겉껍질과 속의 흰 껍질을 벗겨낸다.
- 1ℓ 용량의 냄비에 0.6ℓ 물, 소금 4g, 설탕 4g을 넣은 다음 양파를 넣는다.
- 아주 약한 불에서 요리가 완성될 때까지 끓인다. 다 익었는지 확인하려면 요리바늘로 찔러본다.
- 물기를 뺀 다음 식탁에 내기 4분 전에 스튜에 넣는다.

색깔 양파 OIGNON COLORÉ

- 앞서 지시한 대로 양파를 준비하고 데친다.
- 색을 내기 위해 양파를 볶는다.

● 지벨로트는 백포도주를 넣은 프리카세, 마틀로트는 적포도주와 양념을 곁들인 생선 요리를 말한다..부르고뉴에서는 포슈즈(pochouse)라고 부른다.

LE LIVRE DE CUISINE. — PREMIÈRE PARTIE.

✤ 스튜에 사용하기 위해 물기를 제거한다. 스튜에서 양파가 완전히 익도록 한다.

글라세 양파 OIGNONS GLACÉS

✤ 직경 5cm 양파 12개를 준비한다.
✤ 위 아래 꽁지를 1cm 두께로 잘라낸다.
✤ 물을 충분히 써서 20분간 데친다.
✤ 물기를 빼고 식힌다.
✤ 노란 껍질과 속껍질을 벗겨내고, 작은 칼로 각 양파의 심을 파내어 2cm의 공간을 만든다.
✤ 팬에 0.5cm 두께로 버터를 바른다.
✤ 양파를 빈 공간 없이 채워 넣는다.
✤ 각 양파의 안쪽면에 설탕 두 자밤을 넣는다.
✤ 양파의 색이 입혀지도록 센 불을 쓰되, 버터가 타면 안 된다.
✤ 양파를 뒤집어 안팎으로 색이 나도록 한다. 그 다음 육수를 충분히 부어 양파가 완전히 잠기게 한다.
✤ 뚜껑을 덮고 육수가 졸 때까지 중간 불에 익힌다. 이때 육수가 졸면서 양파를 감싸야 한다.
✤ 양파가 주름지지 않도록 10분마다 육수로 양파를 적셔야 한다. 이렇게 하면 아름답게 색이 입혀진 양파를 얻을 수 있다.
✤ 고명으로 사용하기 위해 보관한다.

GARNITURE.

고찰 — 4월과 5월에 수확되는 흰 양파를 고명으로 사용할 때는 조리 시간이 짧아 쉽게 퓌레가 될 수 있으므로 주의를 기울여야 한다.

감자 POMME DE TERRE

고명으로 쓰는 감자는 비텔로트(*vitelotte*)와 올랑드(*hollande*) 종이 가장 좋다. 이 두 종류는 완벽하게 조리되면서도 형태가 흐트러지지 않는 장점이 있다.

그림 28. 채소 용 칼

비텔로트는 맛과 형태에서 가장 독보적인 품종이다. 그러나 점점 구하기가 어려워지고 있어 오늘날 요리에서 흔히 사용되는 재료는 아니다.
비텔로트를 대신해서 올랑드를 사용하는데, 올랑드는 타원형의 긴 형태와 밝은 노란 빛의 매끈한 껍질이 특징이다.
고명용 감자는 세 가지로 구분할 수 있다.

물에 삶은 감자 POMMES DE TERRE À L'EAU

✥ 감자 20개를 사방 5×3cm 크기의 타원형으로 자른다.

LE LIVRE DE CUISINE. — PREMIÈRE PARTIE.

- 깨끗이 씻고 물기를 뺀 후 2ℓ 들이 냄비에 물 1ℓ와 소금 10g을 함께 넣는다.
- 15분간 끓여 ¾ 정도 익힌 다음 증기로 쪄낸다.
- 요리바늘로 찔러 어느 정도 익었는지 확인할 수 있다. 이 때 바늘이 쑥 들어가야 익은 것이다.
- 물을 버린 뒤 증기로 완전히 익힌다.

볶은 감자 POMME DE TERRE SAUTÉES

- 위와 같이 감자를 자르고 씻은 다음 행주로 물기를 닦는다.
- 조각이 겹치지 않도록 충분히 큰 팬에 버터 36g을 넣는다.
- 버터를 녹인 뒤 갈변하지 않도록 주의한다.
- 감자를 팬에 넣고 2-3분마다 뒤집어가며 균일하게 색이 나오도록 볶는다. 손가락으로 눌렀을 때 부드럽게 들어간다면 감자가 다 익은 것이다. 볶은 감자는 익지미자 바로 상에 내야 한다.

튀긴 감자 POMME DE TERRE FRITES

- 동일한 크기의 감자 6개의 껍질을 벗긴다.
- 4mm 두께로 얇게 자른다.
- 작은 팬에 튀김유 1ℓ를 넣는다.
- 기름을 강한 불로 가열한 후 감자를 바로 넣는다.
- 튀김망으로 가끔 저어주며 감자가 골고루 익게 한다. 8-10분간 튀기면 된다.

GARNITURE.

- 황금빛이 돌면 건져 튀김망 위에 올려둔다.
- 소금을 뿌리고 고명으로 쓴다.

아리코 블랑 HARICOTS BLANCS

- 아리코 블랑 반ℓ를 퓌레로 만든 후 위와 같은 방식으로 튀긴다.
- 익으면 물기를 빼고 2ℓ 들이 냄비에 넣는다.
- 여기에 육수 0.1ℓ, 버터 100g, 파슬리 1큰술, 소금 1자밤, 후추 2자밤을 넣는다.
- 버터가 녹을 때까지 볶는다. 재료의 열 만으로 버터를 녹이는 것이 충분하다.

렌틸콩 LENTILLES

고명용 렌틸콩은 아리코 블랑과 같은 방식으로 준비한다.

콜리플라워 CHOUX-FLEURS

- 고명으로 사용하는 콜리플라워는 사계절에 사용 가능하다.
- 깨끗하고 단단하며 속이 실한 흰 색의 콜리플라워를 고르는 것이 좋다. 특히 흰 색이 선명할 수록 좋다.
- 중간 크기의 콜리플라워 하나를 골라 줄기를 다발에서 2cm가량 남기고 자른다. 그 다음 4등분한다.
- 줄기에 있는 질긴 껍질은 벗겨낸다.

LE LIVRE DE CUISINE. — PREMIÈRE PARTIE.

❖ 콜리플라워 조각을 찬 물이 담긴 큰 그릇에 넣은 다음, 식초 0.1ℓ를 붓는다.
❖ 4ℓ 들이 냄비에 물 2ℓ를 넣고 끓여 콜리플라워를 넣고 5분간 데친다. 콜리플라워를 데치면 소화가 쉽도록 돕는다.
❖ 데친 뒤 물기를 빼고 물 2ℓ를 붓고 소금 10g을 넣어 끓인다.
❖ 콜리플라워가 익을 때까지 삶는다. 콜리플라워를 눌러볼 때 부드러우면서도 약간 탱탱할 가질 때가 잘 익은 상태이다.
❖ 콜리플라워는 화구에서 빼내도 계속 익기 때문에 적당한 익힘 상태를 유지하는 것이 중요하다.

슈크루트 CHOUCROUTE

❖ 슈크루트는 흰색이 선명할수록 좋다.
❖ 혹자는 씻지 않고 사용하는데, 또 다른 이들은 데쳐서 사용한다. 나는 후자의 방법을 추천한다.
❖ 흰색 슈크루트는 맛의 면에서는 모자라더라도 위생적이며 소화를 더 돕는다.
❖ 슈크루트 1kg을 준비하여 끓는 물에 10여분간 데친다.
❖ 데친 뒤 잘 짜서 수분기를 제거한다.
❖ 슈크루트를 4ℓ 들이 냄비에 넣는다.
❖ 육수 1ℓ, 데그레세(*dégraisser*) 소스 0.3ℓ,● 후추 3자밤 넣는다.
❖ 뚜껑을 완전히 덮고 8시간 동안 천천히 끓인다.
❖ 완성된 슈크루트는 그릇에 담고 종이로 덮어 보관한다.

● 데그레세는 요리를 한 후 냄비 바닥에 눌러 붙은 것을 자박하게 끓여 만든 소스를 말한다.
●● 프랑스어로 브뤼셀 양배추라는 뜻이다.

GARNITURE.

방울양배추 CHOUX DE BRUXELLES

✣ 방울양배추●●의 제철은 11월부터 2월 말 사이이다. 진한 녹색에 단단하며 노란 잎이 없는 것을 골라야 한다.

✣ 방울양배추 500g을 준비한다.

✣ 꼭지를 제거하고 1mm 두께로 자른다. 노란 잎은 떼어낸다.

✣ 깨끗이 씻은 뒤 물기를 빼고 4ℓ 물에 소금 25g을 넣어 15분간 삶는다.

✣ 충분한 양의 물을 쓰면 데치는 과정을 생략할 수 있다.

✣ 다시 물기를 빼고 깨끗한 천에 올려 놓는다.

✣ 고명으로 사용할 때는 팬에 버터 15g을 두른 다음 방울양배추를 넣고 4분간 볶는다. 이 때 버터의 색이 변하면 안 된다.

✣ 소금과 육두구 조금으로 간을 맞춘다.

시금치 ÉPINARDS

✣ 시금치는 일 년 내내 사용할 수 있지만 겨울철의 냉해와 여름철 더위의 영향을 받은 것은 사용하지 않는다.

✣ 시금치 1.5kg의 뿌리와 줄기를 제거한다.

✣ 충분한 물로 씻은 다음 체에 받쳐 물기를 뺀 후, 냄비에 소금 15g과 물 4ℓ를 넣고 5분간 데친다.

✣ 물기를 빼고 식힌다. 빠르게 식혀야 시금치의 색이 변하지 않고 맛을 지킬 수 있다.

✣ 완전히 식힌 다음 물기를 꽉 짜낸다.

LE LIVRE DE CUISINE. — PREMIÈRE PARTIE.

✣ 깨끗한 도마 위에 1cm 두께로 펼쳐놓고 남은 줄기를 제거한다.
✣ 불순물이 있는지 조심스레 살펴보고 식칼을 이용해 철저하게 제거한다. 도마 위에 놓고 5분간 다진다. 다진 시금치는 접시 위에 올려놓는다.

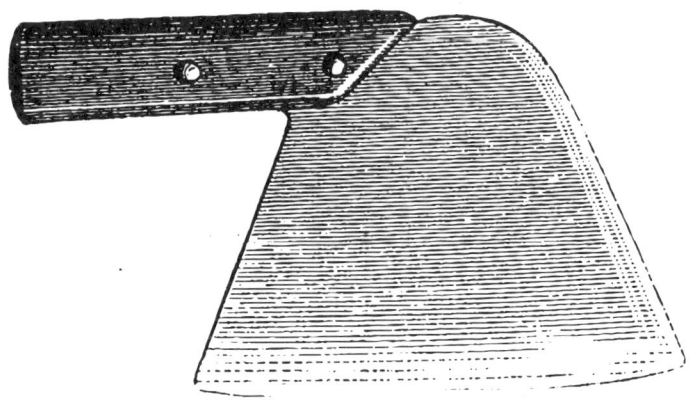

그림 29. 채소를 채썰 때 사용하는 칼

✣ 2ℓ 들이 냄비에 버터 30g을 녹이고 밀가루 25g을 더한다.
✣ 3분간 익힌다.
✣ 시금치를 냄비에 넣고 나무 주걱으로 계속 저어가며 5분간 익힌다. 시금치는 서로 달라붙지 않아야 한다.
✣ 소금 2자밤을 넣고 육수 0.3ℓ를 세 번에 나누어 붓는다. 육수를 한 번씩 부을 때마다 잘 섞는다.
✣ 내기 전 버터 30g과 육두구 한 자밤을 더한다. 버터가 잘 섞이면 더 이상 가열하지 않는다.

GARNITURE.

치커리 CHICORÉE

- 치커리의 제철은 6월부터 1월 사이이다.
- 노란 빛이 돌고 신선한 치커리 12개를 준비한다.
- 뒤집어서 질긴 부위를 제거한다. 잎의 끝과 줄기를 자른다.
- 치커리 안쪽을 잘 살펴 벌레가 있는지 확인한다.
- 물에 씻은 다음 시금치처럼 데친다. 단, 치커리는 시간이 더 오래 걸리므로 25분간 데쳐야 한다.
- 식히고 물기를 뺀 다음, 도마에 올려 남은 줄기를 제거한다.
- 20분간 다진다.
- 버터, 밀가루, 소금, 육수를 시금치와 같은 방식으로 넣은 다음 조리한다.
- 시금치와 같이 마무리한다.

수영 OSEILLE

- 수영의 제철은 5월 1일부터 11월 1일 사이이다.
- 신선하고 녹색 빛이 도는 수영 1.5kg을 준비한다.
- 뿌리를 모두 제거하고 충분한 물에 씻는다. 체에 받쳐 물기를 제거한 후, 6ℓ 들이 냄비에 소금 2자밤과 물 1ℓ를 넣고 15분간 끓인다. 달라붙지 않도록 나무 주걱으로 계속 저어야 한다.
- 물기를 빼고 체에 받쳐 식힌다.
- 도마에 놓고 남은 줄기를 제거한다.
- 20분간 다진다.

- 2ℓ 들이 냄비에 버터 35g과 밀가루 30g을 넣고 3분간 익힌다.
- 수영을 냄비에 넣고 30분간 끓인다. 나무 주걱으로 저어가며 10분마다 0.1ℓ씩 두 번 육수를 붓는다.
- 테린에 달걀 3개를 깨고 우유 0.05ℓ를 넣는다.
- 3분간 섞은 다음 냄비에 넣는다.
- 5분간 저어가며 익힌 다음 고명으로 사용한다.

튀긴 파슬리 PERSIL FRIT

- 튀긴 파슬리는 대개의 튀김 요리와 생선의 고명으로 사용된다.
- 5cm가량 줄기를 남긴 파슬리 50g을 준비한다.
- 씻고 물기를 뺀 뒤, 천을 위아래로 덮어둔다.
- 파슬리를 튀김망에 놓는다.
- 뜨거운 기름에 체를 담가 파슬리가 완전히 잠기도록 한다. 40초간 저어가며 고르게 튀겨지도록 한다.
- 기름기를 털어내고 필요에 따라 사용한다.

그림 30. 콜리플라워

LIAISON.

II
리에종

리에종은 가정 요리에서 사용하는 소스의 기본이 되는 것으로, 육수를 농축시켜 만든다.

일반적인 요리에서 가장 많이 사용되는 리에종을 수록하였다. 소스를 다루는 다음 장에서 어떤 리에종을 사용해야 하는지 알기 쉽게 리에종을 소스 앞에 배치하여 수록하였다.

리에종 아 랄르망드 LIAISON À L'ALLEMAND

리에종 아 랄르망드는 불을 사용해 조리한다. 밀가루를 물 또는 우유나 육수에 풀어 만든다. 사용 용도에 따라 연한 노란색을 띄는 것이 특징이다.

그림 31. 리에종을 섞을 때의 자세

LE LIVRE DE CUISINE. — PREMIÈRE PARTIE.

- ❖ 밀가루를 위의 액체류 중 하나에 풀고 체로 거른다. 만드려는 소스에 한 손으로 리에종을 붓고 다른 손으로 5분간 저어준다.
- ❖ 정확한 비율은 해당 리에종을 사용하는 다양한 레시피에서 구체적으로 제시하겠다.

고찰 — 이름 때문에 이 리에종과 고급 요리에서의 랄르망드를 혼동해서는 아니된다. 나는 이 리에종의 이름을 아 랄르망드라고 지어야 한다고 생각했는데, 내가 블루테 부르주아(*velouté bourgeois*)●라고 부르는 또 다른 소스의 특징을 정확하게 구현하기 때문이다. 이 리에종은 여러 면에서 고급 요리의 랄르망드를 사용함으로써 달성하는 목적에 충분히 이르면서도, 우리가 가정 요리를 할 때에 무엇보다 신경 써야 할 경제성과 편리성을 동시에 충족하기 때문이다.

리에종 오 루 LIAISON AU ROUX

- ❖ 리에종 오 루는 버터와 밀가루로 만든다. 버터와 밀가루는 아주 약한 불에서 옅은 갈색이 나오도록 조리한다.
- ❖ 리에종 오 루는 버터와 밀가루를 섞은 것을 희석한 다음 강한 불에 올려 놓고 끓어오를 때까지 나무 주걱으로 저어준다. 그 후 화덕 모서리에 한 시간 동안 둔 후 기름을 걷어내고 테린에 옮겨 사용하면 된다.

● 블루테란 걸쭉하게 끓인 수프의 일종을 말한다.

LIAISON.

리에종 아 뢰프 LIAISON A L'ŒUF

리에종 아 뢰프는 포타주, 블랑케트, 풀레트(*poulette*), 닭고기 프리카세 등에 사용한다.

- ✥ 먼저 소스 아 뢰프를 만들고 싶다면 화덕에서 내려놓고 소스를 2분간 두는 것이다. 리에종을 넣을 때 소스가 변하지 않도록 식히는 것이 매우 중요하다.
- ✥ 소스의 일부를 덜어 노른자와 잘 섞은 후, 이것을 소스에 부어 나무 주걱으로 처음 끓어오를 때까지 계속 저어준다.

리에종 오 상 LIAISON AU SANG

- ✥ 리에종 오 상은 가금류 또는 작은 짐승들의 피로 만든다.
- ✥ 위에서 말한 것처럼 소스의 일부를 덜어 피와 섞은 다음 처음 끓어오를 때까지 저어준다.

리에종 오 뵈르 LIAISON AU BEURRE

- ✥ 리에종 오 뵈르는 화덕에서 꺼내어 식탁에 내기 직전에 채소와 소스 등을 버터와 섞는 것을 말한다.
- ✥ 수프를 설명할 때 이미 언급했듯, ▶112 버터는 항상 조리 마지막에 넣어야 한다. 버터를 가열하면 끝에 추가한 버터의 풍미를 완전히 잃게 되며, 그렇게 되면 버터를 넣은 소용이 없어진다.

리에종 오 뵈르, 리에종 아 라 크렘
LIAISON AU BEURRE, LIAISON À LA CRÈME

이것은 주로 소스나 포타주에 사용된다.

❖ 버터와 크림을 섞어 식탁에 내기 직전에 포타주에 넣고 잘 섞는다. 야채 또는 소스의 경우에는 냄비에 넣고 섞은 다음 바로 화덕에서 내려 식탁에 낸다.

III
가정용 소스

소스 블랑슈 SAUCE BLANCHE

고찰 — 내 오랜 경력을 돌이켜보건대, 가정 주부들이 가장 많이 실패하는 소스가 소스 블랑슈라는 말을 자주 들었다. 나는 이러한 증언을 듣고 놀라지 않을 수가 없었다. 이보다 더 쉽게 만들 수 있는 소스는 없다. 여기 제시한 레시피를 그대로 따르기만 한다면 실패할 일이 없는 소스이다.

4인분의 소스 블랑슈를 만들기 위해 필요한 재료는 다음과 같다.

    버터 90g

    밀가루 30g

SAUCES DE MÉNAGE.

   뜨거운 물 0.3ℓ

   소금 한 자밤

   후추 약간

✤ 1ℓ 들이 냄비에 다음을 넣는다.

   버터 30g

   밀가루 30g

✤ 밀가루와 버터를 섞어 반죽을 만든다.
✤ 소금과 후추를 더한다.
✤ 뜨거운 물 0.25ℓ를 붓는다.
✤ 화구 위에서 처음 끓어오를 때까지 저어준다. 버터, 밀가루, 물이 섞은 것의 총량이 최소한 0.3ℓ가 되어야 하며, 스푼 뒷면을 2mm 두께로 달라붙는 정도의 농도가 되어야 한다.
✤ 그 다음, 미리 준비한 버터 60g을 쉽게 녹도록 작은 조각으로 나누고, 화구에서 내린 다음 버터를 넣고 저어 완전히 녹인다. 이리면 소스는 완성되있다. 버터가 추가된 뒤 총량은 0.4ℓ가 되어야 한다.

고찰 — 소스가 너무 진할 경우 밀가루 종류의 문제일 가능성이 크다. 이 때 남겨둔 물 0.05ℓ를 추가하거나 필요에 따라 그 반절만 더한다. 끓어오르는 것이 멈추었다면 다시 끓여야 하며, 그 다음 버터 60g을 넣고 숟가락으로 섞은 다음 식탁에 낸다.

LE LIVRE DE CUISINE. — PREMIÈRE PARTIE.

왜 사람들은 소스 블랑슈 조리를 실패하는가?

소스 블랑슈를 만들 때 가장 중요한 규칙은 처음 끓어오를 때까지만 가열한 다음, 소스의 풍미를 좌우하는 버터를 넣고 바로 화구에서 빼내는 것이다.

그런데 왜 많은 가정에서는 소스 블랑슈가 희끄무레한 물풀처럼 맛없는 소스가 되어버리는 것일까?

그 이유는 일반적으로 밀가루의 양이 과해 버터의 맛이 사라지기 때문이다. 또한 밀가루와 버터를 한 번에 모두 넣어 끓이는 것도 패착이다. 많은 양의 버터를 사용하긴 하지만, 적절한 양을 넣어도 충분하다.

소스가 너무 되직하면 물 두 스푼을 더하고, 반대로 너무 묽으면 버터 10g과 밀가루 한 스푼을 섞어 넣는다. 다 익으면 화구에서 내려 3분간 식힌 다음 버터와 밀가루를 더하고, 버터가 녹자마사 나시 불에 올린 다음 처음 끓을 때 위에 언급한 것처럼 미지막에 버터를 넣는다.

훌륭한 소스 블랑슈를 만들기 위해서는 밀가루와 버터의 양이 중요하다. 비율이 적절하지 않으면 좋은 소스가 나올 수 없다. 나쁜 밀가루는 제대로 섞이지 않으며, 이는 실패의 원인 중 하나이다. 버터가 신선하지 않거나 품질이 떨어져도 마찬가지다.

산미를 원한다면 약간의 식초나 레몬즙을 더하면 된다. 레몬즙은 끓이거나 일찍 넣으면 안 되고, 식탁에 낼 때 추가한다.

SAUCES DE MÉNAGE.

소스 올랑데즈 SAUCE HOLLANDAISE

- ✥ 버터 120g을 준비한다. 버터는 항상 최상품을 사용해야 한다.
- ✥ 1ℓ 들이 냄비에 소금 5g과 백후추 3g, 식초 2큰술을 넣고 1작은술 양으로 졸 때까지 끓인다.
- ✥ 화구에서 내리고 찬물 2큰술과 노른자 2개를 더한다. 노른자의 알끈을 제거하고 흰자는 사용하지 않는다.
- ✥ 약한 불에 올려 익히며 나무 주걱으로 저어준다.
- ✥ 노른자가 굳기 시작하면 불에서 내리고 버터 20g을 추가해서 녹을 때까지 저어준다. 다시 불에 올려 1분간 익힌 후 다시 버터 20g을 추가한다. 이 작업은 버터 120g을 모두 소진할 때까지 각 20g씩 반복한다. 버터가 녹으면 새 버터를 보충한다.
- ✥ 버터를 세 번째로 섞고 나서, 소스가 진해지는 것을 막기 위해 찬물 한 큰술을 섞는다. 모든 버터를 넣고도 소스가 진하면 찬물 한 큰술을 섞는다. 간은 취향껏 한다.

고찰 — 소스 올랑데즈에 소스 블랑슈나 밀가루, 전분을 첨가하는 경우가 있는데 이는 소스의 맛과 특징을 해치는 일이다. 이렇게 하면 불필요한 과정이 생기고, 소스의 기본 재료인 노른자와 버터의 풍미를 해치게 된다. 제대로 만든 소스 올랑데즈는 가히 소스의 여왕이라 부를 만하다.

LE LIVRE DE CUISINE. — PREMIÈRE PARTIE.

소스 메트르도텔 SAUCE MAÎTRE-D'HÔTEL

❖ 일반적인 소스 메트르도텔(스테이크 2인분 또는 고등어 2마리의 양)은 버터 200g과 손질하고 잘게 다진 파슬리 30g이 사용된다. 파슬리는 두 번 헹궈야 한다. 흙이나 모래를 제거하기 위해 먼저 물로 충분히 씻고, 다진 뒤에 한 번 더 씻는다. 파슬리는 찬물에 담갔다가 천에 올려 물기를 뺀다.

❖ 두 번 세척하는 이유는 특히 가을과 겨울에 생기는 파슬리의 쓴 맛을 없애기 위해 중요하다.

❖ 소스 메트르도텔을 만들기 위해서는 큰 그릇에 버터, 다진 파슬리, 소금 두 자밤, 후추 두 자밤, 레몬즙 한 큰술을 넣는다. 버터가 크림처럼 부드러워질 때까지 그릇을 화덕 근처에 두고 저어준다. 버터가 녹아서는 안 된다.

풍미를 더한 소스 메트르도텔

❖ 소스 메트르도텔 150g을 준비한다.
❖ 1ℓ 들이 냄비에 소스 블랑슈 0.1ℓ와 물 0.1ℓ를 넣는다.
❖ 3분간 끓이면서 나무 주걱으로 저어준다. 3분 후 소스 메트르도텔을 추가한다.
❖ 화구에서 내려 잘 섞어준다.

뵈르 퐁뒤 BEURRE FONDU

네덜란드식이라고 부르는 생선 요리에 주로 사용하는 뵈르 퐁뒤의

SAUCES DE MÉNAGE.

재료는 다음과 같다.

  버터 200g

  소금 2자밤

  후추 2자밤

  레몬즙 2큰술

- 버터와 각종 재료를 넣은 냄비를 화구 위에 올려 익히며 나무 주걱으로 저어준다.
- 버터가 반절 가량 녹으면 화구에서 내려 완전히 녹을 때까지 저어준다.
- 불에 반절 가량 녹았을 때 빼내어 식히면 부드럽고 신선한 풍미를 낼 수 있다.

뵈르 누아르 BEURRE NOIR

- 뵈르 누아르를 만들기 위해 버터 300g을 여러 조각으로 잘라 준비한다.
- 소테용 팬에 버터를 녹이며 진한 갈색을 띨 때까지 가열한다. 뵈르 누아르라는 이름은 버터를 태우라는 뜻이 아니라 갈색이 나타날 때까지만 익히라는 뜻이다.
- 색이 어느 정도 나오면 화구에서 내려 식힌다.
- 1ℓ 들이 냄비에 다음 재료를 넣는다.

  식초 3큰술

  후추 2자밤

LE LIVRE DE CUISINE. — PREMIÈRE PARTIE.

- ❖ 식초가 2큰술 양으로 줄 때까지 조린다.
- ❖ 녹인 버터가 충분히 식었는지 확인한 다음 체로 거르고, 냄비에 넣어 익힌다. 끓어오르지 않도록 주의해야 한다.
- ❖ 이 때 버터가 식은 상태여야 하며, 뜨거울 때 버터를 섞으면 버터가 섞이지 않거나 끓어 넘치는 경우가 있다.
- ❖ 장시간 요리해야 하는 이 레시피는 버터의 부드러움과 맛을 잃을 수밖에 없기에 가급적 고급 버터를 사용하지 말아야 한다.

소스 피캉트 SAUCE PICANTE

삶은 소고기 요리에 사용하는 소스 피캉트의 재료는 다음과 같다.

 육수 0.4ℓ

 양파 15g

 버터 30g

 밀가루 30g

 식초 3큰술

 다진 파슬리 1큰술. 소스 메트르도텔을 만들 때처럼 충분히 헹궈야 한다.▶142

 다진 오이 1큰술

- ❖ 에샬롯의 껍질을 벗긴 다음 세척하여 파슬리처럼 다듬는다.
- ❖ 1ℓ 들이 냄비에 버터와 식초를 넣는다.
- ❖ 화구에 냄비를 올려 나무 주걱으로 섞어가며 식초가 완전히 증발할 때까지 가열한다. 식초가 모두 날아가면 버터가 투명하

SAUCES DE MÉNAGE.

게 녹을 것이다.

✥ 식초는 소스의 산미를 주는 데 사용되지만, 루를 만드는 데에는 방해가 되므로 반드시 날려버려야 한다. 이렇게 하면 오이가 식초의 산성으로 신선함을 유지할 수 있다.

✥ 밀가루를 추가하고 4분 동안 루를 만든다. 그 다음 육수 0.4ℓ를 조금씩 붓는다.

✥ 후추 2자밤과 색을 내기 위해 카라멜 색소 몇 방울을 넣는다.

✥ 15분간 끓인다.

✥ 오이와 파슬리를 넣고 처음 끓어오를 때까지 끓인다. 거품을 제거한 다음 식탁에 낸다.

고찰 — 육수에 이미 소금을 사용하였으므로 소금을 쓸 필요는 없다. 필요한 경우에 마지막에 소금을 첨가해야 한다.

소스 이탈리엔 SAUCE ITALIENNE

소스 피캉트와 동일한 양으로 준비한다.

육수 0.35ℓ

백포도주 0.1ℓ(보통 샤블리(*chablis*)나 푸이(*pouilly*)와 같은 고품질의 포도주를 사용한다●)

버터 30g

밀가루 30g

● 샤블리와 푸이 모두 부르고뉴 지방에 속하는 도시의 이름이다. 특히 샤블리에서 재배한 샤르도네로 담근 백포도주는 최상품으로 치며 루아르 지방의 상세르와 함께 대표적인 백포도주 주산지로 꼽힌다.

LE LIVRE DE CUISINE. — PREMIÈRE PARTIE.

소스용 다진 허브 3큰술(고명 편의 고명과 소스를 위한 다진 허브 항목을 참고하라.[118])

❖ 백포도주 0.1ℓ를 반절만 남도록 졸인다. 이 때 소금과 후추 2자밤씩을 더한다.
❖ 밀가루와 버터로 루를 만든다.
❖ 나무 주걱으로 저어가며 3분간 가열한다.
❖ 육수 0.35ℓ와 졸인 와인을 더한다(리에종 오 루 항목을 참고하라[136]).
❖ 15분간 익힌다.
❖ 허브 3큰술을 넣은 다음 불에서 2분간 가열하며 저어준다.
❖ 거품을 걷은 다음 완성한다.

소스 푸아브라드 SAUCE POIVRADE

육수 0.5ℓ

버터 30g

밀가루 30g

식초 0.1ℓ

양파 15g

타임 2g

월계수잎 3g

정향 2g

파슬리 줄기 20g

SAUCES DE MÉNAGE.

1cm 두께로 자른 양파 50g

1cm 두께로 자른 당근 20g

통후추 6g

- ✤ 버터와 밀가루를 제외한 모든 재료를 1ℓ 들이 냄비에 넣는다.
- ✤ 식초의 양이 반절로 줄 때까지 가열한다.
- ✤ 육수를 추가한다.
- ✤ 화덕 모서리에 둔다.
- ✤ 1ℓ 들이 다른 냄비에 버터와 밀가루로 루를 만든다. 3분간 가열하며 나무 주걱으로 계속 저어준다.
- ✤ 루에 첫 번째 냄비의 내용물을 0.1ℓ 단위로 추가한다. 이 과정에서 루가 개도록 잘 섞어준다.
- ✤ 20분간 가열한 다음 카라멜 색소 몇 방울을 넣어 색을 입힌다.
- ✤ 시누아라고 부르는 체로 거품기를 걷어낸 다음 식탁에 낸다.
- ✤ 간을 잡을 때에는 육수에 사용된 소금을 고려하라.

소스 풀레트 SAUCE POULETTE

육수 0.4ℓ

버터 30g

밀가루 30g

달걀 노른자 2개

- ✤ 1ℓ 들이 냄비에 버터 20g과 밀가루 30g으로 루를 만든다. 3분간 조리하며 잘 젓고, 그 다음 육수 0.4ℓ를 첨가한다.

LE LIVRE DE CUISINE. — PREMIÈRE PARTIE.

- 불 위에서 15분간 잘 저어준다.
- 2개의 달걀 노른자와 남은 버터 10g을 섞은 것을 추가한다(리에종 아 뢰프 항목을 참고하라▶137).
- 시누아라고 부르는 체로 거품기를 걷어낸 다음 식탁에 낸다.
- 육수에 이미 소금을 충분히 썼다면 소금간을 안 해도 된다.

> 고찰 — 이 소스는 주로 영계에 곁들이는 버섯에 사용된다. 따라서 버섯 기름은 가급적 조미료로 쓰지 않는 게 좋다.
> 경우에 따라 다진 파슬리를 넣는 경우도 있는데 이는 취향의 문제이다. 이런 취향을 가진 사람도 있다는 것만 알아두고 레시피에 포함 시키지는 않겠다.

소스 토마트 SAUCE TOMATE

- 소스 토마트는 신선한 토마토 또는 통조림 토마토로 만들 수 있다.
- 토마토의 제철은 6월부터 10월 말까지이며, 사실 연중 내내 신선한 토마토를 구할 수 있다. 그러나 제철 이외의 시기에는 가격이 올라 중산층의 주방에서는 보기 어렵다.
- 토마토는 빨간 빛이 선명한 것으로 골라야 한다.
- 토마토 1kg을 준비해 꼭지를 떼고 껍질을 벗긴다.
- 토마토를 반으로 자르고, 2ℓ 들이 냄비에 다음과 같이 넣는다.

SAUCES DE MÉNAGE.

부케 가르니 1개

소금 2자밤

후추 1자밤

물 0.2ℓ

- ❖ 뚜껑으로 냄비를 덮고 익힌다.
- ❖ 토마토가 눌어붙지 않도록 나무 주걱으로 5분 간격으로 저어주며 40분간 익힌다.
- ❖ 토마토를 놋쇠 체로 걸러준다.
- ❖ 1ℓ 들이 냄비에 버터 25g과 밀가루 15g을 넣어 루를 만든다.
- ❖ 3분간 익히며 나무 주걱으로 잘 저어준다.
- ❖ 화구에서 빼내어 걸러낸 토마토를 루에 여러 번 나누어 붓는다. 덩어리지지 않도록 잘 저어준다.
- ❖ 육수 0.2ℓ를 섞는다. 다시 화구에 올려 20분간 익히며 계속 저어준다.
- ❖ 소스가 너무 되직하면 육수 0.1ℓ를 첨기해 묽힌다.
- ❖ 통조림 토마토를 쓸 때에도 위의 방식을 따른다.
- ❖ 육수 0.2ℓ를 추가하고 20분간 가열한다. 간을 잡은 다음 식탁에 완성한다.

마요네즈 블랑슈 MAYONNAISE BLANCHE

- ❖ 15cm 너비 볼에 달걀 노른자 한 개를 넣는다. 이 때 소스 올랑데즈와 같이 흰자나 알끈이 들어가지 않도록 주의한다.▶141

LE LIVRE DE CUISINE. — PREMIÈRE PARTIE.

✥ 노른자 위에 티스푼으로 조금씩 기름을 부으며 저어준다. 기름이 완전히 섞이면 또 기름을 붓는다.
✥ 여덟 번째로 기름을 부을 때마다 식초 1티스푼, 소금 1자밤, 후추 2자밤을 넣는다.
✥ 계속해서 저어준다. 기름 100ml를 쓸 때까지 반복한다.
✥ 간을 보고 완성한다.
✥ 마요네즈는 풍미가 강해야 한다.

마요네즈 베르트 MAYONNAISE VERTE

✥ 위와 같이 마요네즈를 준비한다.
✥ 라비고트 3큰술을 넣는다. 라비고트는 파슬리, 타라곤, 큰다닥냉이, 오이풀 등을 넣은 것이다.
✥ 라비고트를 쓸 수 없다면 다진 파슬리 3스푼과 타라곤 식초 1큰술로 대체할 수 있다.
✥ 마요네즈에 섞어 완성한다.

레물라드 RÉMOULADE

✥ 마요네즈 블랑슈와 같은 방법으로 준비한다(위 레시피 참고).
✥ 다음의 재료를 사용한다.

    케이퍼 1큰술

    다진 오이 1큰술,

    다진 에샬롯 15g

SAUCES DE MÉNAGE.

잘 씻어 다진 멸치 2마리

보통의 머스타드 1큰술

✤ 모든 재료를 섞어서 완성한다.

소스 타르타르 SAUCE TARTARE

✤ 마요네즈 블랑슈를 준비한다.▶149 아래의 재료를 첨가한다.

영국겨자 가루 1큰술

에샬롯 15g

오이 15g

라비고트 1큰술

고추 식초 1작은술 또는 고춧가루 반 자밤

✤ 모든 재료를 마요네즈에 넣고 섞어 완성한다.

가정용 쥐 드 비앙드

가정 요리 항목에서는 고급 요리에 관한 사항은 일체 다루지 않기로 했다. 고급 요리는 별도의 분야로 두려 했기 때문이다. 하지만 이 원칙을 지키면서 가정 요리의 즐거움과 개선을 위해 유익한 정보를 제공하지 않을 이유는 없다.

가용할 수 있는 자원을 활용함으로써 이점을 얻을 수 있을 때 이를 소개하는 것이 나의 의무가 아니겠는가? 따라서 나는 서론에서 말한 바와 같은 생각이다. **"각자가 사회적 조건에 맞추어 가능한 최적의 삶을 누려야 한다."**

LE LIVRE DE CUISINE. — PREMIÈRE PARTIE.

그러므로 나는 중산층 가정의 주부가 많은 비용을 들이지 않고 제조하는 데 어려움이 없는 가정용 고기 엑기스를 안내할 것이며, 이것은 시판되는 고기 농축액을 무리 없이 대체할 수 있다. 이는 누구나 인정하듯 주방의 필수 식자재 중 하나이다.

조리 방법

- 1.5ℓ의 쥐 드 비앙드를 만들기 위해 다음 재료를 준비한다.

    송아지 고기 800g
- 포토푀 조리법과 같이 뼈는 발골한 다음 고기는 실로 묶고 뼈는 부순다.[81]
- 2ℓ 들이 냄비에 고기를 넣고 물 200mℓ을 붓는다.
- 적당한 불에 두고 천천히 조린다. 냄비 바닥에 두께 3mm가량의 육즙이 눌러 붙도록 한다. 조리는 동안 고기를 뒤집어 양쪽 모두 색을 입힌다.
- 다음 재료를 추가한다.

    물 1.5ℓ

    소금 8g

    후추 2g

    부케 가르니 1개

    당근 100g

    양파 100g

    정향 2개

SAUCES DE MÉNAGE.

- 처음 끓어오르면 불을 줄이고 1시간 동안 화덕 모서리에 두고 뭉근히 끓인다. 냄비 뚜껑은 ¾ 정도만 덮는다. 육즙이 맑도록 뭉근히 끓이는 것이 중요하다. 너무 불이 강하면 육즙이 혼탁해진다.
- 냄비의 모든 내용물을 체로 거른다. 깨끗한 면포로 걸러내도 좋다.
- 육즙은 사용을 위해 보관해둔다.
- 기름기를 완전히 제거한다. 육즙에 기름기가 남아서는 안 된다.
- 고기 조각은 접시에 담아 소금을 뿌려둔다. 다음 날 아침 블랑케트로 먹거나 소스 이탈리엔, 소스 피캉트와 함께 곁들이면 좋다.
- 찬 요리에 사용할 고형 육즙을 만들려면 위와 같은 방법으로 조리한 다음 물을 붓기 전에 송아지 족을 추가한다. 1시간 뒤 고기를 꺼내 접시에 담고 소금을 뿌린다.
- 송아지 족은 손가락으로 쉽게 눌러질 때까지 냄비에 둔다.
- 육즙은 체 또는 면포로 걸러낸 다음 기름기를 제거하고 서늘한 곳에 보관하여 젤리처럼 굳힌다. 기름기는 반드시 제거한다.
- 송아지 족을 접시에 옮겨 담고 뼈를 제거한 다음 소금을 뿌린 뒤 압착 시킨다(38쪽의 주방도구 참고). 2kg 무게가 완전히 식을 때까지 눌러둔다.
- 이렇게 하면 풀레트나 마리나드 요리에 사용할 수 있다.

LE LIVRE DE CUISINE. — PREMIÈRE PARTIE.

고찰

가정용 쥐 드 비앙드는 저렴한 비용에 만들기 간편하다. 동시에 끓인 고기는 다음 날 식사로 활용할 수도 있다.

요리가 덜 익숙한 이들도 쥐 드 비앙드가 제공하는 장점을 쉽게 이해할 것이다. 필요할 때 육수를 만들 수 있으며 요리에 풍미를 더할 수 있다. 잘 준비된 쥐 드 비앙드 몇 스푼만으로도 소스에 깊은 풍미를 더할 수 있다.

소, 송아지, 양 등의 고기를 사용할 수 있다. 언제나 신선한 고기만 취급해야 하며, 부패하거나 오래된 고기는 일절 사용하면 안 된다.

냉장 상태의 오래된 가금류는 사용하기 적합하지 않다.

요리에서 최상의 결과를 내려면 신선하고 깨끗한 고기를 사용하라.

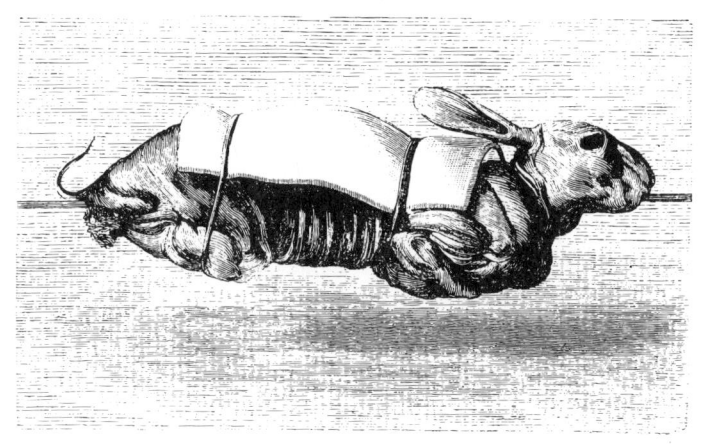

그림 32. 꼬챙이에 꽂은 산토끼

제4장
구이 – 석쇠구이 – 튀김 – 튀김옷

이 책을 통해 학제적인 요리 강의를 하려는 것은 아니지만, 책을 통해 요리를 익히려는 독자들이 체계적으로 정리된 구성 방식을 이해하기를 바란다. 특히 가정 요리를 소개하기 위해 점진적 접근 방식을 통해 정보를 제공하고 있다.

지금부터는 구이, 석쇠구이, 튀김에 대해 소개한다. 이것들은 책의 말미인 디저트 근처에 두는 것보다는 지금 다루는 것이 훨씬 자연스럽다.

LE LIVRE DE CUISINE. — PREMIÈRE PARTIE.

구이, 석쇠구이, 튀김은 요리에 있어 기초적인 기술로, 익히는 것을 미룰 이유가 없다. 이 조리법들은 앞서 언급한 소스들과 함께 모든 요리의 기초이자 제일의 원칙이 된다.

구이

구이를 잘 하기 위해서는 불이 고른 상태를 유지해야 한다는 것이다. 구우려는 고기를 놓는 화구 전체에 불이 올라와야 한다.

화로에 숯은 항상 타는 채로 있어야 한다. 만약 불이 꺼지면 새 숯을 넣는 것보다 오븐의 숯을 활용해 불을 붙이는 것이 좋다. 그렇지 않으면 조리가 중단될 수 있다. 불이 지속적으로 유지되지 못하면 구이를 위해 필요한 시간을 정확히 계산하기 어렵다는 사실을 누구나 알 것이다.

바람이 너무 잘 통하면 고기가 제대로 익지 않을 수 있으니 주의해야 한다.

다음은 구이에 필요한 시간을 정리한 것이다.

로스트비프 1.5kg : 1시간

허벅지살 2.5kg : 45분

송아지 갈비 1.5kg : 50분

돼지고기 갈비 1.5kg : 50분

칠면조 4kg : 1시간 40분

작은 칠면조 1.5-2kg : 45분

거위 1.5kg : 45분

RÔTI. — GRILLADE. — PRITURE. — PANURE.

닭 2kg : 50분

닭 1.5kg : 30분

비둘기 : 15분

꿩 : 35분

메추라기 : 15분

야생 오리 : 15분

루앙 오리 : 15분

산토끼의 새끼 : 30분

산토끼 등심 : 30분

어린 집토끼 : 15분

구이를 할 때에는 불이 완전히 올라온 다음에 고기를 구워야 한다. 조리를 시작할 때 고기 조각이 큰 경우 육수 200㎖를 5-6번에 나누어 붓고, 작은 경우에는 3번만 부어준다.

조리 시간이 절대적 기준은 아니다. 육류의 특성에 따라 익는 속도가 다를 수 있다. 꼬챙이에서 고기를 빼내기 전에 반드시 익었는지 확인해야 한다.

고기가 제대로 익었는지 확인하는 가장 간단하고 확실한 방법은 손가락으로 강하게 누르는 것이다. 가금류나 작은 짐승들은 허벅다리를 눌러보면 된다. 저항 없이 손가락이 들어가면 잘 익은 것이다.

LE LIVRE DE CUISINE. — PREMIÈRE PARTIE.

석쇠 구이

석쇠는 6cm 높이로 쌓인 재와 숯이 담긴 평평한 판 위에 설치된다. 먼저 부드러운 재 위에 불씨가 붙은 숯이 층을 이루는데 그 높이가 강한 불은 4cm, 약한 불은 2cm 정도이다. 불을 조절하기 위해서는 숯이 쌓인 높이를 조절하면 된다. 숯은 모든 면에서 고르게 타야 한다.

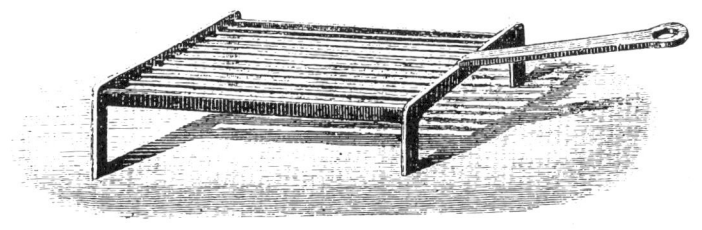

그림 33. 석쇠

석쇠를 쓸 때 연료를 절약할 생각은 대단히 틀려먹은 생각이다. 충분치 못한 연료는 고기를 제대로 익히지 못하는 불상사를 초래한다.

일반 주방에서는 석쇠를 숯을 올린 주철판 또는 오븐에 설치한다.

손질된 등심 300g : 중간 불에서 10분

비프스테이크 200g : 중간 불에서 7분

양갈비 125g : 강한 불에서 6분

꼬치에 꿴 신장 : 강한 불에서 4분

RÔTI. — GRILLADE. — PRITURE. — PANURE.

송아지 갈비 200g : 중간 불에서 9분

돼지고기 갈비 200g : 중간 불에서 9분

튀김옷을 입힌 양갈비 : 약한 불에서 1분 추가

튀김옷을 입힌 송아지, 돼지고기 갈비 : 약한 불에서 2분 추가

튀김

튀김을 할 때에는 기름이 제일이다. 구이 또는 포토푀에서 수집한 기름을 쓰는 것이 좋으며, 색이 진한 기름은 피해야 한다.

그림 34. 튀김 받침

LE LIVRE DE CUISINE. — PREMIÈRE PARTIE.

구이에서 나온 기름이 없다면 소 신장을 잘라 천천히 녹여 사용한다. 이 때 색이 변하면 안 된다.

기름이 충분히 녹으면 투명해서 바닥이 보일 때까지 식힌다. 15분간 식힌 다음 체에 걸러낸다. 너무 뜨거운 기름은 체를 녹여버리니 주의해야 한다.

기름이 없으면 버터를 녹여 사용하면 되나, 버터는 기름보다 금방 뜨거워지므로 불 조절에 주의해야 한다.

기름대신 식용유를 쓸 수도 있지만, 주의할 점이 있다. 사용하기 전에 최소 25분간은 아주 약한 불로 가열해야 한다. 그렇지 않으면 기름이 끓어 넘칠 수 있다.

라드를 사용해도 되나, 튀김에 기름층이 남아 좋지 않다.

기름은 짙은 갈색이 될 때까지 쓸 수 있고, 그 이후로는 튀김이 검게 되므로 사용하지 않는다.

튀김 조리 요령

그림 36과 같이 석쇠 모양의 받침대를 사용하는 팬을 쓴다.

기름이 넘치는 것을 방지하려면 팬 용량의 절반 이상을 기름으로 채우면 안 된다.

튀김은 어느 정도는 뜨거운 상태로 조리되어야 한다.

요리에 따라 기름의 온도를 조절해야 한다. 너무 뜨거운 것은 피해야 하며, 연기가 나면 과열된 것이다.

기름의 온도는 빵조각으로 확인할 수 있다. 헤이즐넛 한

RÔTI. — GRILLADE. — PRITURE. — PANURE.

알 크기의 빵조각을 기름에 넣었을 때 끓어오르며 큰 거품이 생기면 뜨거운 것이다.

작은 거품과 약한 지글거림은 중간 온도인 것이다.

팬에 너무 많은 재료를 넣으면, 즉 북어 3마리만 들어가야 할 팬에 북어 5마리를 넣으면 열의 양이 충분치 못하게 된다. 이 경우에는 ¾의 양을 먼저 익힌 뒤 석쇠에 올려두고, 기름을 가열하여 김이 날 정도로 뜨거운 기름에 넣고 다시 2분간 튀기면 된다.

남은 북어도 이 방법을 취한다. 이렇게 하면 팬에 가득 쌓인 생선들은 어느 정도 처리가 될 것이다.

잘 튀긴 튀김은 금색을 띄며 바삭하여 씹는 맛이 있다.

튀김 반죽

- ✢ 튀김옷은 고기, 생선, 단 앙트르메에 사용된다.
- ✢ 튀김옷은 밀가루 125g, 달걀 2개, 식용유 2큰술로 만든다.
- ✢ 밀가루는 체를 쳐서 10cm 너비 테린에 담는다.
- ✢ 가운데에 물 200mℓ를 붓는다.
- ✢ 소금 3g, 달걀 노른자 2개, 식용유 2큰술을 넣고 섞는다. 흰자는 휘핑용으로 남겨둔다.
- ✢ 스푼 뒷면을 0.5cm 두께로 감쌀 정도가 될 때까지 섞는다.
- ✢ 너무 되직하면 50-100mℓ의 물을 추가한다.
- ✢ 요리로 내기 20분 전에 달걀 흰자를 세게 젓고, 반죽과 섞은 후 튀길 때 사용한다.

LE LIVRE DE CUISINE. — PREMIÈRE PARTIE.

파뉘르와 샤플뤼르 PANURE ET CHAPELURE●

✤ 파뉘르를 만들려면 빵가루, 달걀, 기름, 또는 껍질을 제거한 묵은 빵 800g을 준비한다.
✤ 빵조각을 천에 넣고 문질러 부순다.
✤ 체로 거른 뒤 건조시켜 밀폐된 상자에 보관한다.
✤ 파뉘르를 만들 때에는 달걀을 풀어 달걀물을 만든다.
✤ 달걀 3개에 오일 1큰술, 물 1큰술, 소금 1자밤, 후추 1자밤을 모두 더한다.
✤ 물을 넣으면 파뉘르가 뭉치는 것을 예방할 수 있다.
✤ 샤플뤼르는 빵 껍질을 가볍게 불에 구워 금빛을 띄게 한다.
✤ 이후 밀대로 밀어 빻은 후 체로 거른 것을 파뉘르를 만들고 남은 빵의 속살을 보관할 때처럼 별도의 상자에 넣어 보관한다.

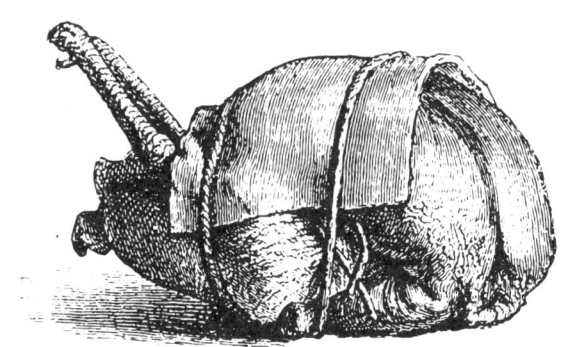

그림 35. 페르드로 로티

● 파뉘르는 갓 구운 빵을 말려 잘게 부순 것으로, 샤플뤼르는 마른 빵이나 빵껍질을 갈아 만들어 입자가 더욱 고운 것이다.

그림 36. 오르되브르

제5장
일반적인 경우를 위한 오르되브르

이 장에서는 일반 중산층 가정에서 흔하게 사용되는 오르되브르 목록을 제공한다. 오르되브르는 집사장이 준비할 것이지 요리사의 몫이 아니라고 생각할 수도 있겠으나, 일반적인 가정에서 오르되브르는 주부의 책임으로 넘겨진다. 그러므로 여기 수록한 몇 가지 오르되브르는 일반 가정에 적합할 것이다.

홍당무 RADIS ROSES

✥ 홍당무는 일 년 내내 구할 수 있다. 분홍빛이 돌고 작으며 속이

LE LIVRE DE CUISINE. — PREMIÈRE PARTIE.

실한 무를 골라야 한다. 분홍빛이 진하고 큰 경우에는 통상 속이 비어 있다.
- 무청을 4cm 길이로 자르고, 잎 바로 아래쪽 표면을 벗겨낸다.
- 충분한 물에 잘 씻은 다음 찬물을 담은 그릇에 담가둔다.

오르되브르용 버터
BEURRE POUR HORS-D'OEUVRE
- 오르되브르용 버터는 언제나 찬물과 함께 제공되며 빵이나 조개껍질 안에 넣어 내는 것이 보통이다. 버터를 가득 채우면 넘치기 때문에 주의해야 한다.

작은 오이 CORNICHONS
- 작고 단단하며 신선한 오이를 고른다. 오이는 식초와 함께 그릇에 담는다.

소시송 SAUCISSONS
- 오르되브르로 제공되는 것은 리옹이나 아를, 이탈리아, 독일산을 사용하며 0.5cm 두께로 잘라낸다. 껍질을 제거하고, 오이를 곁들여 그릇에 배열한다.

올리브 OLIVES
- 피숄린(*picholine*)이라고 부르는 파릇한 올리브를 준비한다.

HORS-D'ŒUVRE D'OFFICE POUR L'ORDINAIRE.

✢ 너무 짜면 한 시간 정도 물에 담가 간을 뺀다.
✢ 먹고 남은 올리브는 소금 푼 물이 담긴 병에 담아야 하며, 검게 변하지 않도록 완전히 잠기게 해야 한다.

앤초비 ANCHOIS

✢ 한 그릇에 보통 크기의 앤초비 8마리가 적당하다. 앤초비는 니스 산이 훌륭하다. 작고 둥근 모양에 흰색 비늘을 가져야 한다. 보통 절임되어 있는 것은 간수가 짙은 벽돌색을 띠어야 한다.
✢ 두 시간 동안 찬 물에 담가둔 다음 이등분한다. 충분히 불면 쉽게 가를 수 있다.
✢ 가운데 등뼈를 제거하고, 비늘을 긁어내고, 다시 씻은 다음 건조한다.
✢ 앤초비를 그릇에 두르고 오일을 두른다.

정어리 SARDINES

✢ 통에서 정어리 8마리를 꺼내 마른 수건으로 가볍게 닦아준다.
✢ 정어리를 그릇에 올려 케이퍼와 다진 파슬리를 적당량 뿌린 다음 오일을 두른다. 단, 통에 있는 기름은 절대 사용하지 않는다.

절인 청어 HARENGS MARINÉS

✢ 통에서 절인 청어 3마리를 꺼내 그릇에 담고, 오일, 파슬리, 케이퍼를 곁들인다.

LE LIVRE DE CUISINE. — PREMIÈRE PARTIE.

절인 굴 HUITRES MARINÉES

- 반 통 분량의 절인 굴을 준비한다.
- 그릇에 굴을 담고, 절일 때 사용한 양념은 면포에 거른 다음 파슬리를 뿌려 사용한다.

다양한 식초들

- 여러가지 색상의 식초를 어울리도록 잘 섞는다.

오이 CONCOMBRE

- 오이의 제철은 4월 중순에서 9월 말 사이이다.
- 오르되브르로 쓰는 오이는 항상 녹색의 오이를 골라야 한다. 일정한 길이로 4등분한다.
- 씨를 제거고, 1mm 두께로 채썰어 10cm 너비 테린에 담는다.
- 백소금 20g을 뿌린 다음 4시간 동안 재운다.
- 물기를 완전히 빼내고, 풍미가 가득한 샐러드처럼 오일, 식초, 후추로 간을 한다
- 라비고트 1큰술을 더한다(라비고트를 위한 마요네즈 참고 ▶149).

소금과 후추로 간을 한 아티초크

- 6cm 크기로 진한 녹색의 부드러운 아티초크를 준비한다.
- 잎사귀의 끝부분을 2cm 길이 정도 자른다. 줄기면에 난 질긴 잎을 제거한다.

HORS-D'ŒUVRE D'OFFICE POUR L'ORDINAIRE.

❖ 식초를 약간 섞은 물에 담가 검게 변하지 않도록 한다. 식탁에 낼 때에는 물기를 제거한 다음 찬 물과 함께 완성한다.

검정무 RADIS NOIR

❖ 검정무는 속이 실하고 흰색이며 겉면은 검은색인 것이 좋다. 위아래를 잘라내고 껍질 벗기는 칼로 검은 껍질을 제거한다.

❖ 무를 2mm 두께 조각으로 자른 다음, 10cm 너비 테린에 고운 소금 20g을 넣고 6시간 동안 재운다. 식탁에 낼 때는 물기를 빼고 그릇에 담아 완성한다.

❖ 검정무는 아주 보편적으로 사용되는데, 이따금 샐러드처럼 조미료를 곁들여 내기도 한다.

그림 37. 멜론(캉탈루)

그림 38. 뿌리채소로 장식한 소고기

제6장
소고기

수육

삶은 고기는 그 맛과 형태가 단조롭고 밋밋해서 인기를 얻지 못했으며, 특히 고급 요리와 비교해보면 더욱 초라해 보인다. 애초에 육수를 내기 위해 사용되었으니 육류로서의 특징을 일부 잃기도 한 것이 사실이다.

그러나 삶은 고기는 중산층의 가정식에서 결코 빼놓을 수 없는 중요한 요리로 자리매김하고 있다. 실용적이면서 매력적인 재료로, 잘 준비해서 최대한 활용한다면 숨은 가치를 발휘한다.

LE LIVRE DE CUISINE. — PREMIÈRE PARTIE.

진정한 중산층 주방의 요리사는 삶은 고기를 기본으로 해서 남은 자투리 고기를 활용해 다양한 요리를 만들어 내는 재능을 갖추어야 한다.

육수를 다 끓이면, 고기를 냄비에서 꺼내 접시에 담아 식탁에 올린다. 이 때 고기를 고정하기 위해 묶어둔 실을 제거하는 것을 잊지 말자.

수육 고명

삶은 고기는 상에 올릴 때 항상 장식하는 것이 좋다. 이는 요리가 더 맛있어 보이게도 하며, 식탁에서 주목을 받게끔 한다. 경제적인 면에서도 고명을 얹어 내는 것이 좋다.

흔한 파슬리 고명은 추천하지 않는다. 습관적으로 사용되기는 하지만, 실제로는 먹지 않고 정작 고기를 썰 때 접시 한 쪽에 치워두기 때문이다. 중산층 요리에서는 실용적이면서도 충실함을 추구해야 한다.

삶은 고기의 장식으로는 단순해 보이더라도 신경 써서 준비한 채소를 사용하는 것이 좋다. 예컨대 볶은 감자나 양파, 당근, 무, 버섯, 콜리플라워, 방울양배추 등 다양한 계절 채소들이 훌륭한 고명이 될 수 있다.

고명을 얹을 때는 미각적 측면과 대칭적 구조를 고려해야 한다. 이 장의 첫 부분에 있는 그림은 단순한 삶은 고기를 얼마나 잘 장식해 낼 수 있는지를 보여준다.

BŒUF.

수육의 사용처 – 미로통 MIROTON

- ✜ 삶은 소고기 700g을 준비한다.
- ✜ 고기를 1cm 두께로 자르고, 지방 등을 제거한 후 작은 구리 재질의 타원형 그라탱 그릇에 담는다(38쪽의 조리 도구 참고).
- ✜ 소금 한 자밤, 후추 두 자밤을 뿌린다.
- ✜ 양파 500g으로 수프 로뇽을 준비하는 것처럼 조리한다.▶99 양파가 금색이 될 때까지 익힌다.
- ✜ 밀가루 25g, 소금 한 자밤, 후추 두 자밤을 뿌려 5분간 익힌다.
- ✜ 불에서 내려 육수 600mℓ을 추가하고, 나무 주걱으로 잘 섞는다. 20분간 익힌다.
- ✜ 머스타드 한 작은술과 카라멜 반 작은술을 더한다.
- ✜ 양파를 고기 위에 붓는다.
- ✜ 낮은 불에 20분간 데운다.
- ✜ 완성한다.

부이 아 라 소스 피캉트
BOUILLI À LA SAUCE PIQUANTE

- ✜ 미로통과 동일한 양의 소고기를 손질한다(위 항목 참고).
- ✜ 소고기 조각을 동일한 그릇에 넣고 육수 100mℓ을 붓는다. 아주 약한 불에서 15분간 데운다.
- ✜ 소스 피캉트 500mℓ을 준비한다.▶144
- ✜ 소스를 뿌려 낸다.

LE LIVRE DE CUISINE. — PREMIÈRE PARTIE.

부이 아 라 소스 토마트
BOUILLI A LA SAUCE TOMATE

- 미로통과 동일한 양의 소고기를 손질한다.
- 소스 토마트 600㎖을 준비한다.▶148
- 소스를 얹고 낸다.

부이 아 라 소스 이탈리엔
BOUILLI A LA SAUCE ITALIENNE

- 미로통과 동일한 양의 소고기를 자른다.▶175
- 소스 이탈리엔 500㎖을 두른다.▶145

뵈프 오 그라탱 BŒUF AU GRATIN

- 위에서 언급한 바와 같이 소고기를 손질한다. 그릇에 놓고 소스 이탈리엔 600㎖을 두른다.
- 샤플뤼르를 뿌린 다음 약한 불에 철제 뚜껑을 덮어 가열한다.
- 이 때의 불은 미로통을 익힐 때보다 강해야 한다.
- 고기가 그라탱이 되어야 하지만 타지 않도록 주의해야 한다.

부이 앙 페르실라드 BOUILLI EN PERSILLADE

- 미로통과 동일한 양의 소고기를 자른다.
- 버터 100g을 넣은 팬에 고기를 넣는다. 버터가 녹으면 고기를 팬에 펼쳐 놓는다. 고기가 겹치면 안 된다.

BŒUF.

- 소금 한 자밤, 후추 두 자밤을 뿌린다.
- 고기를 5분간 익힌 후 뒤집어 반대쪽도 5분간 익힌다.
- 다시 소금 한 자밤, 후추 두 자밤을 뿌린다.
- 고기를 접시에 담는다.
- 팬에 버터와 식초 2큰술을 넣는다.
- 1분간 끓인 다음 고기 위에 두른다.
- 다진 파슬리 반 큰술을 고기 위에 뿌린다.
- 식탁에 낸다.

부이 오 폼 드 테르
BOUILLI AUX POMMES DE TERRE

- 고기의 양은 동일하다. 삶은 소고기 700g을 준비해 4cm 크기 정사각형 조각으로 자른다. 지방 등은 제거한다.
- 돼지 가슴살 베이컨 100g을 준비해 껍질을 제거한 다음 4cm 크기로 자른다.
- 베이컨을 버터 30g과 함께 2ℓ 들이 냄비에 금색이 돌 때까지 볶는다. 베이컨이 익으면 물 1ℓ를 붓고 다음 재료를 넣는다.

    껍질을 벗기고 4cm 크기로 자른 노란 감자 500g

    부케 가르니 1개

    중간 크기 양파 1개

- 15분간 끓인다.
- 소고기를 넣는다.

LE LIVRE DE CUISINE. — PREMIÈRE PARTIE.

- 약한 불에 10분간 끓인다.
- 불에서 내리기 전에 감자가 익었는지 확인한다.
- 부케 가르니를 꺼내 간을 본다. 베이컨의 염도로 간을 맞춘다.
- 완성한다.

아시 드 부이 HACHIS DE BOUILLI

- 삶은 소고기 700g을 준비해 힘줄, 지방 등을 제거한다.
- 잘게 다진다.
- 버터 30g, 밀가루 30g으로 3분간 루를 만든다.
- 불에서 내린다.
- 육수 400mℓ를 붓고 소금 두 자밤, 후추 한 자밤을 뿌린다.
- 2분간 젓고 다시 불에 올린다.
- 10분간 젓고, 다진 소고기와 다진 파슬리 1큰술을 넣는다.
- 2-3분간 더 저어준다. 다진 고기가 너무 뭉치면 육수 100mℓ나 그 절반을 추가한다.
- 이 요리는 소스 이탈리엔이나 소스 토마트를 사용해서도 만들 수 있다. 소스는 데운 후 얹으면 된다.
- 5분간 저어주며 가열한다. 내기 전에 간을 맞춘다. 소스의 간을 고려해 소금이나 후추를 더한다.

크로케트 드 부이 CROQUETTES DE BOUILLI

- 위의 요리와 같이 삶은 소고기 700g을 준비한다.

BŒUF.

✤ 소스 풀레트 400mℓ을 2ℓ 들이 냄비에 넣고 300mℓ 양이 되도록 졸인다.

✤ 달걀 노른자 세 개를 넣는다. 흰자는 따로 빼둔다.

✤ 다진 소고기를 냄비에 넣는다.

✤ 다진 파슬리 1큰술과 소금 한 자밤, 후추 두 자밤을 넣는다.

✤ 나무 주걱으로 잘 섞어주면서 냄비 바닥에 4cm 높이만큼 차도록 한다.

그림 39. 크로케트 드 부이

✤ 식힌 다음 고기를 16등분으로 나누어 완자처럼 만든다.

✤ 파뉘르를 2mm 두께 정도로 쌓아지도록 뿌린다.[164]

✤ 파뉘르 위에 다진 고기 완자들을 6cm 간격으로 올려놓는다.

✤ 그 위에 다시 파뉘르를 동일한 두께로 올린다.

✤ 가능한 동일한 크기로 고기 조각을 굴린다.

LE LIVRE DE CUISINE. — PREMIÈRE PARTIE.

- 남겨둔 흰자 세 개를 거품이 일지 않게 섞고 다음을 첨가한다.

    후추 1줌

    소금 2자밤

    오일 1큰술

    물 1큰술

- 고기 완자를 흰자에 담근 다음 빵가루를 묻혀 보관한다.
- 식탁에 내기 20분 전에 뜨겁게 튀긴다. ▶161
- 크로케트를 그릴 위에 올려둔 채 팬에 넣은 다음, 반쯤 튀겨지면 국자로 이리저리 굴려 색이 균일하게 나도록 한다.
- 겉면이 노릇노릇하고 단단해지면 꺼내어 소금을 뿌린 다음 접시에 담고 파슬리로 장식해 완성한다. ■39

부이 앙 살라드 BOUILLI EN SALADE

- 삶은 소고기 700g을 깍둑썰기한다. 신경과 지방은 제거한다.
- 샐러드 볼에 넣고 찬 육수 100mℓ와 다음 재료를 넣는다.

    식초 2큰술

    소금 2자밤

    후추 2줌

- 고기를 2시간 동안 재운다.
- 요리를 낼 때에는 다음을 더한다.

    오일 4큰술

    라비고트 2큰술

BŒUF.

✤ 필요에 따라 조미료의 양은 더하면 된다.
✤ 샐러드에는 입맛에 따라 다진 양파나 에샬롯을 넣을 수 있다.

뵈프 아 라 모드 쇼
BŒUF À LA MODE CHAUD

✤ 깍둑썰기한 소 허벅지살 2kg을 준비한다. 목살을 사용할 수도 있다. 목살은 허벅지살보다 더 부드러워서 선호되기도 한다.
✤ 라드 300g을 준비한다. 데치기 위해 따로 보관해 둔 돼지껍데기는 제거한다.
✤ 라돈(*lardon*)●을 1cm 크기로 잘라 소금과 후추로 간을 한다.
✤ 포토푀에 쓸 때처럼 고기를 실로 묶는다.
✤ 고기를 냄비에 다음 재료와 함께 넣는다.

    화이트 와인 500mℓ
    브랜디 100mℓ
    육수 600mℓ
    물 600mℓ
    뼈를 바르고 데친 송아지 족 2개

✤ 돼지껍데기 역시 데친다.
✤ 불 위에서 소금 30g을 넣는다.
✤ 끓인 다음 포토푀처럼 거품을 걷어낸다.
✤ 거품을 걷어낸 다음 다음 재료들을 넣는다.

    당근 500g

● 라돈은 비계가 섞인 말린 고기를 말하며 주로 얇게 다진 베이컨으로 사용된다.

LE LIVRE DE CUISINE. — PREMIÈRE PARTIE.

양파 1개

정향 3개

부케 가르니 1개

소금 20g

후추 2줌

- 화덕 모서리에 뚜껑을 덮은 냄비를 올려 4시간 반 동안 뭉근하게 끓인다.
- 요리바늘로 찔러서 완전히 익었는지 확인한다. 소고기가 익으면 당근과 송아지 족을 곁들여 접시에 담는다.
- 식탁에 낼 때까지 뚜껑을 덮어 따뜻하게 보관한다.
- 시누아 라고 부르는 체에 육수를 걸러낸다.
- 기름기를 완벽하게 제거한 다음 1/4 양이 될 때까지 조린다.
- 고기를 묶은 끈을 푼 다음 접시에 담아 완성한다.
- 송아지 족은 8등분한다. 코르크 마개 크기로 자른 당근과 볶은 양파 10개를 추가한다. ▶116
- 송아지 족, 양파, 당근을 소고기 주위에 대칭으로 배치한다.
- 소스를 고기 위에 붓고 남은 양은 다음 날을 위해 남겨둔다.
- 항상 양념의 상태를 확인하기 위해 맛을 본다.
- 뵈프 아 라 모드는 깊은 풍미가 있어야 한다.
- 이따금 마늘 한 쪽을 추가해도 좋다. 마늘이 꼭 필요한 재료는 아니지만, 가정의 절대 권력자가 내리는 결정에 무조건 복종하는 것이 현명한 처사이다.

BŒUF.

뵈프 아 라 모드 프루아 BŒUF À LA MODE FROID

- 점심 식사로 차가운 요리를 만들고 싶을 때에는 위에 지시한 대로 준비하면 된다.
- 샐러드 볼에 고기를 넣고 송아지 족, 채소, 육수를 넣어 젤리처럼 굳도록 둔다.
- 식탁에 낼 때가 되면 그릇 위에 둥근 접시를 받힌 다음 뒤집는다. 이렇게 하면 자연스럽게 접시 위에 모양을 잡는다.

뵈프 아 라 모드에 관한 고찰

뵈프 아 라 모드는 가정에서 상당히 유용하면서도 제대로 된 평가를 받는 요리로, 조리할 때 독자 여러분께서 실수하지 않도록 상세한 세부 과정을 약술하였다.

  사용할 육류 부위를 선택한 뒤에 따르는 중요한 문제는 조리 방식인데, 나는 작은 불에 천천히 익혀야 한다고 강조했다. 이것이 이 요리의 성공을 위한 주된 요소 중 하나이다.

  강한 불로 익힌 뵈프 아 라 모드는 원칙을 어긴 대가로 발생하는 밍밍하고 허여멀건 육수를 남길 뿐이다. 이 원칙이란 실제로 매우 간단하면서 그 작동 원리를 관찰하기도 쉽다.

  뵈프 아 라 모드에서 사용하는 육수는 붉은 빛을 띠어야 하며, 고무와 마찬가지로 쉽게 그 성질이 변하지 않아야 한다, 고기와 야채의 영양분이 제대로 보존되는 것이 이 요리의 중요한 핵심이 된다.

LE LIVRE DE CUISINE. — PREMIÈRE PARTIE.

당근에 관해서는 사람들이 생각하는 바와 달리 고기를 조리하는 동안 따로 익혀 맛을 낼 필요가 없다. 일반적인 주방에서는 이런 복잡한 과정을 굳이 거칠 필요가 없다.

육수에 당근을 넣고 제 때 익히면 맛있고 고운 빛깔의, 무엇보다 최고의 가정 요리를 갈망하는 애호가들이 선망하는 진한 풍미를 가질 수 있다.

뵈프 아 라 모드뿐만 아니라 보 아 라 부르주아지나 고기를 장시간 푹 익히는 다른 요리가 그렇듯이, 주방이 작다 하더라도 연한 고기보다는 다소 퍽퍽한 고기를 선택하는 것이 좋다.

장시간이 소요되는 요리에는 고기를 충분히 준비하는 것이 언제나 옳다. 너무 적은 양으로는 제대로 된 요리가 나올 수 없다. 젤리로도 만들어 두 끼를 해결할 수 있는 장시간 조리 요리들이 일반 가정에서는 매우 유용하다. 내 생각에는 고품질의 고기를 두 번 연속 맛보는 것이 한 번의 요리로 고기를 소진하는 나쁜 식습관보다 낫다. 이는 당연히 최상품의 고기를 사용해야 한다는 뜻이 된다.

코트 드 뵈프 브레제
CÔTE DE BŒUF BRAISÉE

- 소 등갈비 2kg을 준비한다. 고기는 두껍지 않게 잘라야 하며, 뼈 위로 7cm만 붙어있도록 한다.
- 등뼈를 제거하고 갈비뼈만 남긴 상태에서, 포토푀용으로 고기

BŒUF.

를 끈으로 묶은 다음 적당한 크기의 냄비에 넣는다.

✥ 다음의 재료를 첨가한다.

   육수 100mℓ

   브랜디 10mℓ

   소금 20g

   후추 2자밤

   양파 100g

   정향 1개

   부케 가르니 1개

   당근 100g

✥ 뚜껑을 덮고 아주 약한 불에서 2시간 동안 끓인다.

✥ 요리바늘로 찔러 고기가 익었는지 확인한다.

✥ 고기를 건져 따뜻하게 보관한다.

그림 40. 코트 드 뵈프 브레제

LE LIVRE DE CUISINE. — PREMIÈRE PARTIE.

- ❖ 육수를 시누아에 걸러 기름을 제거한 다음 양이 반으로 줄 때까지 졸인다.
- ❖ 요리 접시에 고기를 올린 다음 육수를 부어준다.
- ❖ 이 요리는 마카로니, 국수, 또는 고명용 채소와 함께 완성한다.

쾨르 드 뵈프 아 라 모드
CŒUR DE BŒUF À LA MODE

- ❖ 신선하고 기름진 소 염통을 준비해 이등분하지만 완전히 절단하지는 않는다.
- ❖ 내부의 피를 뺀 뒤 깨끗이 씻고 잘 닦아준다.
- ❖ 뵈프 아 라 모드와 같이 라드를 넣은 다음 실로 묶는다.
- ❖ 조리나 고명, 양념은 뵈프 아 라 모드와 동일하다.

랑그 드 뵈프 LANGUE DE BŒUF

- ❖ 소 혀를 제외한 단단하거나 거친 부분을 제거한 다음 찬물에 1시간 동안 담근다.
- ❖ 소 혀를 6ℓ 들이 냄비에 넣고 물 4ℓ를 붓는다.
- ❖ 다음 재료를 더한다.

　　　소금 35g

　　　후추 3자밤

　　　양파 100g

　　　부케 가르니 2개

BŒUF.

정향 2개

✤ 3시간 동안 끓인 뒤 익었는지 확인하고 불에서 내린다.
✤ 소 혀를 덮고 있는 흰 막을 제거한다.
✤ 접시에 담는다.
✤ 소 혀는 그라탱에 소스 피캉트, 소스 이탈리엔, 소스 토마트 등을 곁들여 완성한다.
✤ 끓일 때 사용한 물은 채소 포타주를 만들 때 사용할 수 있다. 이 물은 그냥 생수를 쓰는 것보다 낫다.

팔레 드 뵈프 PALAIS DE BŒUF

✤ 소 입천장 3개를 끓는 물에 넣고 10분간 끓인다.
✤ 찬물에 헹군 다음 물기를 제거하고 얇게 저민다.
✤ 이등분한 다음 2ℓ 들이 냄비에 넣는다.
✤ 다음 재료를 넣는다.

      육수 800㎖

      기름기를 제거한 마르미트 100㎖

      소금 25g

      부케 가르니 1개

      양파 100g

      정향 1개

✤ 약한 불에서 3시간 동안 끓인다.
✤ 입천장을 꺼내 천으로 물기를 제거한 다음, 국물에 남아있는

LE LIVRE DE CUISINE. — PREMIÈRE PARTIE.

지방질을 제거한다.
- ✣ 왕관 모양으로 접시에 놓은 다음 완성한다.
- ✣ 팔레 드 뵈프는 풀레트, 그라탱 또는 이탈리아 풍으로도 완성할 수 있다. ▶116-138

큐 드 뵈프 오슈포
QUEUE DE BŒUF HOCHEPOT

- ✣ 소 꼬리 1.5kg을 준비한다.
- ✣ 엉덩이에서 가까운 두꺼운 부위를 고른다.
- ✣ 5cm 두께로 잘라낸다(뼈가 가운데 박혀있을 수도 있으니 톱을 사용하는 것이 편하다).
- ✣ 20분동안 데친 다음 1시간 동안 물에 담가둔다.
- ✣ 물기를 뺀 다음 꼬리 조각을 5ℓ 들이 냄비에 넣는다.
- ✣ 육수 3ℓ를 넣고 끓인다. 처음 끓어오를 때 거품을 걷어낸다.
- ✣ 다음 재료를 넣는다.

    양파 200g

    코르크 마개 모양으로 깎은 당근 400g

    정향 3개

    부케 가르니 2개(이 때 일반적인 크기의 2배를 쓴다)

    소금 2자밤

    후추 2자밤

- ✣ 화덕 모서리에 두고 3시간 반 동안 뭉근하게 끓인다.

BŒUF.

- 손가락으로 눌러 고기가 익었는지 확인한다.
- 냄비에 든 것을 큰 체에 거르되 소 꼬리가 부서지지 않도록 주의한다. 꼬리 조각은 깨끗이 닦은 다음 2ℓ 들이 냄비에 별도로 둔다.
- 당근은 1ℓ 들이 냄비에 별도로 둔다.
- 원래 냄비에 남은 국물의 기름을 제거한 다음 반절의 양으로 줄 때까지 졸인다.
- 졸인 국물을 꼬리가 담긴 냄비와 당근이 담긴 냄비에 따로 부어준다. 채소와 꼬리가 섞여서는 안 된다.
- 익힌 후 마치 암석처럼 모양을 갖춘다.
- 소스를 붓는다.
- 볶은 양파 15개를 추가한다.▶[126] 당근과 함께 장식한다.

큐 드 뵈프 프리트 QUEUE DE BŒUF FRITE

- 소 꼬리는 튀기는 방식을 통해서도 조리할 수 있다. 전반적인 조리법은 위와 동일하다.
- 소 꼬리에 달걀물을 입힌 다음 뜨거운 기름에 색이 날 때 까지만 튀긴다.
- 소스 토마트를 곁들여 완성한다.
- 이 요리는 주로 남은 음식을 재활용할 때 사용된다. 일반적으로는 점심 식사로 적합하다.

LE LIVRE DE CUISINE. — PREMIÈRE PARTIE.

그라두블 아 라 모드 드 캉
GRAS-DOUBLE À LA MODE DE CAEN

- 신선한 소 위 100g을 세척하고 8cm 크기로 깍둑썰기 한다.
- 5분동안 데친 다음 체에 걸러 물기를 뺀다.
- 베이컨 베이컨 200g을 준비한다.
- 데치기 위해 돼지껍데기는 떼어낸다.
- 베이컨을 3cm 두께로 자른다.
- 송아지 족 하나를 준비해 뼈를 제거하고 6등분한 다음 껍데기와 함께 데친다.
- 4ℓ 들이 냄비에 소 위, 베이컨, 송아지 족을 넣는다.
- 다음 재료를 넣는다.

  육수 2ℓ

  양파 300g

  부케 가르니 1개(일반적인 것의 2배 크기)

  정향 3개

  소금 3자밤

  후추 4자밤

  브랜디 100mℓ

- 뚜껑을 잘 덮고 끓인다. 처음 끓어오르면 아주 약한 불에 놓고 3시간 동안 뭉근히 끓인다.
- 식탁에 낼 때 부케 가르니와 양파는 올리지 않는다.
- 기름을 걷고 채소 요리를 담을 때 쓰는 넓은 그릇에 담는다.

BŒUF.

그라두블 아 라 리요네즈
GRAS-DOUBLE À LA LYONNAISE

✤ 소 입천장 500g을 1cm 두께에 4cm 길이로 자른다.

✤ 강한 불에 다음 재료를 넣고 볶는다.

>   버터 50g
>
>   오일 50g
>
>   소금 2자밤
>
>   후추 2자밤

✤ 소 입천장이 바삭하고 진한 노란 빛깔을 띨 때까지 조리한다.

✤ 다른 팬을 준비하고 수프 아 로뇽과 같이 양파 500g을 기름 50g을 써서 볶는다. 양파가 붉게 되도록 조리한다.

✤ 소 입천장을 양파를 볶은 팬에 넣는다. 다진 파슬리 1큰술과 식초 한 큰술을 넣는다.

✤ 1분간 익힌다.

✤ 잘 섞은 다음 완성한다.

로뇽 드 뵈프 소테
ROGNONS DE BŒUF SAUTÉS

✤ 일반적인 크기의 소 신장을 준비하여 이등분한다.

✤ 이등분한 신장을 0.5cm 두께로 자른다.

✤ 팬에 버터 100g을 녹인 다음, 소 신장을 넣고 소금 2자밤, 후추 3자밤을 더한다.

LE LIVRE DE CUISINE. — PREMIÈRE PARTIE.

- 고르게 익도록 계속 저어준다.
- 6분간 조리한 후 체에 소 신장을 걸러 기름을 제거한다.
- 1ℓ 들이 냄비에 백포도주 300㎖을 넣고, 소금과 후추 한 자밤씩을 넣어 양이 4분의 1까지 줄도록 졸인다.
- 소 신장을 팬에 다시 넣고 밀가루 25g을 넣는다.
- 2분동안 익힌 후 와인, 물 100㎖, 육수 100㎖을 추가한다.
- 1분간 끓인 후 다진 파슬리 한 큰술을 넣는다.
- 간을 본 다음 완성한다.
- 소 신장은 따로 기름을 거르거나, 또는 와인을 쓰지 않고도 조리할 수 있다.
- 밀가루 25g을 넣는다.
- 위에 언급한 대로 와인 200㎖와 육수 100㎖을 붓는다.
- 1분간 끓이고 소 신장을 꺼낸다.
- 접시에 소 신장을 올린 다음 소스를 4분간 끓인다.
- 다진 파슬리 한 큰술을 더한다.
- 소스를 부어준 뒤 완성한다.
- 위에서 언급한 바와 같이 소금과 후추로 간을 한다.
- 이 방법은 앞선 조리법보다는 간소하나, 시간을 절약하는 것 외에는 득 될 것이 없다. 와인을 사용하지 않으면 신장에서 신맛이 올라오므로 피하는 것이 바람직하다.

BŒUF.

코트 드 뵈프 로티 CÔTE DE BŒUF ROTIE

- ✤ 소 등갈비 3kg을 준비한다. 코트 드 뵈프 브레제에 기록된 대로 손질한다.▶184
- ✤ 중간 불에서 한 시간 동안 익힌다.
- ✤ 오븐에서 나온 육즙을 따로 빼내 기름을 거른 다음 요리에 더해 완성한다.

육류 구이에 관한 고찰

육류를 굽기 위해 마리네이드 하는 방법은 오래 전부터, 또 적지 않은 주방에서 권장되어 왔으나, 나 역시 이 방식을 지지하는 것은 아니다.

육류는 본연의 맛을 지녀야 한다. 더해지는 모든 양념과 향신료는 육류 본연의 맛을 변질시킬 뿐이다.

무엇보다 중요한 것은 육류를 적절히 조리하고 요리된 음식을 바로 먹는 것이다. 좋은 고기는 숙성 시킬 필요가 없다.

육류를 위한 유일한 준비법은 하루나 길면 이틀 정도만 보관하는 경우일 뿐이다. 내일이나 모레 식탁에 낼 것이 없다면 갈비에 기름을 바른 다음 보관해야 한다. 이는 품질을 높이려고 하는 것이 아니라 단지 보관이 목적이다.

알와이오 로티 ALOYAU ROTI

- ✤ 알와이오 로티는 소의 등심 또는 안심을 사용하며, 이는 갈비

LE LIVRE DE CUISINE. — PREMIÈRE PARTIE.

뼈로부터 분리된 것이다.
- 이 조건을 충족한 요리를 알와이오 로티, 로스비프라고 한다.
- 일반적으로 서민들의 식탁에 등장하는 알와이요라고 우리가 부르는 것은 정육점에서 사용하는 용어로는 '두 번째 부위'라고 하는 것이다.

필레 드 뵈프 로티 FILET DE BŒUF ROTI

- 1.5kg의 소 안심을 준비하여 4mm 두께에 5cm 길이의 라드와 함께 꼬치에 끼운다.
- 라드는 항상 순백색에 신선한 것이어야 한다. 품질이 의심스러운 라드 한 조각이 요리 전체를 망칠 수 있다.
- 꼬치에 끼우고 40분간 구워주며, 10분마다 육즙을 발라준다.
- 기름을 걸러낸 육즙을 곁들여 완성한다.
- 일반적으로 필레 드 뵈프 로티에는 소스 피캉트, 소스 이탈리엔, 소스 토마트를 같이 내는 경우가 많다.

앙트르코트 오 폼 드 테르
ENTRE-CÔTE AUX POMMES DE TERRE

- 4cm 두께의 소 등심을 준비하여 지방과 힘줄을 제거한다.
- 고기 가장자리를 잘라 길쭉한 배 모양으로 만든다.■[VII] 그 다음 양쪽에 소금과 후추로 간을 한다.
- 표면이 딱딱해지지 않도록 기름에 적신다.

BŒUF.

- 중간 불에서 10분간 고르게 굽는다.
- 접시에 메트르도텔 100g을 준비한다.▶[142] 등심을 그 위에 놓은 다음 감자튀김을 곁들인다.
- 이 요리는 소스 이탈리엔, 소스 토마트, 소스 피캉트, 소스 베아르네, 소스 보르들레와 함께 낼 수도 있다.

비프테크 오 폼 드 테르
BIFTECK AUX POMMES DE TERRE

- 비프테크는 항상 소 안심을 사용해야 한다. 그 외의 부위로 만든 요리는 비프테크라는 이름을 붙일 수 없다.
- 비프테크는 소 안심을 가로로 4cm 두께를 주어 자른 것을 이용해 만든다.
- 고기 조각을 평평하게 두드린 다음, 타원형의 모양을 갖출 수 있도록 힘줄 등을 제거한다.
- 소금과 후추로 간을 하고, 앙트르코트와 같은 방식으로 조리한다.
- 중간 불에서 8분간 균일하게 익힌다.
- 비프테크를 접시에 올린 다음 메트르도텔 40g을 얹은 후, 감자튀김을 곁들여 완성한다.
- 보통 2인분 양을 조리한다.
- 구운 고기를 기름에 적시라는 것은 쉽게 조리하기 위함이지 고기의 풍미를 바꾸려는 것이 아님을 명심해야 한다.

LE LIVRE DE CUISINE. — PREMIÈRE PARTIE.

비프테크 아 랑글레즈
BIFTECK À L'ANGLAISE

- 위 요리와 동일한 방식으로 조리한다.
- 이 요리는 버터와 소스 없이 내는 것이 특징이다.

비프테크 오 뵈르 당슈아
BIFTECK AU BEURRE D'ANCHOIS

- 2인분의 비프테크를 준비한 다음, 깨끗이 씻어 잘 말린 앤초비 하나를 칼등으로 으깬다(양이 적어 절구는 필요하지 않다).
- 으깬 앤초비를 버터 40g과 섞는다.
- 체로 거른 다음 다른 모든 구이 요리와 마찬가지로 덥힌 접시 위에 앤초비 버터를 올린다.
- 비프테크를 그 위에 올리고 완성한다.

필레 소테 오 샹피뇽
FILET SAUTÉ AUX CHAMPIGNONS

- 이 요리는 비프테크와 같은 부위로 만든다.
- 비프테크 오 폼 드 테르와 같이 고기를 준비한다.▶195
- 소금과 후추로 간을 한다.
- 작은 팬에 버터 15g을 넣는다.
- 고기를 넣고 센 불에서 4분간 굽는다. 한 쪽이 익으면 뒤집어 다시 5분간 굽는다.

BŒUF.

- 버터가 타지 않도록 주의한다.
- 고기를 접시에 담고, 팬에 밀가루 8g을 넣는다.
- 나무 주걱으로 저어준다.
- 육수 100㎖와 고명용 버섯을 만들며 나온 채수를 붓는다.
- 만든 소스는 시누아로 걸러준다.
- 고명용 버섯을 소스에 넣고 덥힌다.
- 고기를 접시에 올리고 버섯을 그 위에 장식한다. 소스를 곁들여 완성하면 된다.

필레 오 졸리브 FILET AUX OLIVES

- 위와 동일하게 고기를 준비한다.
- 고명으로 사용할 크고 둥근 올리브 24개의 씨를 제거한다. 끓는 물에 5분간 데치고, 헝겊으로 물기를 제거한다. 올리브를 소스에 넣고 2분간 덥힌다.
- 올리브를 고기 주변에 장식한 다음 완성한다.
- 필레 소테 소스를 대체하기 위해서는 쥐 드 메나주를 사용하면 편리하다.▶[151]

소테에 관한 고찰

모든 소테 요리를 위해 사용되는 불은 고기가 육즙을 보존하며 아름다운 황금빛을 띄도록 충분히 강해야 한다. 너무 약한 불에서는 이 상태를 유지할 수 없다.

LE LIVRE DE CUISINE. — PREMIÈRE PARTIE.

반면 너무 강한 불은 버터를 태우며 소스에 불쾌한 맛을 줄 수 있으므로 주의해야 한다.

그러므로 소테를 할 때에는 너무 약한 불과 너무 강한 불의 중간 지점이 적당하다.

에맹세 드 필레 드 뵈프 아 라 소스 피캉트
ÉMINCÉ DE FILET DE BOEUF À LA SAUCE PIQUANTE

✣ 전날 조리한 필레의 남은 것을 얇게 썬다.

✣ 고기를 1cm 두께에 5cm 너비로 자른 다음 소스 피캉트에서 끓이지 않고 덥힌다.▶96

✣ 구운 고기를 끓이게 되면 고기가 딱딱해지며 고유의 맛을 완전히 잃어버린다.

✣ 소스의 양은 고기의 양에 맞추어 조절한다.

그림 41. 미로통

그림 42. 송아지의 머리와 족

제7장

송아지

보 로티 VEAU ROTI

- ✤ 보 로티는 채끝이나 쪽갈비, 엉덩이살 등을 주로 사용한다.
- ✤ 정육점에서 고기를 구입할 때에는 핏기가 없거나 지방이 많고, 광택이 없는 것은 구입하면 안 된다.
- ✤ 쪽갈비의 경우 신장을 포함해 2kg을 준비한다.
- ✤ 지방, 뼈를 바르고 신장을 안쪽에 두어 겉을 고기로 말아준다.
- ✤ 실로 묶은 다음 꼬챙이에 끼워 약한 불에서 1시간 30분동안 고르게 굽는다. 15분마다 육즙을 끼얹는다.

LE LIVRE DE CUISINE. — PREMIÈRE PARTIE.

- ✤ 육즙을 걸러낸 다음, 지방을 제거한 다음 꼬챙이에서 빼내고 소금간을 해서 완성한다.
- ✤ 채끝이나 안심을 쓸 때에는 2kg의 고기를 준비한다.
- ✤ 갈비뼈를 반절로 잘라낸 다음 척추에서 분리하여 갈비뼈가 5cm가량만 남도록 손질한다.
- ✤ 고기를 말은 다음 포토푀와 같이 실로 묶는다.

그림 43. 허벅지살을 사용한 보 로티

- ✤ 꼬챙이에 꽂아 중간 불에서 1시간 30분 동안 굽는다. 식탁에 내기 5분 전에 소금간을 한다.
- ✤ 육즙을 걸러내고, 지방을 제거한 다음 위와 같이 준비한다.
- ✤ 엉덩이살은 2kg을 준비하여 뼈를 모두 제거한다.
- ✤ 실로 묶어 뼈가 있을 때의 형태를 만든다.
- ✤ 나머지 과정은 위와 동일하다.

VEAU.

블랑케트 드 보 BLANQUETTE DE VEAU

- ✥ 이 요리는 주로 송아지 양지를 사용해 만든다.
- ✥ 양지 1.5kg는 6cm 크기로 깍둑썰기 한 다음 5ℓ 들이 냄비에 넣는다.
- ✥ 고기 조각들이 완전히 잠기도록 물을 붓고, 소금과 후추 각 3자밤씩 넣어 간을 맞춘다.
- ✥ 끓기 시작하면 거품을 걷어낸다.
- ✥ 양파 200g, 정향 2개, 부케 가르니 1개를 넣는다.
- ✥ 아주 약한 불에서 1시간 동안 끓인다.
- ✥ 고기가 충분히 익으면 큰 체에 걸러낸다. 그 다음 3ℓ 들이 냄비에 넣는다.
- ✥ 2ℓ 들이 냄비에 버터 30g과 밀가루 40g을 넣고 루를 만든다.
- ✥ 불에서 4분간 저어준다.
- ✥ 불에서 꺼내 골고루 섞어가며 저어준다. 이렇게 20분간 졸인다.
- ✥ 날샬 노른자 3개로 농도를 맞춘다.[137]
- ✥ 시누아로 거른 다음 고기가 담긴 냄비에 넣는다.
- ✥ 1분간 끓인 다음 다진 파슬리 1큰술을 넣는다. 잘 버무려 낸다.
- ✥ 구운 송아지 고기의 자투리로도 이 요리를 만들 수 있다.
- ✥ 고기를 4cm 길이, 0.5cm 두께로 자르고 변색된 부위를 제거한다.
- ✥ 소스 풀레트에서 끓지 않도록 주의하여 익힌다.[147]
- ✥ 식탁에 낼 때 파슬리 반 큰술을 곁들인다.

보 아 라 부르주아즈
VEAU À LA BOURGEOISE

- 이 요리는 송아지 허벅지살 또는 엉덩이살로 만든다.
- 허벅지살 1.5kg에 두꺼운 라드를 꽂아 넣는다. ▶181
- 모양을 유지하도록 실로 묶고 5ℓ 들이 냄비에 고기를 넣는다.
- 육수 2ℓ를 붓는다.
- 뵈프 아 라 모드와 같이 송아지 족과 베이컨 껍질을 넣는다.
- 끓어오르면 거품을 걷어내고 다음 재료를 넣는다.

    당근 400g

    양파 300g

    정향 3개

    부케 가르니 1개

    소금 2자밤

    후추 2자밤

- 냄비 뚜껑을 ¾ 쯤 덮고 약한 불에서 3시간 동안 끓인다.
- 고기를 건지기 20분 전에 센 불에 색을 입힌다.
- 5-6차례 육즙을 끼얹어준다.
- 요리바늘로 고기를 찔러 익었는지 확인한다. 고기가 익으면 접시에 담는다.
- 시누아에 육수를 걸러낸다. 기름기를 걷어낸 다음 반절의 양으로 졸인다.
- 색을 내기 위해 카라멜 1큰술을 추가한다.

VEAU.

- 당근을 동일한 크기의 코르크 마개 모양으로 자른다.
- 실을 풀고 고기를 접시에 올린다.
- 당근과 볶은 양파 10개로 장식한다.
- 육수를 고기 위에 붓고 나머지는 굳혀 다음날 먹는다.

보 아 라 부르주아즈 에 아 라 젤레
VEAU À LA BOURGEOISE ET À LA GELÉE

- 이 요리는 굳힌 육수와 함께 차게 제공된다.
- 위에 언급한 바와 같이 전날 준비한 육수를 식힌 다음 샐러드 볼에 담아둔 뒤 다음 날 접시를 위로 놓고 뒤집어 완성한다.

> 참고 — 이 요리는 가정 요리 중에서 꼭 성공해야 하는 요리 중 하나이다.
> 앞서 강조했듯이 아주 약한 불에서 천천히 끓이는 것이 중요하나.
> 육수의 맛은 필수적인 조건 중 하나이며, 위에 설명한 대로 졸여내야 한다. 이렇게 하면 싱거운 소스 대신 진정한 육즙의 맛을 얻을 수 있다.

롱주 드 보 브레제 LONGE DE VEAU BRAISÉE

- 송아지 등심의 뼈를 제거한 다음 실로 묶는다. 구이를 할 때와 양은 동일하다.

LE LIVRE DE CUISINE. — PREMIÈRE PARTIE.

- ❖ 냄비에 고기와 버터 20g을 넣는다.
- ❖ 고기의 모든 면이 황금빛이 나도록 볶는다.
- ❖ 육수 800mℓ을 붓고 다음 재료를 넣는다.

  > 양파 100g
  >
  > 당근 100g
  >
  > 정향 2개
  >
  > 부케 가르니 1개
  >
  > 소금 2자밤
  >
  > 후추 1자밤

- ❖ 언제나 약한 불에서 1시간 45분 동안 뭉근히 끓인다. 냄비 뚜껑은 두 손가락 너비만큼 열어둔다.
- ❖ 고기를 접시에 덜어낸다.
- ❖ 시누아에 육수를 걸러낸다.
- ❖ 기름기를 걷어내고 반절의 양으로 졸인다.
- ❖ 실을 풀고 육수를 끼얹은 다음 완성한다.
- ❖ 롱주 드 보 브레제와 같이 수영, 치커리, 시금치 등을 곁들인다.

프리캉도 FRICANDEAU

- ❖ 가정에서 만드는 프리캉도는 주로 송아지 허벅지살을 둥글게 썬 것 1.5kg으로 만든다.
- ❖ 뼈를 발라내고 얇은 라드를 박아넣는다.■VII
- ❖ 고기를 팬에 넣고 육수 200mℓ을 붓는다.

VEAU.

❖ 육수가 졸아들 때까지 끓인다. 고기가 팬 바닥에 달라붙지 않도록 주의한다. 육즙이 노란 빛을 띠고 농도가 진해지면 육수 600㎖을 추가한다.

❖ 아주 약한 불에서 1시간 15분간 끓인다. 냄비 뚜껑은 ¾ 정도만 덮어둔다. 이후 뚜껑을 연 다음 숯을 올려둘 수 있는 양철 뚜껑

그림 44. 프리캉도

을 덮는다.

❖ 고기가 노란 빛에 윤기가 흐를 때까지 4분 간격으로 육수를 끼얹어준다.

❖ 이러한 조리법으로 만든 프리캉도를 프리캉도 오 쥐 라고 한다.

❖ 일반적으로 이 요리는 시금치를 곁들인다. 접시에 시금치를 먼저 담고 그 위에 고기를 올린 다음 육수를 부어준다(시금치의 양은 131쪽 참고).

❖ 치커리를 사용한 프리캉도도 같은 방식으로 준비한다.▶[132]

코틀레트 드 보 그리예 에 파네
CÔTELETTES DE VEAU GRILLÉES ET PANÉES

- ✤ 손질된 송아지 갈비 200g을 준비한다.
- ✤ 갈비를 평평하게 펴서 익히는 과정에서 부풀지 않도록 한다. 뼈나 힘줄, 2mm 두께로 있는 막 등을 제거한다.
- ✤ 고기를 굽기 위해 양쪽에 소금과 후추로 간을 한 다음 약간의 기름을 바른다.▶158
- ✤ 8분간 굽는다.
- ✤ 튀김옷을 입히기 위해 녹인 버터에 고기를 담근 다음 파뉘르로 덮어준다.▶164 그 다음 약한 불에서 10분간 굽는다.
- ✤ 익힌 고기는 쥐 드 메나주 2큰술을 곁들여 접시에 올린다.▶151

코틀레트 드 보 아 라 소스 피캉트
CÔTELETTES DE VEAU À LA SAUCE PIQUANTE

송아지 갈비를 위의 설명대로 준비한다. 튀김옷을 입히거나 구워낸다. 소스 피캉트를 곁들인다. 갈비 한 덩이당 100mℓ의 소스를 쓴다.

코틀레트 드 보 아 라 메트르도텔
CÔTELETTES DE VEAU À LA MAÎTRE-D'HÔTEL

위의 조리법대로 만든 요리에 메트르도텔을 50g 추가한다.

VEAU.

코틀레트 드 보 아 라 소스 토마트
CÔTELETTES DE VEAU À LA SAUCE TOMATE

위의 조리법대로 만든 요리에 갈비 한 덩이당 100mℓ의 소스 토마트를 곁들인다.

코틀레트 드 보 소테 오 샹피뇽
CÔTELETTES DE VEAU SAUTÉES AUX CHAMPIGNONS

✥ 위의 조리법대로 송아지 갈비를 준비한다. ▶208

✥ 버섯을 준비한다. ▶116

✥ 갈비에 소금과 후추로 밑간을 한 다음, 작은 팬에 버터 15g을 넣고 굽는다.

✥ 6분 후 뒤집어 양쪽을 12분간 익힌다.

✥ 접시에 옮겨 담는다.

✥ 팬에 밀가루 8g을 넣어 루를 만든다. 육수 200mℓ와 쥐 드 샹피뇽을 넣는다.

그림 45. 소테용 팬

LE LIVRE DE CUISINE. — PREMIÈRE PARTIE.

- 계속 저어주며 5분간 더 가열한다.
- 시누아에 소스를 거른 다음 1ℓ 들이 냄비에 넣는다.
- 버섯을 넣고 3-4분간 데운다.
- 접시에 갈비를 올린다.
- 버섯을 그 위에 올리고 완성한다.

코틀레트 드 보 오 카로트
CÔTELETTES DE VEAU AUX CAROTTES

- 송아지 갈비 500g을 준비한다.
- 뼈를 제거한다.
- 팬에 앞뒤로 5분간 굽는다.
- 육수 400mℓ를 붓는다.
- 끓기 시작하면 화구에서 빼낸다.
- 육수를 시누아에 걸러낸다.
- 고기에 남은 뼛조각을 깨끗이 제거하고 접시에 둔다.
- 팬을 닦은 다음 고기를 다시 넣고 코르크 마개 모양으로 자른 당근 20조각을 넣는다.

  양파 100g

  정향 1개

  소금 2자밤

  후추 2자밤

  거른 육수와 물 200mℓ를 추가한다.

VEAU.

✤ 불에 올려 뚜껑을 덮고 아주 약한 불에서 1시간 동안 끓인다.

✤ 고기와 당근이 익었는지 확인한다.

✤ 고기를 접시에 올린다.

✤ 주위를 당근으로 장식한다.

✤ 육즙을 걸러 기름기를 제거한 후 고기 위에 부어준다. 양파는 올리지 않는다.

✤ 완성한다.

코틀레트 드 보 앙 파피요트
CÔTELETTES DE VEAU EN PAPILLOTE

✤ 송아지 갈비 250g을 준비한다.

✤ 뼈를 제거한다.

✤ 고기를 방망이로 두드려 편 다음 소금과 후추를 뿌린다.

✤ 작은 팬에 버터 15g을 넣는다.

✤ 고기를 12분간 굽는다 6분 후 뒤집어 양쪽이 고르게 익도록 한다. 익으면 접시에 옮긴다.

✤ 팬에 밀가루 10g을 넣는다. 나무 주걱으로 2분간 저어준다.

✤ 육수 200mℓ를 추가하여 끓인 다음 시누아에 걸러준다.

✤ 팬을 닦은 다음 소스를 넣고 반절의 양으로 졸인다.

✤ 소스에 잘게 다진 허브 3큰술을 넣어 고명으로 사용한다.▶[118]

✤ 5분간 졸인 뒤 화구에서 빼낸다.

✤ 두 장의 붙여진 종이의 윗면을 하트 모양으로 자른 다음 그 안

LE LIVRE DE CUISINE. — PREMIÈRE PARTIE.

으로 고기를 넣는다.

✤ 위쪽 종이는 자연스럽게 열려 있으며 뒤쪽 종이는 고기를 담고 있다. 이 종이들은 담은 고기보다 8cm가량 더 커야 한다.

✤ 종이에 기름을 바르고, 안쪽에 고기 모양으로 자른 1mm 두께의 라드를 넣는다.

✤ 라드 위에 소스 1큰술을 넣고 그 위에 갈비를 올려 다시 소스 1큰술을 넣고, 같은 두께의 라드를 올린다.

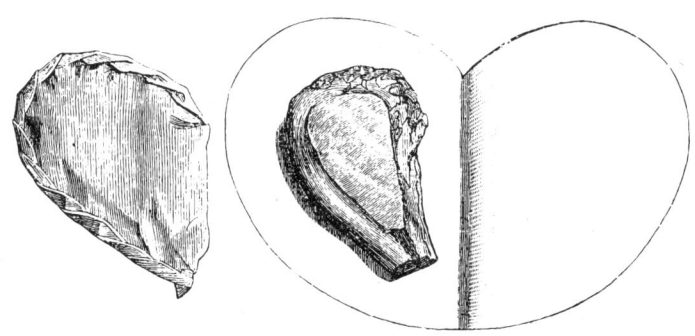

그림 46. 파피요트에 감싼 코틀레트 드 보

✤ 종이를 밀봉하여 그 안에서 재료들이 서로 조리되도록 한다.
✤ 종이의 가장자리를 비스듬히 접어 잼 병을 닫듯이 밀봉한다.
✤ 식탁에 내기 15분 전에 갈비를 종이에 싸서 석쇠에 올리고, 소스가 새지 않도록 밀봉한다.
✤ 아주 약한 불에서 한쪽 면을 8분, 반대쪽 면을 7분간 익힌다.
✤ 완성한다.

VEAU.

에스칼로프 드 보 오 핀 제르브
ESCALOPES DE VEAU AUX FINES HERBES

- 소고기 허벅지살 1kg을 준비해 뼈, 힘줄, 지방 등을 제거한다.
- 허벅지살을 1cm 두께에 5cm 길이로 자른다. 이렇게 자른 것을 에스칼로프라고 한다.
- 각각의 에스칼로프를 고기 망치로 두드려 펴준다.
- 팬의 바닥에 버터를 2mm 두께 정도로 녹여 두른 다음, 소금 1자밤, 후추 2자밤으로 간을 한다.
- 에스칼로프를 접시에 배열한 다음 위와 동일한 양으로 소금과 후추를 뿌린다.
- 센 불에 에스칼로프를 한쪽 면당 4분씩 굽는다.
- 고기를 접시에 옮겨 담는다.
- 밀가루 8g을 팬에 넣고 1분간 익히며 나무 주걱으로 저어준다.
- 육수 300mℓ을 넣고 5분간 가열한다.
- 에스칼로프에서 배어 나온 육즙이 접시에 고인다면, 소스에 부어준다.
- 접시 위에 에스칼로프를 암석 모양처럼 배치한다.
- 소스를 화구에 올려놓고 처음 끓어오르면 자른 버터 30g와(6조각으로 자른 것) 다진 파슬리 1큰술을 넣는다.
- 소스와 버터가 잘 섞이도록 익히는 동안 잘 저어준다.
- 소스를 에스칼로프 위에 부어준다. 고명을 얹어서 완성한다.
- 소스 이탈리엔을 사용할 때는 400mℓ를 준비한다.[145]

탕동 드 보 아 라 프로방살
TENDONS DE VEAU À LA PROVENÇALE

- 송아지 양지 1kg을 준비한 다음 6cm 크기로 깍둑썰기 한다.
- 수프 아 로뇽과 같이 양파 200g을 준비한다.▶99
- 반 잎 양의 다진 월계수잎과 같은 양의 다진 타임, 마찬가지로 다진 마늘 4g을 준비한다.
- 4ℓ 들이 냄비에 기름 100g을 두른다.
- 고기를 먼저 넣고 그 다음에 양파, 월계수잎, 타임, 마늘 순서로 넣은 다음 소금 2자밤과 후추 4자밤으로 간을 한다.
- 약한 불에 냄비를 올리고 숯을 얹을 수 있는 양철 뚜껑을 덮어준다.
- 2시간동안 익힌 뒤 나무 주걱으로 5분 간격으로 저어준다.
- 육수 500mℓ와 다진 파슬리 2큰술을 더한다.
- 5분간 더 익힌다.
- 암석 모양으로 접시에 담는다. 소스는 고기 위에 부은 다음 완성한다.

참고 — 소스 프로방살은 기름기를 제거하지 않고 사용한다. 이런 유형의 소스에 마늘이 사용되는 것은 당연한 것이다. 다만 식사하는 사람의 입맛에 이러한 양념이 맞지 않는다면 조리법을 적절히 바꿀 수 있다.

VEAU.

리 드 보 오 쥐, 시코레, 오제이유, 에피나르, 소스 토마트
RIS DE VEAU AU JUS, CHICORÉE, OSEILLE, ÉPINARDS, SAUCE TOMATE

- ❖ 실하며 갈라지지 않은 송아지의 흉선 2개를 준비한다.
- ❖ 흉선을 건드리지 않으면서 연골을 제거하되 완전히 분리하지는 않는다(흉선 아래쪽에는 연골이 위치해 있는데, 흉선을 세척하기 쉽도록 연골을 제거하는 것이 필요하다).
- ❖ 흉선을 찬물에 4시간동안 담가 핏물을 뺀다.
- ❖ 2ℓ 들이 냄비에 물 1.5ℓ를 붓고 흉선을 데친다.
- ❖ 흉선이 풍선처럼 부풀어오르고 단단해질 때까지 익힌다. 그러나 너무 단단하면 바늘이 들어가기 어렵다.
- ❖ 찬물에 담근 다음 완전히 물기를 뺀다.
- ❖ 2kg 하중이 걸려진 압착기에 흉선을 넣고 눌러준다.
- ❖ 필레 로티에서 지시한 내용과 같이 흉선을 바늘로 찌른다.▶194
- ❖ 작은 팬에 흉선을 넣고 카라멜 반 큰술로 색을 낸 육수 200mℓ을 붓는다.
- ❖ 소금 1자밤으로 간을 하고 육수를 걸쭉해질 때까지 졸인다.
- ❖ 화구에서 꺼낸 뒤 육수 200mℓ을 더 붓는다.
- ❖ 칼로 연골을 완전히 제거한다.
- ❖ 흉선을 냄비에 다시 넣고 숯을 올린 뚜껑을 덮는다. 흉선에 윤기가 돌고 금빛이 나도록 약한 불에서 육수를 끼얹어가며 익힌다. 금빛이 나면 다 익은 것이다.

LE LIVRE DE CUISINE. — PREMIÈRE PARTIE.

- 육수의 기름기를 걷는다.
- 접시에 흉선을 건져낸다.
- 육수를 붓고 완성한다.

> 참고 — 너무 졸여졌다면 육수 100mℓ을 추가한다. 2분간 끓인 다음 기름기를 걷어낸다. 육수의 농도는 적당해야 한다.
>
> 치커리, 수영, 시금치, 소스 토마트를 곁들이는 흉선도 조리는 위와 동일하다. 이 재료들은 소스와 고명 항목에서 설명한 것의 절반 정도의 양만 사용한다.

테트 드 보 오 나튀렐
TÊTE DE VEAU AU NATUREL

- 인원 수에 맞추어 적당한 크기의 송아지 머리를 준비한다. 머리는 지방이 많고 진한 흰색이어야 한다.
- 뼈를 모두 제거하고, 데치기 쉽도록 반으로 나눈다. 혀와 뇌를 제거해 혀는 접시에 두고, 뇌는 찬물에 담가둔다.
- 반으로 자른 머리를 각 3등분 총 6등분하되, 귀는 완벽한 정사각형이 되도록 자른다. 그래야 접시에 놓기가 쉽다.
- 자른 머리를 20분간 끓는 물에 데친다.
- 물기를 빼고 식힌다.
- 다음 재료를 넣어 소스를 만든다.

VEAU.

- 잘게 다진 소고기 지방 200g을 큰 냄비에 넣는다.
- 지방이 투명해질 때까지 녹인 후 다음 재료를 만든다.

  밀가루 200g

  물 6ℓ

  양파 100g

  부케 가르니 2배 크기 1개

  마늘 1쪽

  정향 3개

  식초 1.5ℓ

  소금 40g

  후추 20g

- 나무 주걱으로 저어가며 처음 끓어오르면 머리와 혀를 넣는다.
- 화덕 모서리에 두고 2시간 30분동안 뭉근히 끓인다.
- 머리를 두꺼운 종이로 완전히 감싼다. 이렇게 하지 않으면 육수에 잠기지 않은 부분은 검게 변한다.
- 냄비 뚜껑은 ¾만 덮는다.
- 손가락으로 머리를 눌렀을 때 살점이 부드럽다면 익은 것이다. 혀를 덮고 있는 하얀 막을 제거하고, 혀를 반으로 가르되 완전히 자르지는 않는다.
- 조리가 끝나면 냅킨을 접어 타원형 접시 바닥에 두어 장식한다. 귀는 접시 양쪽 끝에 놓고, 뇌는 접시 위쪽, 혀는 접시 아래쪽에 둔다.

LE LIVRE DE CUISINE. — PREMIÈRE PARTIE.

- ✤ 접시 네 모서리의 빈 공간에 파슬리를 채워 넣고 뇌 양쪽에는 작은 파슬리 2개를 놓는다.■II
- ✤ 이 요리는 오일과 식초를 곁들여 먹는다. 잘게 다진 파슬리와 양파를 함께 제공하며, 케이퍼는 따로 접시에 담아 완성한다.

송아지 뇌 준비법

- ✤ 뇌를 덮은 얇은 막을 제거하되 뇌가 부서지면 안 된다. 그 다음 1시간 더 물에 담가둔다.
- ✤ 뇌가 하얗게 되면 2ℓ 들이 냄비에 물 1.5ℓ, 소금 15g, 식초 500mℓ와 함께 넣는다.
- ✤ 30분 뒤 뇌가 익을 때까지 끓인다.

테트 드 보 아 라 소스 디트 포브르옴므
TÊTE DE VEAU À LA SAUCE DITE PAUVRE-HOMME

- ✤ 송아지 머리를 준비하여 위의 조리법을 따른다.
- ✤ 소스 포브르옴므를 만들기 위해 1ℓ 들이 냄비에 잘게 다진 에샬롯 20g과 식초 500mℓ를 넣는다.
- ✤ 완전히 졸인다.
- ✤ 송아지 머리를 끓인 물 500mℓ를 체로 거른 다음 에샬롯 위에 붓고 5분간 더 끓인다.
- ✤ 다진 파슬리 1큰술을 더한다. 간을 맞추고, 소스를 따로 담아 완성한다.

VEAU.

테트 드 보 아 라 풀레트
TÊTE DE VEAU À LA POULETTE

- ❖ 송아지 머리 반 개를 데치고, 3cm 크기로 깍둑썰기 한다.
- ❖ 위의 조리법대로 진행한다.
- ❖ 조리가 끝나면 물기를 빼낸다.
- ❖ 소스 풀레트 600㎖를 준비한다. ▶147
- ❖ 다진 타라곤 1큰술을 넣는다.
- ❖ 준비된 소스에 송아지 머리를 넣는다.
- ❖ 접시에 담아 완성한다.

테트 드 보 앙 마리나드
TÊTE DE VEAU EN MARINADE

- ❖ 송아지 머리 반 개를 3cm 크기로 깍둑썰기 한다. 테트 드 보 오 나튀렐과 같이 데친다.
- ❖ 다음 재료를 넣고 1시간 동안 재운다.

    소금 10g

    후추 5g

    식초 1큰술

    오일 2큰술

- ❖ 송아지 머리 조각에 양념이 잘 배도록 섞어준다.
- ❖ 내기 25분 전에 머리 조각을 뺀다.
- ❖ 튀김 반죽 600㎖를 준비한다. ▶163 튀김유 1.3kg을 준비한다.

LE LIVRE DE CUISINE. — PREMIÈRE PARTIE.

- 튀김유를 가열한다. 머리 조각에 튀김 반죽을 입힌 다음 기름에 튀긴다.
- 조각들을 뒤집어 주어 황금빛이 나도록 한다.
- 기름을 털어낸 다음 소금간을 한다.
- 접시에 냅킨을 깔고 조각들을 탑처럼 쌓아 올린다.
- 소스 토마트를 별도로 제공하고, 튀긴 파슬리를 위에 얹는다.

참고 – 마리네이드나 소스 풀레트는 전날에 조리한 송아지 머리를 다시 요리하기 위해 사용하는 방식이다.

랑그 드 보 오 그라탱
LANGUE DE VEAU AU GRATIN

- 송아지 혀를 준비해 연골을 제거한다. 데친 다음 랑그 드 뵈프 오 그라탱과 같이 준비한다.▶186
- 송아지 혀는 소스 피캉트, 소스 토마트, 소스 이탈리엔과 함께 곁들일 수 있다. 소스의 양은 혀 한 덩이에 400㎖이다.

무 드 보 MOU DE VEAU

- 신선하며 주름지지 않은 송아지 허파 1kg을 준비한다.
- 고명에서 다룬 것과 같이 준비한 버섯 2소쿠리를 준비한다.▶116
- 껍질을 제거하고 물에 담가둔 베이컨 250g을 준비한다.
- 4ℓ 들이 냄비에 버터 60g과 함께 베이컨을 볶는다. 색이 올라오

VEAU.

면 접시에 담는다.

✤ 송아지 허파를 6cm 크기로 깍둑썰기 하고, 갈색이 되도록 냄비에서 볶는다. 태우지 않도록 주의한다.

✤ 밀가루 45g을 뿌려 3분간 저으며 볶는다. 다음 재료를 넣는다.

      육수 400mℓ

      백포도주 200mℓ

      물 400mℓ

      쥐 드 샹피뇽

✤ 끓이면서 저어준다.

✤ 처음 끓어오르면 다음 재료를 추가한다.

      소금 2자밤

      후추 2자밤

      부케 가르니 1개

      정향 2개를 꽂은 양파 1개

      미리 준비한 베이컨을 더하다.

✤ 냄비 뚜껑을 ¾ 쯤 덮고 약한 불에서 1시간 30분 동안 끓인다.

✤ 지름 3cm 크기의 양파 20개를 볶아 냄비에 넣는다.

✤ 30분간 익힌다.

✤ 버섯을 넣고 5분간 더 익힌다.

✤ 부케 가르니와 정향을 꽂은 양파를 제거한다.

✤ 간을 맞추고, 탑처럼 접시에 올려 고명과 소스를 곁들인다.

프레즈 드 보 아 라 비네그레트
FRAISE DE VEAU À LA VINAIGRETTE

✤ 잘 씻고 손질한 송아지 장간막 1kg을 준비한다.

✤ 장간막을 데친 다음 식힌다.

✤ 큰 냄비에 다음 재료와 함께 넣는다.

>물 5ℓ
>
>파슬리 30g, 타임 5g, 월계수잎 5g을 더한 부케 가르니
>
>양파 200g
>
>정향 3개
>
>마늘 1쪽
>
>소금 60g
>
>후추 15g

✤ 처음 끓어오르면 거품을 걷고 2시간 동안 약한 불에서 끓인다.

✤ 장간막의 물기를 뺀 다음 접시에 담는다.

✤ 테드 드 보 나튀렐과 같이 오일, 케이퍼, 다진 양파, 파슬리를 곁들여 완성한다. ▶216

피에 드 보 아 라 풀레트
PIEDS DE VEAU À LA POULETTE

✤ 흰 송아지 족 2개를 준비해 가운데 큰 뼈를 제거한다.

✤ 데친 다음 송아지 머리와 같이 조리한다.

✤ 송아지 족이 익으면 남아있는 작은 뼈를 모두 발라낸다.

VEAU.

✤ 1kg 하중의 압착기에 넣고 완전히 식을 때까지 눌러준다.

✤ 송아지 족을 같은 크기의 8조각으로 자른다.

✤ 소스 풀레트 600mℓ를 준비하고 자른 조각을 넣는다.

✤ 가열한다. 처음 끓어오르면 화구에서 꺼내 완성한다.

피에 드 보 프리트 PIEDS DE VEAU FRITS

✤ 위의 조리법과 같이 준비한다.

✤ 테트 드 보 마리나드와 같이 튀긴다. 튀긴 파슬리를 곁들이며, 소스 푸아브라드는 별도로 제공한다.

✤ 반으로 자른 송아지 족을 그대로 사용할 수도 있다. 파뉘르를 입힌 다음 약한 불에서 튀긴다. ▶164

✤ 접시에 올린 다음 소스 타르타르와 같이 완성한다.

세르벨 드 보 앙 마틀로트
CERVELLE DE VEAU EN MATELOTE

✤ 송아지 뇌를 테트 드 보 오 나튀렐에서와 같이 준비한다. ▶216

✤ 식초의 산미를 제거하기 위해 뇌를 물에 담가둔다. 뵈르 누아나 비네그레트 등을 이용할 때에는 이 과정을 넘겨도 된다.

✤ 소금을 약간 푼 온수에 담아 핏기를 뺀다.

✤ 작은 양파 20개를 데친다.

✤ 양파를 버터 15g에 볶는다. 버터가 갈색으로 변하면 안 된다.

✤ 양파가 황금빛이 되면 밀가루 15g을 넣고 3분간 저어준다.

- 육수 200mℓ와 적포도주 100mℓ를 붓는다.
- 약한 불에서 양파를 익힌다.
- 소금과 후추 한 자밤씩 넣는다.
- 버섯 한 소쿠리를 씻어 준비한 후 조각 내어 자른다.
- 8분간 익힌다.
- 뇌의 물기를 빼고 접시에 담는다. 버섯과 양파로 장식한다.
- 소스를 붓고 완성한다.

세르벨 드 보 오 뵈르 누아
CERVELLE DE VEAU AU BEURRE NOIR

- 위의 방식대로 송아지 뇌를 준비한다.
- 뵈르 누아 200mℓ를 준비한다.
- 뇌의 물기를 빼어 접시에 놓고, 소스를 부어준 다음 튀긴 파슬리 두 개로 장식한다.

참고 — 송아지 뇌는 소스 토마트, 흰 양파, 버섯, 비네그레트나 튀김을 곁들여 제공된다.

로뇽 드 보 그리예 아 라 메트르도텔
ROGNONS DE VEAU GRILLÉS À LA MAÎTRE-D'HÔTEL

- 송아지 콩팥을 이등분한다.
- 살짝 눌러준 다음 소금과 후추로 간을 한다.

VEAU.

✤ 콩팥을 버터에 담근 다음 튀김옷을 입히고 양쪽을 4분씩 고르게 굽는다.

✤ 화구에서 꺼낸다.

✤ 메트르도텔 50g을 준비한다. ▶142

✤ 메트르도텔을 접시에 깐 다음 콩팥을 그 위에 올려 완성한다.

로뇽 드 보 소테 ROGNONS DE VEAU SAUTÉS

이 요리는 위의 요리와 조리 과정이 동일하며, 소스도 같은 것을 사용한다. ▶224

푸아 드 보 아 라 부르주아즈
FOIE DE VEAU À LA BOURGEOISE

✤ 밝은 빛깔의 송아지 간 1kg을 준비한다.

✤ 소금과 후추로 밑간을 한 라드를 간에 박아 넣는다. 라드가 간 밖으로 나와서는 안 된다.

✤ 3ℓ 들이 냄비에 간을 넣고 버터 100g과 함께 볶는다. 여러 번 뒤집어 골고루 색이 나도록 한다.

✤ 잘 볶아지면 간을 꺼내고 냄비에 버터와 밀가루 20g을 넣는다.

✤ 4분간 나무 주걱으로 저어주며 익힌다.

✤ 다음 재료를 추가한다.

    물 500mℓ

    백포도주 500mℓ

파슬리 한 줄기

정향 2개를 꽂은 양파 1개

소금 2자밤

후추 2자밤

❖ 끓이며 저어준다.
❖ 간을 다시 냄비에 넣고, 코르크 마개 모양으로 자른 당근 20조각을 추가한다.
❖ 냄비 뚜껑은 ¾ 정도만 덮고 아주 약한 불에서 천천히 끓인다.
❖ 2시간 동안 끓인 다음 껍질을 벗겨 팬에 볶아 색을 낸 지름 2cm 양파 10개를 넣는다.
❖ 1시간 더 익힌다.
❖ 간을 접시에 옮겨 담는다.
❖ 소스를 큰 체에 걸러내고 기름기를 걷어낸다. 소스가 너무 많다면 센 불에서 3분간 졸인다.
❖ 정향을 꽂은 양파와 파슬리를 제거한다.
❖ 간을 담은 접시를 양파와 당근으로 장식한다.
❖ 소스를 붓고 완성한다.

푸아 드 보 소테 아 리탈리엔
FOIE DE VEAU SAUTÉ À L'ITALIENNE

❖ 송아지 간 1kg을 2cm 두께로 자른다.
❖ 소금 3자밤 후추 3자밤으로 밑간하고 밀가루를 묻힌다.

VEAU.

- 버터 120g을 팬에 두고 가열한다.
- 3분동안 간을 굽고, 다른 쪽도 3분간 구워 총 6분 조리한다.
- 간을 옮겨 담아 따뜻하게 보관한다.
- 팬에 다음 재료들을 넣는다.

    밀가루 25g

    다진 에샬롯 10g

    씻어서 다진 버섯 한 소쿠리

- 백포도주 200ml와 육수 200ml를 넣고 잘 저어준다.
- 10분간 졸인다.
- 간을 고리 모양으로 접시에 담는다.
- 소스에 다진 파슬리 1큰술을 추가한 다음 접시에 붓는다.
- 간을 본다. 만일 소스가 너무 묽다면 양을 졸여 농도를 맞춘다. 반면 너무 되직하면 육수를 더 부어 숟가락 뒷면에 살짝 달라붙을 정도가 되게 한다.

푸아 드 보 소테 아 라 리요네즈
FOIE DE VEAU SAUTÉ À LA LYONNAISE

- 위의 요리처럼 간을 손질한다.
- 같은 방식으로 밑간하고 밀가루를 묻힌다.
- 버터에 3분씩 각 면을 굽는다.
- 간이 구워지면 접시에 옮겨 담는다.
- 팬에 잘 씻어 다진 양파 100g을 넣는다.

LE LIVRE DE CUISINE. — PREMIÈRE PARTIE.

- 2분 정도만 볶는다.
- 간을 고리 모양으로 접시에 담고 버터와 양파를 올린다.
- 레몬을 별도로 제공한다.

푸아 드 보 소테 아 라 메나제르
FOIE DE VEAU SAUTÉ À LA MÉNAGÈRE

- 송아지 간 1kg을 5cm 길이 1cm 두께로 자른다.
- 팬에 버터 200g을 녹인 다음 간을 넣는다.
- 소금 3자밤과 후추 2자밤을 더한다.
- 6분간 고르게 굽는다.
- 다진 에샬롯 10g, 밀가루 30g, 다진 파슬리 1큰술을 더한다.
- 백포도주나 적포도주 200mℓ와 육수 200mℓ을 부어준다.
- 처음 끓어오르면 식탁에 낸다.

에폴 드 보 파르시 ÉPAULE DE VEAU FARCIE

- 종종 가정에서 많은 양의 음식을 준비할 때가 있는데, 이 때 송아지 어깨 요리를 하는 것은 상당한 도움이 된다.
- 여기 소개하는 이 요리는 가족 모임이나 야회에서 훌륭한 메인 요리가 된다.
- 관절 부위를 뺀 송아지 어깨살 4kg을 준비한다. 살은 두고 뼈를 모두 제거한다. 살을 아래쪽으로 해서 탁자에 올린다.
- 가장 두꺼운 부위부터 고기를 썰어낸다. 썰어낸 어깨살은 동일

VEAU.

한 두께를 유지해야 한다.

✥ 썰어낸 고기에 송아지 허벅지살 1kg과 잘 손질한 비계 1kg을 추가한다. 소금 50g과 후추, 육두구로 밑간을 한다. 고기를 잘게 다지고, 10분간 저민다.

✥ 라드 200g을 큰 주사위 모양으로 잘라 속에 넣는다. 돼지껍데기는 송아지 족과 함께 데칠 것이니 남겨둔다. 저민 살에 소금 2자밤과 후추 3자밤으로 간을 한다.

✥ 저민 어깨살을 10cm 두께로 펼친다.

✥ 양쪽을 가운데로 접어 타원형의 형태로 만든다.

✥ 형태를 유지하며 냅킨에 싸 양 끝을 단단히 묶고, 중간을 두 개의 다른 실로 또 묶어 고정 시킨다.

✥ 타원형 냄비에 다음 재료들을 넣는다.

    물 4ℓ

    브랜디 100mℓ

    뼈를 제거하고 데친 송아지 족 3개

    데친 돼지껍데기

    어깨 뼈

    당근 200g

    양파 300g

    정향 3개

    부케 가르니 2배크기 1개

    소금 50g

LE LIVRE DE CUISINE. — PREMIÈRE PARTIE.

후추 10g

- ✣ 화구에 올려 처음 끓으면 거품을 걷어내고 아주 약한 불에서 4시간 동안 천천히 끓인다.
- ✣ 4시간 뒤 화구에서 내려 냅킨에 감싼 고기를 꺼낸다.
- ✣ 어깨살을 평평한 접시에 담는다.
- ✣ 냅킨을 따뜻한 물에 헹구고, 어깨살을 다시 싸서 실로 묶는다.
- ✣ 평평한 접시 두 개 사이에 놓고 2kg의 추를 올려 눌러준다.
- ✣ 식힌 다음 냅킨에서 꺼내 접시에 올린다.
- ✣ 끓이고 남은 육수 등은 아주 깨끗한 냅킨을 이용해 걸러낸다.
- ✣ 기름기를 완전히 걷어낸다. 테린에 육수를 식혀 젤리를 만든다.
- ✣ 송아지 족은 항상 데쳐서 피에 드 보 아 라 풀레트를 만들어 마리네이드 하거나,▶222 또는 소스 풀레트를 사용하여 다음날 점심에 내면 좋다.

그림 47. 소 뇌

그림 48. 지고 드 무통

제8장
양

지고 로티 GIGOT RÔTI

✤ 양 허벅지살 3kg을 준비하여 뼈는 아래에서 4cm까지 톱으로 자른다.
✤ 고기를 꼬챙이에 꽂아 센 불에서 1시간 동안 굽는다.
✤ 풍로를 써서 육수 300mℓ을 덥힌다. 구이, 석쇠구의 항목에 설명한 것과 같다.[160]
✤ 고기를 굽는 동안 4차례에 나누어 육수를 끼얹는다.
✤ 꼬챙이에서 고기를 빼기 5분 전에 소금 3자밤을 뿌린다.
✤ 익었는지 확인한다.

LE LIVRE DE CUISINE. — PREMIÈRE PARTIE.

- ✥ 육수는 시누아에 걸러낸다.
- ✥ 고기를 접시에 옮겨 담는다.
- ✥ 기름기를 걷어낸 육즙은 고기 위에 얹어준다.
- ✥ 뚜껑으로 접시를 덮어준다. 뚜껑이 없다면 종이 호일을 써도 된다.
- ✥ 이 요리는 일반적으로 아리코 퓌레나 치커리, 마카로니 등을 곁들여 먹는다.

지고 일명 드 셉퇴르 GIGOT DIT DE SEPT HEURES

- ✥ 이 요리를 할 때 가죽처럼 질기고 딱딱한 고기를 써야 한다는 잘못된 편견이 만연해 있다. 이런 고기를 써야 오래 익힘으로써 육질이 연해지고 맛이 좋아진다는 이유에서 말이다.
- ✥ 졸이는 방식은 구울 때와 마찬가지로 부드러운 육질의 고기를 사용해야 한다. 부드러운 고기를 쓰지 않는다면 냄비든 꼬치든 무엇을 써도 만족스러운 요리를 만들 수는 없을 것이다.
- ✥ 이 요리를 만들기 위해서는 구울 때와 같이 질 좋은 고기를 준비해야 한다. 허벅지살은 3kg의 무게가 나가는 것이 좋다.
- ✥ 지고 로티와 마찬가지로 뼈는 톱으로 잘라낸다.
- ✥ 가운데 뼈를 제거한다. 살코기를 건드리지 않고 뼈를 분리한 다음 아래에서 4cm 지점을 절단한다. 이렇게 하면 살코기에 흠집이 나는 것을 막을 수 있다.
- ✥ 라드 200g의 껍질을 분리하고, 라돈은 6cm 길이에 1cm 두께

MOUTON.

로 자른다.

✤ 라드에 소금 1자밤과 후추 2자밤으로 간을 한다.

✤ 양 허벅지살을 꼬치에 끼워 라돈이 밖으로 나오지 않도록 고기 안에 넣어준 다음 포토푀와 같이 실로 묶어준다.

✤ 타원형 냄비에 버터 100g을 넣고 색이 날 때까지 녹여준다.

✤ 다음 재료들을 넣는다.

      육수 1ℓ

      당근 400g

      소금 1자밤

      후추 2자밤

✤ 처음 끓어오르면 불을 끈 다음 아주 뭉근하게 익힌다. 숯을 얹은 뚜껑을 덮어둘 수 있다.

✤ 3시간 동안 익힌 다음 고기를 뒤집어 5cm 지름의 양파 6개와 브랜디 50mℓ을 넣는다.

✤ 뚜껑을 덮고 1시간 30분 동안 익히면 총 4시간을 익히게 된다.

✤ 육수가 600mℓ 정도로 졸여지도록 불을 조절한다.

✤ 고기를 꺼내 접시에 담는다. 당근은 코르크 마개 모양으로 자른다. 양파와 당근으로 접시를 장식한다. 육즙은 기름기를 걷어내어 걸러낸다.

✤ 위의 요리와 같이 뚜껑으로 접시를 덮어주거나 또는 종이 호일을 이용한다.[233]

✤ 완성한다.

LE LIVRE DE CUISINE. — PREMIÈRE PARTIE.

지고 브레제 GIGOT BRAISÉ

✥ 위와 동일한 방식으로 양 허벅지살을 준비한다. 뼈를 제거하고 밑간을 한다.

✥ 타원형 냄비에 넣는다.

✥ 다음 재료를 추가한다.

> 발골하여 데친 송아지 족 2개(뵈프 아 라 모드 참고 ▶181)
>
> 물 1ℓ
>
> 육수 1ℓ
>
> 브랜디 50mℓ
>
> 정향 3개를 꽂은 양파 1개
>
> 당근 100g
>
> 소금 2자밤
>
> 후추 2자밤

✥ 처음 끓어오르면 거품을 걷어내고 불을 줄인다. 숯이 올려진 철판 뚜껑으로 냄비를 덮는다.

✥ 3시간 동안 약한 불에서 익힌다.

✥ 양 허벅지살을 건져낸다.

✥ 육수를 걸러 기름기를 걷고, 절반가량 졸여 접시에 붓는다.

✥ 나머지 육수는 아리코 아 라 브르통, 치커리, 시금치, 볶은 양파와 함께 고명으로 낸다.

MOUTON.

아시 드 지고 HACHIS DE GIGOT

✥ 아시는 고기를 잘게 다진 것으로, 전날 요리하고 남은 양 허벅지살을 이용한다.

✥ 아시를 만들기 위해 준비한 고기 1리브르에 강한 향신료를 사용한 소스 이탈리엔 400㎖를 준비한다.

✥ 고기에서 힘줄, 지방 등을 제거한 다음 칼로 다진다.

✥ 소스 이탈리엔을 고기와 섞고 끓지 않도록 익힌다.

✥ 이 요리는 튀긴 크뤼통, 수란, 반숙 등으로 장식할 수도 있다.

크로케트 드 지고 CROQUETTES DE GIGOT

✥ 크로케트 드 뵈프와 같은 소스를 사용한다.▶[178]

✥ 위 요리와 같이 고기를 다진 다음 크로케트 드 부이와 같은 조리법을 이용해 요리를 만든다.

에맹세 드 지고 아 라 소스 피캉트
ÉMINCÉ DE GIGOT À LA SAUCE PIQUANTE

✥ 이 요리는 주로 구운 양 허벅지살의 남은 것을 이용한다.

✥ 고기를 자른 다음 소스 피캉트에 담가 끓지 않도록 익힌다(에맹세 드 필레 드 뵈프 아 라 소스 피캉트 참고▶[198]).

LE LIVRE DE CUISINE. — PREMIÈRE PARTIE.

에폴 드 무통 파르시
ÉPAULE DE MOUTON FARCIE

- 양 어깨살의 뼈를 조심스럽게 제거한다.
- 어깨살을 펼쳐놓고 소금과 후추로 밑간을 한다.
- 돼지고기 250g(뒷다리 또는 등심), 베이컨 250g을 다진다.
- 이 때 에폴 드 보 파르시와 동일하게 준비한다. ▶228
- 소금과 후추를 2자밤씩 추가한다.
- 어깨살에 다진 것을 넣고 둥글게 빚은 뒤 요리바늘로 묶는다.
- 그 다음 4ℓ 들이 냄비에 넣고 15분간 한쪽 면을 익힌 다음 8분이 되면 뒤집는다.
- 브랜디 50mℓ와 물 1ℓ를 추가한다.
- 끓인 다음 거품을 걷어낸다.
- 다음 재료들을 추가한다.

    당근 100g

    정향 2개를 꽂은 양파 100g

    소금 20g

    후추 2g

    부케 가르니 1개

- 냄비 뚜껑은 ¾ 정도 덮어 약한 불에서 1시간 30분간 익힌다.
- 철판 뚜껑으로 바꿔 위에 숯을 얹는다. 육수를 5-6회 끼얹어가며 30분간 조리한다.
- 익은 것은 접시에 건져낸다.

MOUTON.

- 육수는 걸러 기름기를 제거한 다음 반절의 양으로 졸인다.
- 봉합한 것을 푼 다음 육수를 붓고 완성한다.
- 이 요리는 볶은 양파나 무, 버섯과 함께 낸다.

아리코 드 무통 HARICOT DE MOUTON

- 정육점에서 흔히 샤플레(*chapelet*)라고도 부르는 양 등심 1kg을 준비한다. 어깨살을 사용할 수도 있지만 등심이 덜 퍽퍽해서 선호된다.
- 힘줄 등을 제거한 다음 6cm 크기로 깍둑썰기한다.
- 5ℓ 들이 냄비에 고기를 넣고 버터 100g, 소금 4자밤, 후추 3자밤을 더한다.
- 15분간 볶는다. 육즙이 빠져나오지 않도록 볶되 버터가 타지 않도록 주의한다.
- 라구의 품질은 고기를 볶는 과정에서 크게 좌우된다. 냄비에 두 개 이상의 고기 조각이 겹쳐 있지 않도록 한다.
- 고기가 모두 볶아지면 밀가루 30g을 뿌린 다음 4분간 색을 입힌다.
- 물 1ℓ를 더해 나무 주걱으로 처음 끓어오를 때까지 저어준다.
- 육수를 큰 체에 거른 다음 테린에 담는다.
- 고기 조각을 하나씩 깨끗하게 닦는다.
- 냄비를 헹군 다음 고기를 다시 넣는다(가정에서 도구가 한정적일 때에는 같은 냄비를 사용해도 좋다).

LE LIVRE DE CUISINE. — PREMIÈRE PARTIE.

- 테린에 있는 소스를 시누아에 걸러준다.
- 고기와 소스를 더한 다음 부케 가르니 1개, 양파 1개, 정향 2개를 추가해 1시간 동안 약한 불에서 끓인다.
- 자른 무 500g과 3cm 직경 양파 10개를 준비한다.
- 팬에 버터 20g과 함께 양파와 무를 넣고 볶은 다음 1시간 정도 끓인 냄비에 넣는다.
- 냄비는 항상 끓고 있어야 한다. 양파와 무가 끓는 것을 방해하면 불을 키워 다시 끓인다.
- 비둘기 알 정도 크기의 감자 15개의 껍질을 벗긴 다음 30분 뒤에 냄비에 넣고, 간을 맞추기 위해 소금과 후추를 더한다.
- 이렇게 요리를 만드는 데에는 약 2시간 30분가량 소요된다. 고기의 부드러움에 따라 조리 시간을 조절해야 한다.
- 식탁에 낼 때에는 부케 가르니와 정향을 꽂은 양파를 제거하고 기름기를 걷어낸다.

고찰 — 여름에는 겨울보다 채소가 더 부드러우므로 양파와 무를 감자와 함께 넣는다.

필레 드 무통 브레제
FILET DE MOUTON BRAISÉ

- 양 등심 1.5kg을 준비하여 살코기를 흐트러트리지 않고 뼈를 제거한다.

MOUTON.

- 살코기 위쪽에 붙은 껍데기를 들어 올려 필레미뇽 부위까지 말아 올린다. 그리고 나서 긴 사각막대 모양이 되도록 실로 묶어준다.
- 냄비에 버터 15g을 넣고 앞뒤로 익도록 뒤집어가며 굽는다.
- 다음 재료들을 넣는다.

    물 600㎖

    정향 2개를 꽂은 양파 1개

    부케 가르니 1개

    소금 2자밤

    후추 2자밤

- 냄비 뚜껑을 덮고 아주 약한 불에서 1시간 동안 익힌다.
- 1시간 뒤 철판 뚜껑을 덮고 숯을 얹어 45분간 더 익힌다.
- 10분 간격으로 고기의 색을 입히기 위해 육수를 끼얹어준다.
- 고기를 건져낸다.
- 육수는 걸러 기름기를 걷어내고 반절의 양으로 졸인다.
- 고기를 묶은 실을 풀고 접시에 담는다.
- 고명 항목에서 설명한 바와 같이 무 500g으로 장식한다.▶123
- 육수를 고기 위에 부어서 완성한다.

필레 드 무통 로티 FILET DE MOUTON RÔTI

- 이 요리는 위의 요리와 마찬가지로 고기를 준비한다.
- 위에 언급한 고기를 30분간 굽는다.

LE LIVRE DE CUISINE. — PREMIÈRE PARTIE.

- 꼬치에서 빼내 실을 푼 다음 육수는 걸러 지방을 걷어낸 후 접시 바닥에 부은 다음 그 위에 고기를 올려 완성한다.

코틀레트 드 무통 오 나튀렐
CÔTELETTES DE MOUTON AU NATUREL

- 7조각의 갈비가 나오는 양 갈비 한 덩어리를 준비한다.
- 갈비 윗부분을 10cm 가량 길게 잘라낸다. 이 부위는 구이 요리에 사용된다.
- 나머지 갈비를 7등분한다.
- 등뼈를 제거한다. 고기를 두들겨 피고 힘줄 등을 제거하되 뼈에 붙은 비계는 제거하지 않는다.
- 살코기를 도려내서 갈비뼈가 마치 손잡이 모양이 되도록 만들어준다.
- 뼈에 붙은 껍데기는 2mm 두께만 남도록 제거한다. 이 작업을 하는 목적은 갈비의 모양을 올바르게 잡아주기 위함이다.■VII
- 갈비 앞뒤로 소금 2자밤과 후추 1자밤을 뿌린다.
- 석쇠 구이를 할 때와 같이 갈비에 기름을 바른다.▶160
- 강한 불에서 갈비가 서로 닿지 않도록 석쇠에 올린다. 한쪽은 4분, 반대쪽은 3분간 굽는다.
- 접시에 왕관 모양으로 배치하여 완성한다.

MOUTON.

코틀레트 드 무통 파네 에 그리예
CÔTELETTES DE MOUTON PANÉES ET GRILLÉES

- ✣ 위와 같이 갈비를 준비한 후 소금과 후추로 밑간한다.
- ✣ 작은 소테 팬에 버터 30g을 녹인다.
- ✣ 갈비를 한 조각씩 버터에 담근 뒤 파뉘르를 입힌다.▶164
- ✣ 부드러운 불에서 한 면당 4분씩 갈비를 굽는다.
- ✣ 접시에 왕관 모양으로 배치하여 완성한다.
- ✣ 파뉘르를 입힌 양갈비는 소스 피캉트나 쥐 드 메나주를 함께 곁들인다.

코틀레트 드 무통 소테 아 라 소스 에 오 레큄
CÔTELETTES DE MOUTON SAUTÉES À LA SAUCE ET AUX LÉGUMES

- ✣ 위와 같이 양갈비를 준비한다.
- ✣ 소금과 후추로 밑간한다(각 2자밤). 중간 크기의 소테 팬에 내

그림 49. 코틀레트 드 무통

LE LIVRE DE CUISINE. — PREMIÈRE PARTIE.

터를 두른 다음 갈비가 서로 겹치지 않도록 배치한다.

❖ 4분 뒤에 뒤집어 총 8분간 굽는다.
❖ 접시에 왕관 모양으로 배치하여 완성한다.
❖ 쥐 드 메나주는 이 요리에 유용하게 사용할 수 있다. 육수 100㎖을 덥혀 접시 바닥에 부은 다음 갈비를 올리면 좋다.
❖ 구운 갈비는 모든 종류의 채소나 소스 피캉트, 소스 토마트, 소스 이탈리엔 등과 함께 곁들일 수 있다.

푸아트린 드 무통 브레제, 파네 에 그리예
POITRINE DE MOUTON BRAISÉE, PANÉE ET GRILLÉE

❖ 양지는 양갈비에서 따로 제거해낸 윗부분을 사용하거나 정육점에서 별도로 구입하면 된다.
❖ 양지 600g을 준비한다. 두 가지 방식으로 조리할 수 있다.
❖ 먼저 포토푀 방식의 조리법을 설명한다.
❖ 양지를 실로 묶은 다음 냄비에 넣고, 뼈가 쉽게 분리될 때까지 익힌다.
❖ 포토푀 방식이 아닌 경우, 양지를 3ℓ 들이 냄비에 넣는다.
❖ 다음 재료를 더한다.

>　　고기를 손질하고 남은 자투리와 뼈
>　　물 2ℓ
>　　부케 가르니 1개
>　　정향 2개를 꽂은 양파 1개

MOUTON.

당근 100g

소금 5자밤

후추 3자밤

✤ 처음 끓어오르면 거품을 걷어내고, 포토푀와 같이 뼈가 쉽게 분리될 때까지 익힌다.

✤ 접시에 고기를 건져내 실을 풀고, 모든 뼈를 제거한 다음 소금 간을 한다.

✤ 압착기에 넣고 2kg 무게로 눌러준다.

✤ 고기가 완전히 식으면 깔끔하게 6등분으로 자른다.

✤ 소테 팬에 버터 30g을 녹인다.

✤ 양지 조각을 버터에 담근 다음 파뉘르를 입혀 갈비와 같이 석쇠에 올린다.

✤ 이 요리는 소스 피캉트, 소스 토마트나 치커리, 시금치 등과 곁들일 수 있다.

로뇽 드 무통 아 라 브로셰트
ROGNONS DE MOUTON À LA BROCHETTE

✤ 양 신장 6개를 준비해 2개의 꼬치를 만든다.

✤ 신장을 감싼 얇은 막을 제거하고 신장 가운데를 절개한다. 그 다음 금속 꼬치에 꿴다. 금속 꼬치가 없다면 나무 꼬치를 사용한다.■VII

✤ 소금과 후추를 골고루 뿌린다.

LE LIVRE DE CUISINE. — PREMIÈRE PARTIE.

- ✣ 살짝 기름칠을 하고 강한 불에서 한 면당 3분씩 굽는다.
- ✣ 불에서 꺼내 접시에 담는다.
- ✣ 메트르도텔 버터 100g을 6등분하여 신장 안쪽에 넣는다.
- ✣ 완성한다.

로뇽 드 무통 파네 에 그리예
ROGNONS DE MOUTON PANÉS ET GRILLÉS

- ✣ 양갈비에 파뉘르를 입힐 때와 동일한 방식으로 조리한다. 그리고 꼬치에 끼운 다음 굽는다.
- ✣ 양 신장을 구워주려면 송아지 신장을 구울 때와 같은 소스를 사용하면 된다. ▶225

피에 드 무통 아 라 풀레트
PIEDS DE MOUTON À LA POULETTE

- ✣ 양 족 8개를 준비한다.
- ✣ 붙어있는 양털을 모두 제거한다.
- ✣ 불로 그을린 다음 3ℓ 들이 냄비에 넣는다.
- ✣ 끓는 물에 5분간 데친다.
- ✣ 식힌다.
- ✣ 왼 손으로 족을 잡고, 오른 손으로 뼈를 돌려가며 빼낸다.
- ✣ 윗부분을 0.5cm가량 절단한다.
- ✣ 테트 드 보 오 나튀렐과 같이 냄비에 소스 블랑을 준비한다. ▶216

MOUTON.

❖ 3시간 30분간 익힌다. 손가락으로 눌러 부드러운지 확인한다.
❖ 익힌 족은 400mℓ의 소스 블랑에 담는다.[138]
❖ 양송이버섯 300g을 고명으로 얹는다.

마리나드 드 피에 드 무통
MARINADE DE PIEDS DE MOUTON

❖ 위와 같이 양 족을 준비한 다음 불에 그을린다.
❖ 익힌 족은 테트 드 보 앙 마리나드와 같이 재운 다음 튀긴다.[219]

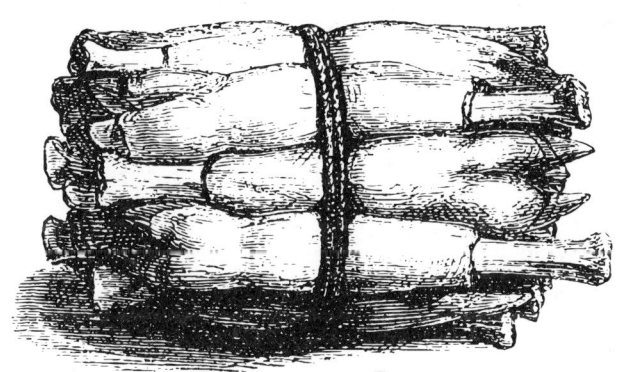

그림 50. 양 족 묶음

그림 51. 프리카세 드 풀레

제9장

가금류

닭

프리카세 드 풀레 FRICASSÉE DE POULET

❖ 4-5인분 기준으로 닭 1.5kg을 준비한다.

❖ 방광을 제거하기 위해 등쪽 목에서부터 6cm 가량을 절개한다.

❖ 방광을 제거한 다음 꼬리를 절단한다. 모래주머니, 간, 심장, 폐 등을 꺼낸 다음 불로 그을린다. 간이 신선하다면 요리에 사용한다.

❖ 닭을 자른다.

LE LIVRE DE CUISINE. — PREMIÈRE PARTIE.

- 닭의 머리쪽이 요리사를 향하도록 놓는다.
- 닭을 두 번 나눈다. 한쪽 끝에서 시작해 날개 관절까지 절개하여 분리한다. 이 작업은 양쪽 모두 진행한다.
- 닭을 뒤집은 다음 두 번 더 칼집을 내어 다리를 분리한다.■¹
- 두 번째 마디에서 날개를 자르고 다리, 목을 완전히 절단한다.
- 다리를 제거한 다음 가슴살을 떼어낸다. 항상 배는 비워둔다.
- 위와 신장을 분리한 다음 같은 크기의 네 조각으로 나눈다. 조각을 깨끗하게 분리해내도록 살을 잘라낸다.■¹
- 닭 조각을 3ℓ 들이 냄비에 넣는다. 각 조각은 껍질이 붙어있는 상태여야 한다.
- 냄비에 물을 채우고 1시간 동안 담가둔다.
- 물을 버리고 다음 재료들을 추가한다.

  물 1.2ℓ

  정향이 박힌 양파 100g

  부케 가르니 1개

  소금 2자밤

  후추 3자밤

- 처음 끓어오르면 거품을 제거한 후 냄비 뚜껑을 ¾ 만 덮은 상태에서 30분 동안 약한 불에 익힌다.
- 닭이 다 익었는지 확인한 뒤, 익으면 체에 걸러서 5분간 찬물에 담가둔다.
- 육수는 그릇에 담아 따로 보관한다.

VOLAILLES.

- 버터 80g과 밀가루 80g으로 루를 만든다.
- 2ℓ 들이 냄비에서 루를 3분간 변색되지 않도록 조리한다.
- 육수와 250g의 버섯으로 우려낸 쥐 드 샹피뇽을 더한다. 버섯 준비는 버섯 손질 항목을 참고.▶117
- 소스가 끓어오르면 화덕 모서리에 두고 30분간 익힌다.
- 닭 조각을 수건으로 닦아 소테 팬에 넣는다.
- 소스의 기름기를 걷어내고 체에 거른 다음 냄비에 200mℓ가량 부어준다. 뚜껑을 덮고 약한 불에서 익힌다.
- 나머지 소스는 달걀 노른자 4개와 버터 30g을 섞어 농도를 맞춘다. 달걀로 농도를 맞추는 법을 참고하라.▶137
- 소스의 농도가 맞춰지면 체에 거른 다음 준비한 버섯을 넣는다. 닭 조각은 다음과 같이 접시에 배치한다.
- 두 개의 신장 조각을 접시 중앙에 놓는다.
- 그 위에 두 개의 다리 조각을 놓는다.
- 다리 위에 두 개의 목 조각을 놓고, 그 위에 두 개의 날개 조각을 놓는다.
- 이렇게 쌓아서 네모난 형태를 만든다. 그 위에 두 개의 다리 조각을 놓는다.
- 맨 위에는 두 개의 가슴살을 놓는다.
- 그 위에 소스를 부어주고, 버섯을 네 모서리에 장식한다.
- 요리를 더 화려하게 보이도록 하려면 네 모서리에 좋은 민물가재를 장식해 특별한 요리로 만든다.

LE LIVRE DE CUISINE. — PREMIÈRE PARTIE.

❖ 크뤼통, 작은 양파, 아티초크를 곁들일 수도 있다.

프리카세 드 풀레에 관한 고찰

이 요리는 가정 요리에서뿐만 아니라 요리 전반에 있어 큰 비중을 차지한다. 단순한 재료로 구성되어 있으나 조리법을 엄수해야만 실패 없이 완벽한 요리를 만들 수 있다.

따라서 몇 가지 필수 원칙을 정리하자면, 무엇보다 중요한 것은 신선하고 부드러운 닭을 준비하는 것이다.

다음으로 닭의 조리 시간이다. 프리카세를 너무 오래 조리하면 풍미가 떨어진다. 적당한 시간 동안만 조리해야 하며 과한 조리는 프리카세의 맛을 잃게 만든다.

끝으로, 소스의 농도를 맞추기 위한 버터와 달걀인데, 달걀은 무엇보다 신선해야 하며 버터는 최상품을 사용해야만 한다.

재료 선택에 신중하고, 규칙에 맞추어 조리 시간을 엄수한다면 이 요리는 언제나 훌륭하며 유익한, 전통적인 프랑스 요리 중 하나로 오래 남을 것이다.

풀레 아 라 부르기뇽
POULET À LA BOURGUIGNONNE

❖ 닭을 준비한다. 피는 따로 받아 나무 주걱으로 2분간 저어 응고를 방지한다.

❖ 위의 조리법대로 닭을 준비하여 손질한다.

VOLAILLES.

- ✤ 소테 팬에 버터 30g을 녹인다.
- ✤ 닭 조각을 겹치지 않도록 팬에 넣고 소금 3자밤과 후추 2자밤을 더해 간을 맞춘다.
- ✤ 앞뒤로 갈색이 되도록 3분간 구운 다음 밀가루 40g을 뿌린다.
- ✤ 3분간 저어준다.
- ✤ 다음 재료들을 더한다.

    육수 600mℓ

    적포도주 300mℓ

    부케 가르니 1개

    데친 작은 양파 400g

    손질한 버섯 15개(버섯 손질하기 참고)

- ✤ 약한 불에서 30분간 익힌다.
- ✤ 조리 상태와 간을 확인한다.
- ✤ 버섯을 넣는다.
- ✤ 닭의 피로 농도를 맞춘다.▶127
- ✤ 위의 요리처럼 접시에 배치한다.
- ✤ 이 요리는 소스의 진한 풍미가 특징이다.

풀레 아 라 본 팜 POULET À LA BONNE FEMME

- ✤ 프리카세와 같이 닭을 손질한다.▶249
- ✤ 3ℓ 들이 냄비에 자른 당근 100g, 다진 양파 100g, 버터 150g을 넣는다.

LE LIVRE DE CUISINE. — PREMIÈRE PARTIE.

- ❖ 나무 주걱으로 저어가며 5분간 볶는다.
- ❖ 닭과 소금 3자밤, 후추 2자밤을 넣는다.
- ❖ 5분간 저어가며 볶는다.
- ❖ 밀가루 60g을 추가한다.
- ❖ 3분간 더 볶는다.
- ❖ 육수 700mℓ와 껍질을 제거한 토마토 100g을 추가한다.
- ❖ 처음 끓어오를 때까지 약한 불에서 20분간 저어가며 끓인다.
- ❖ 1cm 두께로 자른 버섯 300g과 다진 파슬리 1큰술을 넣는다.
- ❖ 10분간 끓인다.
- ❖ 조리 상태와 간을 확인한다.
- ❖ 프리카세와 같이 접시에 배치한다.
- ❖ 완성한다.

풀레 아 마렝고 POULET À LA MARENGO

- ❖ 프리카세와 같이 닭을 준비한다. ▶249
- ❖ 소테 팬에 기름 100mℓ을 붓는다.
- ❖ 닭 조각들을 겹치지 않도록 놓는다.
- ❖ 다음 재료들을 넣는다.

    소금 3자밤

    후추 2자밤

    다지지 않은 에샬롯 15g

    껍질을 벗기지 않은 마늘 8g

VOLAILLES.

　　월계수잎 1장

　　타임 3g

　　파슬리 25g

✣ 25분간 굽고 익었는지 확인한다.

✣ 닭 조각을 접시에 옮겨 담고 따뜻하게 보관한다.

✣ 팬에 밀가루 40g을 넣고 4분간 젓고 육수 500mℓ를 붓는다.

✣ 나무 주걱으로 저어가며 10분간 가열한다.

✣ 소스를 체에 걸러낸다.

✣ 프리카세와 같이 접시에 닭 조각을 배치한다.

✣ 소스를 부어 완성한다.

　　고찰 — 이 요리의 소스는 기름을 걷어내지 않는다. 고명으로 버섯을 더할 수 있다.

풀레 소테 오 샹피뇽
POULET SAUTÉ AUX CHAMPIGNONS

✣ 프리카세와 같이 닭을 준비한다.▶249

✣ 소테 팬에 버터 30g을 녹이고 닭 조각을 겹치지 않게 놓는다.

✣ 소금 3자밤과 후추 2자밤으로 간을 한다.

✣ 25분간 굽고 익었는지 확인한다.

✣ 닭 조각을 접시에 옮겨 담고 따뜻하게 보관한다.

✣ 팬에 밀가루 30g을 넣고 3분간 저어가며 가열한다.

LE LIVRE DE CUISINE. — PREMIÈRE PARTIE.

- ❖ 육수 500㎖, 버섯 300g으로 만든 쥐 드 샹피뇽을 더한다. ▶116
- ❖ 10분간 저어가며 가열한다.
- ❖ 소스를 체에 걸러 1ℓ 들이 냄비에 담는다.
- ❖ 냄비에 버섯을 넣어 덥힌다.
- ❖ 프리카세와 같이 접시에 닭 조각을 배치한다. ▶249
- ❖ 고명으로 버섯을 더하고 소스를 부어 완성한다.

풀레 오 그로 셀 POULET AU GROS SEL

- ❖ 프리카세와 같이 닭을 준비한다. ▶249
- ❖ 도판 III의 우상단처럼 닭을 실로 묶는다.
- ❖ 닭을 크기에 맞는 냄비에 넣는다.
- ❖ 다음 재료들을 추가한다.

    육수 500㎖

    정향 2개를 꽂은 양파 1개

    부케 가르니 1개

    소금 2자밤

    후추 2자밤

- ❖ 닭이 검게 변하지 않도록 버터로 기름칠한 종이를 감싸준다.
- ❖ 냄비 뚜껑을 덮는다.
- ❖ 약한 불에서 15분간 익힌 후 종이를 제거하고 닭을 뒤집는다.
- ❖ 버터로 기름칠한 종이로 다시 감싼 다음 냄비 뚜껑을 덮고 15분간 더 익힌다.

VOLAILLES.

- ❖ 익었는지 확인한다.
- ❖ 육수는 체에 걸러 작은 냄비에 넣고 카라멜 12방울을 더한다.
- ❖ 육수를 10분간 졸인다.
- ❖ 묶어둔 실을 풀고 닭을 접시에 담는다.
- ❖ 육수 거품을 걷어내고 닭에 부어준다. 굵은 소금을 따로 담아서 완성한다.

풀레 아 레스트라공 POULET À L'ESTRAGON

- ❖ 위 요리와 같이 닭을 준비한다. ▶249
- ❖ 위 요리와 같은 소스를 사용한다.
- ❖ 허브와 함께 타라곤 15g을 추가한다.
- ❖ 위 요리처럼 육수를 5분간 졸인다.
- ❖ 육수를 걸러 거품을 걷은 다음 다진 타라곤 1큰술을 넣는다.
- ❖ 닭을 묶은 실을 풀고 접시에 담은 다음 육수를 부어 완성한다.

풀레 아 라 소스 토마트
POULET À LA SAUCE TOMATE

- ❖ 풀레 오 그로 셀과 조리법은 동일하다. ▶256
- ❖ 소스 토마트 600mℓ를 준비한다. ▶148
- ❖ 닭을 접시에 담고 소스를 부어 완성한다.

LE LIVRE DE CUISINE. — PREMIÈRE PARTIE.

풀레 오 리 POULET AU RIZ

✤ 풀레 오 그로 셀과 조리법은 동일하다.▶256
✤ 15분간 가열한다.
✤ 부케 가르니와 양파를 제거한다.
✤ 깨끗이 씻은 쌀 200g을 추가한다.▶93
✤ 30분간 더 익힌다.
✤ 닭을 접시에 담는다.
✤ 나무 주걱으로 쌀을 고르게 저어준다.
✤ 접시에 쌀을 담고 중앙에 닭을 놓는다.
✤ 쥐 드 메나주 100mℓ를 두른다.▶151

풀레 오 블랑 POULET AU BLANC

✤ 풀레 오 그로 셀과 조리법은 동일하다.▶256
✤ 소스 블랑 500mℓ와▶138 손질한 버섯 300g을 준비한다.▶116
✤ 실을 풀어 닭을 접시에 담고, 소스로 닭을 완전히 덮는다.
✤ 닭 주위를 버섯으로 장식한다.

풀레 로티 POULET RÔTI

✤ 프리카세와 같이 닭을 준비한다.▶249
✤ 도판 III의 우하단처럼 닭을 묶어 고정한다.
✤ 35분간 굽는다.
✤ 익었는지 확인한 다음 실을 풀어준다.

VOLAILLES.

✥ 육수는 걸러 기름기를 걷은 다음 접시 아래에 깔아준다. 물냉이로 장식한다.

마리나드 드 볼라이유 MARINADE DE VOLAILLE

✥ 이 요리는 일반적으로 굽고 남은 닭을 재활용할 때 쓰인다.
✥ 반 마리 닭을 6cm 길이와 4cm 두께로 자른다.
✥ 테린에 식초 2큰술, 소금 1자밤, 후추 1자밤으로 밑간하여 재운다.
✥ 2시간 동안 재워둔다.
✥ 건져낸다.
✥ 작은 팬에 튀김유 1kg을 넣는다.
✥ 튀김반죽에 조각을 담근다.
✥ 튀김 항목에서 설명한 것과 같이 튀긴다. ▶161
✥ 접시에 튀김을 쌓아 놓고, 튀긴 파슬리로 장식한다.
✥ 소스 토마트를 별도로 내어 완성한다.

풀레 아 라 마요네즈 POULET À LA MAYONNAISE

✥ 반 마리의 닭을 위 요리처럼 손질한 다음 재운다(이전 레시피 참고). 접시에 닭 조각을 쌓은 다음 삶은 달걀과 양상추를 둘러 그림과 같이 장식한다.
✥ 마요네즈 300ml를 준비한다. ▶149 닭 위로 소스를 두르되 가장자리에는 소스를 붓지 않는다.

259

LE LIVRE DE CUISINE. — PREMIÈRE PARTIE.

그림 52. 마요네즈 드 볼라이유

카나르 오 나베 CANARD AUX NAVETS

✤ 오리에 관한 나의 견해를 다시 강조한다. 좋은 요리를 원한다면 무조건 늙은 짐승은 피하라.

✤ 일반 크기의 오리를 손질한다. 털을 뽑고, 내장을 비우고, 불에 그을리고, 껍질을 벗긴다.

✤ 도판 VI과 같이 오리를 실로 묶어 고정한다.

✤ 오리와 버터 30g, 소금 2자밤, 후추 1자밤을 냄비에 넣는다.

✤ 노릇노릇하게 구워 골고루 색이 나도록 뒤집는다.

✤ 다 익으면 오리를 냄비에서 꺼내 접시에 옮겨 담는다.

✤ 냄비에 밀가루 40g을 넣고 3분간 저어가며 익힌 뒤, 육수 700mℓ를 추가한다.

VOLAILLES.

- ✤ 5분간 가열한다.
- ✤ 소스를 체에 걸러낸다.
- ✤ 냄비를 헹구고 오리와 소스를 넣는다. 부케 가르니와 정향 2개를 꽂은 양파도 추가한다.
- ✤ 약한 불에서 45분간 익힌다.
- ✤ 무 400g을 추가한다. ▶123
- ✤ 무가 익으면 부케 가르니와 양파를 제거한다.
- ✤ 오리를 묶은 실을 풀고, 접시에 놓는다.
- ✤ 기름을 걷어내고, 무로 장식한 다음 소스를 부어 완성한다.

카나르 오 프티 푸아 CANARD AUX PETITS POIS

- ✤ 위의 요리처럼 오리를 준비하여 굽는다.
- ✤ 냄비에서 껍질을 제거한 베이컨 200g을 3cm 크기로 잘라 데친다.
- ✤ 베이컨을 버터 30g과 함께 굽는다. 노릇하게 익으면 밀기루 30g을 뿌리고 나무 주걱으로 저어가며 3분간 익힌다.
- ✤ 다음 재료들을 추가한다.

    육수 600㎖

    정향 2개를 꽂은 양파 1개

    부케 가르니 1개

    소금 1자밤

    후추 2자밤

LE LIVRE DE CUISINE. — PREMIÈRE PARTIE.

✤ 저어가며 끓여준다. 처음 끓어오르면 오리와 베이컨을 넣고 완두콩 1ℓ를 더한다.
✤ 뚜껑을 ¾ 정도만 덮고 1시간 15분간 약한 불에서 끓인다.
✤ 익었는지 확인한 뒤 양파와 부케 가르니를 제거한다.
✤ 기름기를 걷어내고 완두콩과 베이컨을 접시에 담는다.
✤ 오리를 묶은 실을 풀어 완두콩 위에 올린다.

고찰 — 보통 크기의 완두콩은 스튜의 고명으로 사용한다. 완두콩이 너무 작으면 조리에 적합하지 못하며, 큰 완두콩은 퓌레를 만들 때 좋다.

카나르 오 졸리브 CANARD AUX OLIVES

✤ 오리와 무를 준비한다. ▶260
✤ 위 요리와 같은 소스를 사용한다.
✤ 올리브 40개를 준비한다. ▶197
✤ 올리브를 소스에 넣고 5분간 끓인다.
✤ 오리가 익었는지 확인한다.
✤ 오리를 묶은 실을 풀고 접시에 담는다.
✤ 소스의 기름기를 걷어낸다.
✤ 올리브로 오리 주위를 장식한다.
✤ 완성한다.

VOLAILLES.

카나르 로티 CANARD ROTI

✤ 구이용 오리는 아주 부드러운 것을 사용해야 한다.

✤ 닭을 구울 때와 같이 준비한다.

✤ 아주 센 불에서 16분간 굽는다.

✤ 구운 오리는 약간 붉은 빛이 돌아야 한다.

✤ 묶은 실을 풀고, 육즙을 접시에 붓고 물냉이로 장식하여 낸다.

비둘기 PIGEON

비둘기에는 집비둘기, 산비둘기, 들비둘기 총 세 종류가 있다.
집비둘기가 가장 요리에 적합한데, 충분히 비싼 값을 한다.
산비둘기는 어린 것만 사용하며, 구이에 적합하다.
들비둘기는 집비둘기와 같이 사용되나, 더 작으며 맛이 떨어진다.

피종 앙 콩포트 PIGEON EN COMPOTE

✤ 집비둘기 두 마리를 손질하고 내장을 비운다.

✤ 목을 자른다.

✤ 간을 다시 비둘기 속에 넣고 도판 III처럼 실로 묶는다.

✤ 냄비에 껍질을 제거한 베이컨 200g을 데친다.

✤ 베이컨을 2cm 크기로 자르고 버터 30g과 함께 볶는다. 노릇하게 익으면 냄비에서 꺼낸다.

✤ 같은 버터에 비둘기를 굽고, 고르게 색을 낸다. 노릇해지면 접시에 담는다.

LE LIVRE DE CUISINE. — PREMIÈRE PARTIE.

- 같은 냄비에 밀가루 20g을 넣고 루를 만든다.
- 육수 400mℓ와 버섯 400g으로 만든 쥐 드 샹피뇽을 넣는다.
- 소금 1자밤과 후추 2자밤으로 간을 한다.
- 처음 끓어오르면 소스를 체에 걸러낸다.
- 냄비를 씻고 비둘기를 넣는다.
- 소스와 부케 가르니, 작은 양파 20개와 베이컨을 넣는다.
- 아주 약한 불에서 25분간 익힌다.
- 버섯을 넣고 5분 더 익힌다.
- 비둘기가 익었는지 확인하고, 실을 풀어 접시에 담는다.
- 부케 가르니를 제거한다.
- 소스는 기름기를 걷어 비둘기에 부어준다. 고명으로 장식한다.
- 완성한다.

피종 오 프티 푸아 PIGEON AUX PETITS POIS

- 위 요리와 같이 비둘기를 준비한다.
- 소스는 양파와 버섯을 제외하면 동일하다.
- 위에 설명한 것과 같이 비둘기 속으로 중간 크기 완두콩 1ℓ, 부케 가르니, 작은 베이컨을 넣는다.
- 약한 불에서 30분간 끓인다.
- 익었는지 확인한다.
- 완두콩의 기름기를 제거한다.
- 부케 가르니를 제거한다.

VOLAILLES.

- 접시에 완두콩과 베이컨을 놓고 비둘기를 그 위에 올린다.
- 완성한다.

피종 아 라 크라포딘 PIGEON À LA CRAPAUDINE

- 비둘기를 반으로 자르되, 각 부분을 완전히 절단하지 않은 채로 펼친다.▶270
- 고기망치로 납작하게 편다.
- 펼침면마다 소금 한 자밤, 후추 두 자밤으로 밑간을 한다.
- 비둘기를 버터 30g을 녹인 소테 팬에 넣은 다음 앞뒤로 15분간 굽는다.
- 압착기에 넣고 1kg로 누른다.
- 팬에 잘게 다진 에샬롯 20g을 넣고 볶는다.
- 2분간 저어가며 익힌다.
- 육수나 쥐 드 메나주 200mℓ, 후추 2자밤을 넣는다.▶151
- 육수가 반절로 줄 때까지 졸인다.
- 체에 거른 다음 작은 냄비에 옮겨 담는다.
- 육수의 기름기를 걷어내고, 버터 15g을 녹여 비둘기를 담근다.
- 비둘기에 파뉘르를 입힌다.▶164
- 아주 약한 불에서 석쇠에 올려 한 면당 5분씩 굽는다.
- 육수를 데워 접시에 붓고, 비둘기를 그 위에 올린다.
- 레몬을 따로 접시에 담아 완성한다.

LE LIVRE DE CUISINE. — PREMIÈRE PARTIE.

피종 로티 PIGEON ROTI

- 비둘기 깃털을 뽑고, 내장을 빼내고, 불에 그을린다.
- 목을 자르고, 실로 묶어 고정한다.
- 다리는 남겨둔다.
- 비둘기를 8cm 길이, 6cm 너비, 5cm 두께의 비계가 많이 붙은 베이컨으로 덮은 다음 두 곳을 실로 묶는다.■III
- 센 불에서 15분간 굽는다.
- 익었는지 확인한다. 구운 비둘기는 특히 잘 확인해야 한다.
- 베이컨을 벗기고, 실을 풀고, 접시에 담는다.
- 비둘기에 베이컨을 다시 올린다.
- 육즙을 부어준다.
- 물냉이로 장식한다.
- 완성한다.

당드 로티 DINDE ROTI

- 칠면조 2kg을 그림과 같이 준비한다.■III
- 센 불에서 1시간 동안 굽는다.
- 묶어둔 실을 푼다.
- 접시 바닥에 육즙을 붓고 물냉이로 장식해 완성한다.
- 잘 구운 칠면조는 살이 부드러우며 껍질이 약간 주름지고, 황금빛이 고르게 띠어야 한다.■III
- 남은 것은 크로케트나 풀레트, 마요네즈 등을 곁들여 요리로

VOLAILLES.

낼 수 있다.

당드 파르시 오 마롱
DINDE FARCI AUX MARRONS

- ✣ 잘 손질한 송아지 허벅지살 300g과 껍질을 벗긴 돼지 비계 1lb를 다진다.
- ✣ 허브 소금 30g으로 밑간을 한다. ▶68
- ✣ 육수 100mℓ을 반씩 나누어 두 번에 걸쳐 고기 반죽에 섞는다.
- ✣ 고기 반죽을 절구에서 10분간 찧는다. 이후 그릇에 옮긴다.
- ✣ 껍질 벗긴 밤 40개를 넣는다.
- ✣ 위 요리와 마찬가지로 칠면조를 준비한다. 목의 껍질은 최대한 남겨두어야 한다.
- ✣ 목을 제거하고 뚫린 구멍을 통해 고기 속과 밤을 넣는다.
- ✣ 칠면조를 실로 묶은 다음 센 불에서 1시간 40분간 굽는다.
- ✣ 익었는지 확인한다.
- ✣ 묶어둔 실을 푼다.
- ✣ 기름기를 잘 걷어낸 후 접시에 육즙을 부어준다.
- ✣ 완성한다.

아바티 드 당드 오 나베
ABATIS DE DINDE AUX NAVETS

- ✣ 지방이 많은 어린 칠면조의 내장을 준비한다. 내장을 끓는 물

LE LIVRE DE CUISINE. — PREMIÈRE PARTIE.

- 에 데치고, 불에 그을리고, 세심하게 헹군다.
- 목은 사등분하고, 모래주머니를 제거해 4등분한다. 날개는 이등분, 발은 이등분한다.
- 간은 따로 보관하여 요리를 내기 10분 전에 조리한다.
- 베이컨 200g의 껍질을 제거하고, 3×2cm 크기로 자른다.
- 냄비에 버터 20g과 함께 볶는다.
- 내장을 아리코 드 무통과 같이 손질한 다음 볶는다.▶239
- 양파, 무, 감자를 곁들여 같은 방식으로 조리한 다음 베이컨을 추가한다.
- 1시간 30분간 익힌다.
- 보관해 둔 간을 10분 전에 요리하는 것을 잊지 마시오.
- 라구의 기름기를 걷어낸 다음, 부케 가르니를 제거한다.
- 내장을 접시에 놓고 발 모래주머니, 머리와 간을 가운데 놓고, 목을 주변에, 날개 조각을 위에 놓는다.
- 소스와 고명으로 장식한다.

우와 로티 OIE ROTIE

- 거위 3kg을 준비한다.
- 닭을 구울 때와 같이 깃털을 뽑고, 뜨거운 물에 담근 다음, 내장을 비우고, 불에 그을린다.▶258
- 1시간 15분간 센 불에서 고르게 굽는다.
- 소금을 뿌리고 잘 익었는지 확인한다.

VOLAILLES.

- 거위를 묶은 실을 풀고 접시에 담는다.
- 기름기를 걷어낸 후 육즙을 신중하게 거른다.
- 기름은 따로 보관하여 슈크루트, 양배추, 수프 아 로뇽, 수프 오 푸아로 등에 사용한다.

우와 오 마롱 OIE AUX MARRONS

- 칠면조를 쓸 때와 마찬가지로 거위를 준비한다.
- 같은 방식으로 속을 채운 다음 굽는다.

우와 아 라 슈크루트 OIE À LA CHOUCROUTE

- 구울 때와 같이 거위를 준비한다.
- 풀레 오 그로 셀과 같이 거위를 실로 묶는다.[256]
- 거위를 냄비에 넣는다.

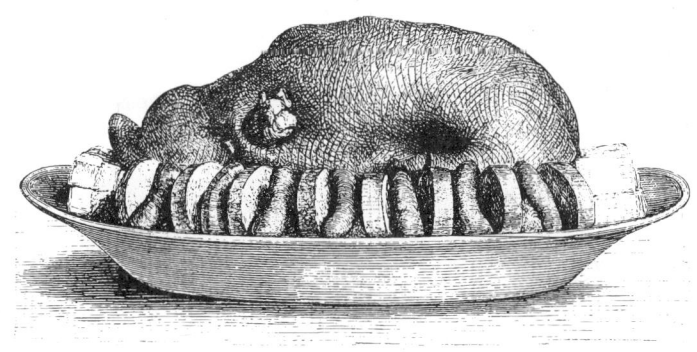

그림 53. 우와 아 라 슈크루트

LE LIVRE DE CUISINE. — PREMIÈRE PARTIE.

- ✣ 슈크루트 2kg을 넣는다.▶130
- ✣ 잘 손질한 베이컨 200g을 준비한다.
- ✣ 익히지 않은 소시송 200g과 정향 두 개를 꽂은 양파 하나를 준비한다.
- ✣ 2시간 동안 약한 불에서 끓인다.
- ✣ 베이컨과 소시송이 익으면 즉시 꺼낸다.
- ✣ 소시송을 0.5cm 두께로 자른다.
- ✣ 베이컨의 껍질을 제거하고, 4cm 길이에 3cm 너비, 1cm 두께로 자른다.
- ✣ 베이컨과 소시송을 소테 팬에 넣고 따뜻하게 보관한다.
- ✣ 거위가 잘 익었는지 확인한다.
- ✣ 슈크루트를 체에 거른 다음 물기를 제거한다.
- ✣ 거위를 묶은 실을 푼다.

그림 54. 피종 아 라 크라포딘

- 접시 바닥에 슈크루트를 깔고 그 위에 거위를 올린다.
- 베이컨과 소시송으로 주변을 장식한다.

그림 55. 돼지고기

제10장

돼지

이 장에서는 실제적인 요리의 영역 안에 들어 있는 것만 설명하고 있으며, 그밖에 무관한 것들은 다루지 않는다. 기본적이고 실용적이라 주장하는 일부 요리책에는 블랙 푸딩, 소시송, 랑그 푸레와 같은 것들을 수록하고 있다. 그런데 이런 요리들은 일반적인 가정의 주방에서는 만들 수 없는 것으로 입증되었는데 요리책에 수록한들 무슨 소용이겠는가? 정작 대중적인 내용이 들어갈 공간을 쓸모 없는 지엽적인 내용으로 채워 책의 분량을 부풀리는 행위에 불과하다.

LE LIVRE DE CUISINE. — PREMIÈRE PARTIE.

독자 여러분이 알아야 할 것은 요리사가 다루는 돼지의 각 부위들, 그리고 식사 때 활용할 수 있는 몇 가지 요리들을 조리하는 방법이다. 이것이 우리가 알아야 할 전부이며, 정육점에서 구해오는 돼지고기들은 그대로, 번거로운 과정 없이 섭취되어야 한다.

다만 돼지고기는 대체로 집 밖의 정육점에서 구해오기 때문에, 조리를 위한 돼지고기를 고르는 데 가장 세심한 주의가 필요하다는 점을 꼭 지적하고 싶다.

좋은 품질의 돼지고기를 구하기 위해서는 지속적이며 세심한 주의가 필요하고, 이는 자신이 사용하는 모든 식재료에 대한 책임을 지는 요리사의 책무와 노고라고 할 수 있다.

필레 드 포르 프레 로티
FILET DE PORC FRAIS ROTI

- 신선한 돼지 안심 2kg을 준비한다. 고기는 붉은 빛이 밝게 돌아야 하며, 흰 반점이 없어야 한다.
- 1cm 정도의 비계만 남기고 손질한다.
- 등뼈를 세로부터 잘라낸다.
- 고기를 테린에 놓고 굵은 소금 200g을 뿌려 2시간 동안 재운다. 재우는 과정에서 여러 차례 고기를 뒤집어준다.
- 시간이 되면 조심스럽게 고기를 닦아준다.
- 꼬챙이에 끼워 중간 불에서 1시간 15분간 굽는다.

PORC.

✥ 꼬챙이에서 고기를 뺀다. 육즙은 기름기를 걷어낸 다음 고기 위에 둘러준다.

✥ 완성한다.

필레 드 포르 아 라 소스 로베르
FILET DE PORC À LA SAUCE ROBERT

✥ 위 요리와 같이 돼지 안심을 준비한다.

✥ 냄비에 버터 10g, 소금 2자밤, 후추 2자밤과 고기를 넣는다.

✥ 고기의 모든 면에 색이 고르게 나도록 굽는다.

✥ 다음 재료를 더한다.

> 육수 200mℓ
>
> 백포도주 200mℓ
>
> 부케 가르니 1개
>
> 정향 2개를 꽂은 양파 1개

✥ 냄비 뚜껑을 완전히 덮어준다.

✥ 약한 불에서 2시간 동안 끓인다. 끓이는 동안 네 번에 걸쳐 육수를 고기에 끼얹어준다.

✥ 소스 로베르를 만들기 위해 양파 300g의 껍질을 벗긴 다음 위아래 심지를 제거한다.

✥ 양파를 2cm 크기 조각으로 자른 다음, 1ℓ 들이 냄비에 버터 20g과 함께 넣는다.

✥ 양파가 노릇하게 익을 때까지 볶는다.

LE LIVRE DE CUISINE. — PREMIÈRE PARTIE.

- 밀가루 25g을 더한다.
- 나무 주걱으로 2분간 가열하며 저어준다.
- 만든 루에 육수 300mℓ, 소금 1자밤, 후추 2자밤을 더한다.
- 10분간 저어가며 조리한다.
- 고기가 다 익으면 냄비에 남은 육수를 제거한다.
- 육수는 체에 걸러내고 기름기를 걷어낸다.
- 육수를 소스에 더한다.
- 소스는 5분간 저어가며 졸인다.
- 접시 바닥에 소스를 붓고, 그 위에 안심을 올려 완성한다.

고찰 — 소스 로베르에 겨자 1큰술을 더하는 것이 일반적이지만, 많은 사람들이 뜨거운 상태의 겨자를 먹는 것에 반감을 가지고 있으니 조리 전에 항상 각자의 입맛을 살피는 것이 중요할 것이다.

코틀레트 드 포르 프레 아 라 소스 피캉트
CÔTELETTES DE PORC FRAIS À LA SAUCE PIQUANTE

- 200g짜리 돼지 갈비 두 쪽을 준비한다.
- 코틀레트 드 보를 조리할 때와 같이 고기를 손질한다.[208]
- 소테 팬에 버터 30g을 녹인다.
- 갈비에 소금 2자밤, 후추 2자밤을 밑간을 한다.
- 고기를 팬에 넣고 앞뒤로 10분씩 총 20분 굽는다.

PORC.

- 접시에 올리고 소스 피캉트 300㎖를 붓는다.▶144
- 완성한다.

코틀레트 드 포르 프레 파네 오 쥐
CÔTELETTES DE PORC FRAIS PANÉES AU JUS

- 위 요리와 같이 고기를 손질한다.
- 팬에 버터 10g을 녹인다.
- 고기에 소금 2자밤, 후추 2자밤을 밑간한다.
- 고기에 버터를 묻힌 다음 파뉘르를 입힌다.▶164
- 한 면당 6분씩 총 12분간 석쇠에서 굽는다.
- 육즙 200㎖를 덥힌 다음 접시 바닥에 붓고 그 위에 고기를 올려 완성한다.
- 소스 토마트나 소스 이탈리엔을 곁들여 낼 수도 있다.

로뇽 드 포르 소테
ROGNONS DE PORC SAUTÉS

- 돼지 신장을 1cm 두께로 자른다.
- 로뇽 드 뵈프와 같이 볶는다.▶191

피에 드 코숑 아 라 생트메네울
PIEDS DE COCHON À LA SAINTE-MENEHOULD

- 파뉘르를 입힌 돼지 족을 약한 불에서 노릇해질 때까지 앞뒤로

LE LIVRE DE CUISINE. — PREMIÈRE PARTIE.

굽는다.
❖ 뜨거운 상태로 완성한다.

소시스 쉬르 르 그릴 SAUCISSES SUR LE GRIL

❖ 소시송의 긴 면을 요리바늘로 찌른다. 각 면에 12개의 구멍을 뚫어 껍질이 터지지 않도록 한다.
❖ 석쇠에서 보통 불로 5분간 굽고 뒤집는다.
❖ 뜨겁게 덥힌 접시에 담아 완성한다.

소시스 아 라 퓌레 SAUCISSES À LA PURÉE

❖ 위 요리와 같이 소시송을 굽고, 감자, 콩, 완두콩, 렌틸콩 등의 퓌레와 함께 낸다.
❖ 이 퓌레는 포타주용 퓌레와 같이 만든다.▶103
❖ 8개의 소시송에 버터 100g을 곁들여 풍미를 더한다.
❖ 퓌레를 접시에 놓고 소시송을 그 위에 배열한다.
❖ 육즙 100mℓ를 붓는다.

소시스 오 뱅 블랑 SAUCISSES AU VIN BLANC

❖ 길쭉한 소시송 4개를 소테 팬에 넣고, 백포도주 200mℓ와 후추 2자밤을 넣는다.
❖ 뚜껑을 덮고 8분간 익힌다.
❖ 소시송을 꺼내 따뜻하게 유지한다.

PORC.

- ❖ 백포도주에 소스 풀레트 100㎖를 넣는다. ▶147
- ❖ 4분간 졸인다.
- ❖ 불에서 내려 버터 20g과 다진 파슬리 1큰술을 더한다.
- ❖ 버터가 녹을 때까지 젓는다.
- ❖ 소시송을 접시에 놓고 그 위에 소스를 부어 완성한다.

소시스 플라트, 일명 크레피네트
SAUCISSES PLATES, DITES CRÉPINETTES

- ❖ 크레피네트라고 부르는 납작한 소시지를 보통 불에서 6분간 석쇠로 굽는다. 양쪽을 뒤집어준다.
- ❖ 접시에 담아 완성한다.

크레피네트 오 리 에 아 라 소스 토마트
CRÉPINETTES AU RIZ ET À LA SAUCE TOMATE

- ❖ 크레피네트 5개와 잘 씻은 쌀 100g을 준비한다.
- ❖ 쌀에 다음 재료들을 더한다.

    육수 400㎖

    소금 1자밤

    후추 1자밤

    양파 50g

- ❖ 처음 끓으면 냄비 뚜껑을 덮고 약한 불에서 20분간 익힌다.
- ❖ 요리를 낼 때는 양파는 빼내고 쌀을 숟가락으로 잘 젓는다.

LE LIVRE DE CUISINE. — PREMIÈRE PARTIE.

그림 56. 칼집을 넣은 앙두이예트

- 접시 바닥에 익힌 쌀을 담고, 그 위에 소시지를 올린다.
- 소스 토마트 300mℓ를 두른다.▸148

부댕 누아르 에 블랑 BOUDIN NOIR ET BLANC

- 푸딩의 양 끝을 따라 칼집을 내서 조리 중에 터지지 않도록 한다. 칼집의 깊이는 3mm를 넘지 않는다.
- 5분간 푸딩을 석쇠에서 굽는다. 뒤집어 다시 5분을 굽는다.
- 매우 뜨겁게 내야 한다.
- 부댕 누아르와 부댕 블랑 모두 동일한 방식으로 조리한다.

앙두이예트 ANDOUILLETTES

- 위 요리와 마찬가지로 조리한다.
- 양쪽에 칼집을 내고, 푸딩과 동일한 시간을 들여 굽는다.

PORC.

슈크루트 가르니 CHOUCROUTE GARNIE

- ❖ 슈크루트 1kg을 준비한다.▶130
- ❖ 슈크루트를 4ℓ 들이 냄비에 넣는다.
- ❖ 베이컨 200g을 씻는다.
- ❖ 소시지 200g과 치폴라타 8개를 준비한다.
- ❖ 정향 2개를 꽂은 양파 1개, 부케 가르니와 함께 베이컨, 소시지, 치폴라타와 슈크루트를 익힌다.
- ❖ 먼저 치폴라타를 꺼낸 다음 소시지, 베이컨을 꺼낸다.
- ❖ 베이컨이 다 익으면 슈크루트를 잘 꺼내고 물기를 빼서 접시에 산처럼 쌓는다.
- ❖ 양파와 부케 가르니는 내지 않는다. 베이컨은 4×3cm 크기에 1cm 두께의 조각으로 자른다.
- ❖ 슈크루트 주변에 베이컨을 놓고, 그 다음 소시지를 둥글게 배치한 다음 치폴라타를 맨 위에 놓는다.

그림 57. 잠보노

그림 58. 페르드리 오 슈

제11장
수렵 짐승

셰브뢰이유 로티 CHEVREUIL ROTI

❖ 사슴 넓적다리살 2.5kg을 준비하여 뼈 아래 4cm 부분을 톱으로 자른다.
❖ $10cm^2$ 정도의 껍데기를 벗긴다.
❖ 프리캉도와 같이 라드를 살 안에 찔러 넣는다.▶[206]
❖ 이 요리는 고기를 그대로 굽거나, 재우고 굽는 방식이 있다.
❖ 그대로 구우려면 먼저 버터를 바른 종이로 감싸 꼬챙이에 꽂고 강한 불에서 50분간 굽는다. 이 때 종이가 밀폐되면 안 된다.
❖ 꺼내기 10분 전 종이를 벗겨내고 소금 2자밤으로 간을 한다.

LE LIVRE DE CUISINE. — PREMIÈRE PARTIE.

- 꼬챙이에서 빼낸 다음, 종이 호일 안에 넣는 등의 방식으로 접시에 담는다.
- 소스 푸아브라드와 함께 제공한다.▶146
- 재워둔 사슴 고기는 신선한 것과 같이 손질을 한다.
- 재울 때 사용하는 마리나드는 다음 재료를 사용한다.

    당근 100g

    양파 200g

    월계수잎 2g

    타임 2g

    에샬롯 25g

    잎과 줄기를 갖춘 파슬리 20g

- 4ℓ 들이 냄비에 이 재료들을 30g의 버터와 함께 볶는다.
- 볶은 뒤 다음 재료를 더한다.

    식초 0.5ℓ

    물 1ℓ

    소금 4자밤

    후추 3자밤

- 마리나드를 끓인다. 처음 끓어오르면 화덕 모서리에 두고 30분간 익힌다.
- 고기를 담을 수 있는 큰 그릇에 마리나드를 붓고, 고기를 이틀간 재운다.
- 내기 한 시간 전에 마리나드에서 고기를 건져내 버터를 바른

GIBIER.

종이를 감싸 50분간 강한 불에서 굽는다.
- ✥ 고기에 소스 푸아브라드를 곁들인 다음 다음 절차를 이행한다.
- ✥ 마리나드를 끓이고, 처음 끓어오르면 소스를 거즈로 걸러낸다.
- ✥ 2ℓ 들이 냄비에 버터 30g과 밀가루 50g로 루를 만든다.
- ✥ 5분간 불에서 저어가며 루를 태우지 않도록 한다. 그 다음 마리나드를 더하고 불에서 내려 2분간 저어준다.
- ✥ 다시 불에 올리고 계속 저어가며 0.8ℓ로 졸 때까지 가열한다.
- ✥ 색을 내기 위해 카라멜 몇 방울을 더한다. 간을 보고, 시누아로 거른 다음 소스 그릇에 담아 제공한다.
- ✥ 까치밥나무의 열매로 만든 젤리와 함께 완성한다.

고찰 — 사슴 넓적다리살은 마리나드에 재워 서늘한 곳에 보관하면 10일에서 12일까지 보관할 수 있다.

에맹세 드 셰브뢰이유 ÉMINCÉ DE CHEVREUIL

- ✥ 위 요리에서 남은 고기는 소스 푸아브라드와 함께 에맹세로 제공한다.
- ✥ 조리 방법은 에맹세 드 지고 드 무통과 같다. ▶237

리에브르 로티 LIÈVRE ROTI

- ✥ 2.5kg짜리 토끼 한 마리를 준비한다.
- ✥ 가죽을 벗기고 내장을 제거한다. 소스를 위해 피는 따로 보관

한다. 간은 건강에 해로울 수 있어 사용하지 않는 것이 좋다.
- ✥ 토끼를 두 부분으로 나누어 신장 부분에서 절개한다. 앞부분은 시베를 위해 따로 보관한다.
- ✥ 한쪽 다리의 힘줄을 절개하여 틈을 만든 다음 다른 쪽 다리를 그 틈 사이로 통과시켜 교차하도록 만든다. 이 작업을 올바르게 하려면 토끼 가죽을 벗길 때 관질 아래의 다리를 절단하여 뼈가 허벅지에 붙어 있어야 한다.
- ✥ 복부의 껍데기를 굴려 안심을 덮지 않도록 하며 나무 꼬치로 측면에 고정 시킨다.
- ✥ 안심과 허벅다리에 피를 조금 바르고, 불 위에서 1분간 굽는다. 이는 고기를 단단하게 만들어 잘 찌를 수 있게 한다.
- ✥ 안심과 허벅다리에 프리캉도와 같이 라드를 찔러 넣는다.▶206
- ✥ 토끼를 꼬챙이에 꽂고 버터를 바른 종이로 감싼다. 안심 부위는 이중으로 감싼다.
- ✥ 강한 불에서 30분간 굽는다. 허벅다리가 안심보다 더 강한 불에 놓여 있어야 한다.
- ✥ 접시에 올리되, 라드를 찌른 쪽이 위를 향하게 둔다.
- ✥ 소스 푸아브라드 500mℓ에 토끼 피를 섞는다.▶146
- ✥ 소스는 소스 그릇에 담아 완성한다.

시베 드 리에브르 CIVET DE LIÈVRE

- ✥ 토끼 앞부분을 $6cm^2$ 크기로 자른다.

GIBIER.

- ✥ 살코기가 많은 베이컨 300g을 3cm² 크기로 자른다. 껍질은 제거한다.
- ✥ 베이컨은 끓는 물에서 5분간 데친 뒤, 4ℓ 들이 냄비에 버터 30g과 함께 볶는다.
- ✥ 베이컨이 갈색으로 익으면, 접시에 옮겨 담는다.
- ✥ 토끼 고기를 냄비에 넣고 10분간 익힌다.
- ✥ 밀가루 50g을 넣고 불에서 2분간 저어준다.
- ✥ 냄비에 적포도주 400㎖와 육수 400㎖를 붓는다.
- ✥ 처음 끓어오르면 5분간 저어주고, 큰 체에 걸러낸다.
- ✥ 냄비를 헹구고, 토끼를 넣고 다시 가열한다.
- ✥ 체로 걸러낸 소스를 붓는다.
- ✥ 부케 가르니, 베이컨, 소금 한 자밤과 후추 세 자밤을 넣는다.
- ✥ 냄비 뚜껑을 덮고 은은한 불에서 뭉근히 끓인다.
- ✥ 20분간 가열한다.
- ✥ 작은 양파 20개를 준비해 팬에 볶아 더하고, 양파가 완전히 익을 때까지 끓인다.
- ✥ 내기 5분 전에 준비된 버섯 두 소쿠리를 더한다.[116]
- ✥ 부케 가르니와 기름기를 제거한 다음, 토끼를 접시 중앙에 놓고 그 위에 소스를 부어 완성한다.

라팽 로티 LAPIN ROTI

- ✥ 토끼 가죽을 벗기고, 뒷다리는 뼈 윗부분에서, 앞다리는 첫 번

LE LIVRE DE CUISINE. — PREMIÈRE PARTIE.

째 관절에서 절단한다.

✥ 토끼 내장을 비우고, 다리 힘줄을 절개해 반대편 다리를 교차시킨다. 이 작업은 토끼의 형태를 유지하며 꼬치에 쉽게 꽂을 수 있게 해 준다.

✥ 앞부분의 형태를 유지하기 위해 요리바늘에 실을 묶어서 눈에서 어깨로 나오도록 한다. 이렇게 하면 대가리가 스스로 들려지고 몸 쪽으로 어깨가 당겨진다.

✥ 고기를 쌀 수 있도록 얇게 편 라드로 토끼를 덮고 실로 묶는다. 꼬챙이에 꽂은 다음 굽는다.

✥ 25분간 익힌다.

✥ 꼬챙이에서 뺀 다음 실을 제거한다. 잘 익었는지 확인한다. 고기를 접시에 올린다.

✥ 소스 푸아브라드 200㎖를 곁들인다.

참고 — 이 책에서 산토끼나 집토끼의 정확한 무게를 규정하지는 않았다. 토끼는 '¾'라고 부르는, 6개월 정도 자란 토끼 또는 내가 적극 권장하는 어린 토끼의 경우 조리법에 명시한 시간 내에 조리되어야 한다.

지블로트 드 라팽 GIBELOTTE DE LAPIN

✥ 토끼는 가죽을 벗기고 내장을 제거해 4cm 크기로 자른다.

✥ 살코기로 이루어진 베이컨 200g을 3×2cm 크기로 자르고 껍

GIBIER.

질은 제거한다.

- ❖ 베이컨은 데친 뒤 30g의 버터에 볶는다.
- ❖ 베이컨이 갈색으로 익으면 접시에 옮겨 담는다.
- ❖ 토끼는 냄비에 넣고 10분간 익힌다.
- ❖ 밀가루 20g을 넣고 불에서 2-3분간 저어준다.
- ❖ 다음 재료들을 넣는다.

    베이컨

    육수 300ml

    포도주 300ml

    소금 1자밤

    후추 2자밤

    부케 가르니

    볶은 작은 양파 15개

- ❖ 뚜껑을 완전히 덮고 약한 불에서 20분간 익힌다.
- ❖ 버섯 한 소쿠리를 더한다
- ❖ 5분 더 끓인 후 부케 가르니를 제거하고 접시에 담아 완성한다.

라팽 소테 LAPIN SAUTÉ

- ❖ 토끼의 가죽을 벗기고 내장을 제거한 다음 위 요리에서 설명한 대로 손질한다.
- ❖ 다음 재료를 팬에 넣는다.

    버터 30g

LE LIVRE DE CUISINE. — PREMIÈRE PARTIE.

식용유 3큰술
육두구 1자밤
종합 향신료 2자밤
소금 2자밤
후추 2자밤

- 버터가 녹으면 토끼 고기를 센 불에서 20분간 볶는다.
- 20분이 지나면 토끼 고기를 접시에 옮기고 팬에 밀가루 25g을 넣고 1분간 불에서 저어준다.
- 백포도주 200ml와 육수 100ml를 추가한다.
- 5분간 익힌 후 시누아로 걸러낸다.
- 팬을 헹군 다음 소스와 토끼 고기를 넣고 잘게 다진 에샬롯 20g과 파슬리 1큰술을 더한다.
- 처음 끓어오르면 소스와 함께 완성한다.

고찰 — 소테는 절대 팔팔 끓이면 안 된다. 그렇게 하면 고기가 질겨진다.

필요한 경우 팬을 이용해 이 요리를 만들 수 있는데, 이때 불을 세게 하고 위의 조리법대로 진행하되 고르게 익도록 계속 볶아줘야 한다.

페르드로 로티 PERDREAUX ROTIS

- 풀레 로티와 같이 어린 자고새의 털을 뽑고, 내장을 제거한 다

GIBIER.

음 불에 그을린다.[258]
- 8×6cm 크기 얇은 라드로 자고새를 감싼 다음 실로 묶는다.
- 꼬챙이에 꽂아 16분간 센 불에서 굽는다.
- 꼬챙이에서 자고새를 빼고 묶었던 실을 제거한 후 물냉이를 곁들여 접시에 올린다.

페르드리 오 슈 PERDRIX AUX CHOUX

- 자고새를 사용할 때에도 오래되고 질긴 것은 사용하지 않는다. 오래된 사냥감과 가금은 주방에서 완전히 추방해야 마땅하다.
- 자고새 2마리의 내장을 제거한 다음 불에 그을린다. 다리를 안으로 교차 시키고 실로 묶는다.[258]
- 자고새에 길이 0.5cm 라드를 찔러 넣는다. 라드가 튀어나오지 않도록 안쪽으로 찌른다.
- 양배추 1kg을 데쳐 1시간 동안 물기를 뺀 다음, 4ℓ 들이 냄비에 넣는다.
- 양배추를 마치 둥지처럼 정리한 다음 자고새 2마리를 놓는다.
- 다음 재료를 더한다.

    데친 살코기 베이컨 200g
    생 소시지 100g
    부케 가르니 1개
    당근 200g
    양파 200g

LE LIVRE DE CUISINE. — PREMIÈRE PARTIE.

정향 한 개를 꽂은 양파 1개

후추 2자밤

- 양배추 위에 육수를 2cm 높이까지 붓는다.
- 끓여서 녹인 포토푀 기름 200㎖를 더한다.
- 양배추 위에 2겹짜리 종이 한 장을 덮고 냄비 뚜껑을 완전히 덮는다. 끓기 시작하면 아주 약한 불에서 1시간 45분간 뭉근히 끓인다.
- 자고새가 익었는지 확인한 다음 소시지, 베이컨과 함께 접시에 옮겨 따뜻하게 보관한다.
- 양배추가 익으면 물기를 뺀 다음 불에 건조 시킨다.
- 이 작업은 양배추를 냄비에 넣고 센 불에서 소금과 후추로 간을 한 상태에서 수분이 증발할 때까지 저으며 진행된다. 접시 바닥에 양배추를 4cm 두께로 깔아준다.
- 실을 제거하고, 배를 위로 향하게 해서 양배추 위에 둔다.
- 베이컨을 4×2cm 크기로, 소시지는 1cm 두께로 자른다.
- 당근을 잘라 베이컨, 소시지, 당근으로 자고새를 장식한다.
- 버터 25g과 밀가루 20g을 준비해 소스를 만든다.
- 불에 올려 3분간 저어가며 익힌다. 이후 육수 400㎖를 넣고 끓인다.
- 10분간 졸인 후 시누아로 걸러 소스 그릇에 담아 자고새와 함께 낸다.

GIBIER.

모비에트 MAUVIETTES

✣ 종달새 6마리를 준비하고 모래주머니를 제거한다. 불에 그을린 다음 다리를 관절에서 절단한다.

✣ 깃털이 남지 않도록 모조리 뽑아준다.

✣ 30cm 길이의 꼬챙이를 준비한다.

✣ 6×3cm 크기에 3cm 두께의 얇은 라드 6조각을 준비해 종달새 한 마리당 한 조각으로 완전히 덮은 상태에서 꼬챙이에 꽂아 라드 양쪽이 고정되도록 한다.

✣ 종달새가 서로 닿지 않도록 꿰어준다.

✣ 꼬챙이를 고정하고 매우 센 불에서 8분간 굽는다.

✣ 육즙과 함께 제공하며 물냉이로 장식한다.

고찰 — 모래주머니를 제거하려면 작은 칼 끝을 허벅지 아래에 넣고 배를 약간 눌러준다. 이 과정에서 종달새의 몸에 상처가 나면 안 된다.

살미 드 모비에트 푸르 메나주
SALMIS DE MAUVIETTES POUR MÉNAGE

✣ 종달새 12마리의 모래주머니를 제거한 뒤 불에 그을리고 손질한다. 다리와 목은 절단한다.

✣ 12마리의 종달새는 4인분의 요리에 알맞다.

✣ 2ℓ 들이 냄비에 제비를 넣는다.

LE LIVRE DE CUISINE. — PREMIÈRE PARTIE.

- ❖ 100g의 살코기 베이컨을 준비하여, 껍질을 제거하고 3cm 길이 1cm 두께로 자른다. 끓이지 않고 버터 30g과 함께 볶는다.
- ❖ 베이컨에 색이 입혀지면 종달새와 함께 물에 헹군 뒤 얇게 썰어 낸 버섯 300g을 넣는다.
- ❖ 8분간 가열한 후 밀가루 25g을 더하고 1분간 잘 섞는다.
- ❖ 작은 냄비에 백포도주 400mℓ를 넣고 5분간 끓인 후, 후추 한 자밤과 소금(베이컨에 든 염분을 고려한다) 한 자밤을 넣는다.
- ❖ 종달새를 넣은 냄비에 백포도주를 옮겨 붓고, 덩어리지지 않도록 잘 저어준다.
- ❖ 다진 파슬리 1큰술을 더해 끓인다. 한번 끓어오르면 충분하다.
- ❖ 간을 보고 접시에 담아 완성한다.

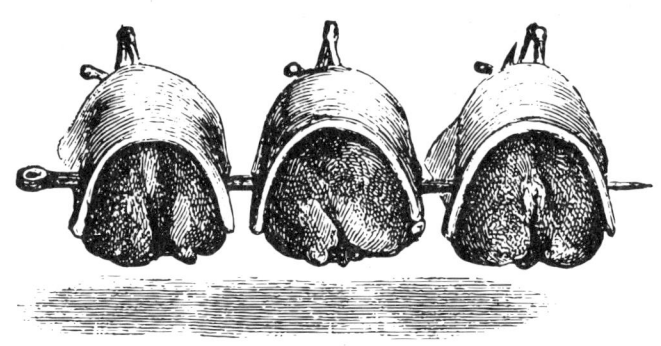

그림 59. 꼬챙이에 꽂은 종달새

그림 60. 파테

제12장
가정요리에서의 테린과 파테

테린 드 당드 TERRINE DE DINDE

❖ 요리를 담을 16cm 직경의 테린을 준비한다.

❖ 내장을 제거한 칠면조 2kg을 준비하여, 불에 그을리고 손질하여 뼈를 제거한다. 뼈는 육수용으로 따로 보관한다.

❖ 다리를 절단하고 큰 힘줄을 제거한다.

❖ 힘줄을 잘 제거한 송아지 허벅다리살 250g과 껍질과 힘줄을 제거한 라드 500g을 준비한다.

LE LIVRE DE CUISINE. — PREMIÈRE PARTIE.

- 허브 소금 30g으로 밑간을 하고, 모든 재료를 다져 육수 200mℓ를 추가하여 섞고 그릇에 따로 보관한다.
- 칠면조 가슴살에 소금과 후추 한 자밤씩으로 간을 한 베이컨을 꽂아 넣는다.
- 테린 바닥에 다진 고기를 깐다.
- 칠면조에 허브 소금 2자밤을 뿌린다.
- 뼈에 붙은 살과 껍질 사이를 발라서 그 안에 다진 고기를 약 2cm 두께로 채워 넣고 껍질은 위로 향하도록 한다.
- 손질한 칠면조를 테린에 놓는다.
- 2cm 두께의 다진 고기로 칠면조를 덮은 다음 허브 소금 2자밤을 뿌린다.
- 아주 얇은 라드로 칠면조를 덮고 그 위에 월계수잎을 올린다.
- 테린 뚜껑을 덮는다.
- 큰 냄비에 4cm 높이로 물을 채운다.
- 물을 끓인 다음 테린을 물에 넣고 숯을 올릴 수 있는 철제 뚜껑을 덮는다.
- 아주 약한 불에서 3시간 동안 끓인 뒤 요리바늘로 익었는지 확인한다.
- 테린이 식으면 가금류에서 난 기름이나 생두(*saindoux*)●로 완전히 덮어준다.

참고 — 테린과 파테는 최소 하루 뒤에 먹는 것이 좋다.

●돼지 지방을 원료로 가공한 반고체 상태의 식용유.

TERRINES ET PATÉS DE MÉNAGE.

테린 두와 TERRINE D'OIE

- 이 요리는 위 요리와 같은 방식으로 준비한다.
- 거위 기름을 녹여 테린을 덮는 데 활용한다.

테린 드 리에브르 TERRINE DE LIÈVRE

- 테린 드 당드에서 쓴 것과 같은 크기의 테린을 준비한다.
- 털을 벗기고 내장과 뼈를 제거한 2-2.5kg 크기의 산토끼를 준비한다. 피는 다진 고기에서 사용하기 위해 따로 보관한다.
- 어깨살과 등심을 분리하고, 허벅지살의 절반을 잘라낸다. 힘줄이나 껍데기는 신중히 제거한다.
- 뼈나 힘줄 등을 제거한 송아지 허벅다리살 300g과 껍질 없는 라드 500g을 준비한다.
- 손질한 토끼 고기들을 추가한다.
- 모든 재료를 다진 뒤 허브 소금 30g으로 밑간을 한다.
- 다지면서 토끼 피와 육수 200㎖를 더한다
- 양념된 베이컨을 손질한 토끼에 꽂는다.
- 토끼를 가로로 이등분한 다음, 허브 소금 2자밤을 뿌린다. 그 다음 큰 냄비에 버터 30g과 함께 10분간 볶는다. 이 과정은 토끼 안에 있는 수분을 제거하기 위함이다.
- 테린 바닥에 다진 고기를 2cm 높이로 채운 다음 그 위에 이등분한 토끼 한 부분을 놓는다.
- 허브 소금 한 자밤을 뿌린다.

LE LIVRE DE CUISINE. — PREMIÈRE PARTIE.

- 다진 고기로 토끼를 덮는다.
- 나머지 토끼 부분을 놓는다.
- 다시 다진 고기로 덮어준다.
- 아주 얇은 라드 조각과 큰 월계수잎을 올린다.
- 칠면조와 같은 방식으로 조리한다.
- 테린이 완전히 식으면 지방으로 덮는다.

참고 — 같은 방식으로 집토끼, 어린 자고새, 종달새 등을 사용해 테린을 만들 수 있다.

테린을 오래 보관하려면 송아지 대신 돼지고기를 사용한다. 돼지고기는 송아지 고기와 동일한 양을 쓴다.

파테 드 볼라이유 PATÉ DE VOLAILLE

- 20cm 직경의 타원형 파테 틀을 준비한다.
- 다음의 방식으로 반죽을 만든다.

    아주 고운 밀가루 750g

    버터 375g

    소금 15g

    물 2.5ℓ

- 체를 사용해서 밀가루를 걸러낸다.
- 밀가루 가운데를 움푹 파고 버터, 소금, 물 반절을 넣는다.
- 버터와 밀가루를 잘 섞는다.

TERRINES ET PATÉS DE MÉNAGE.

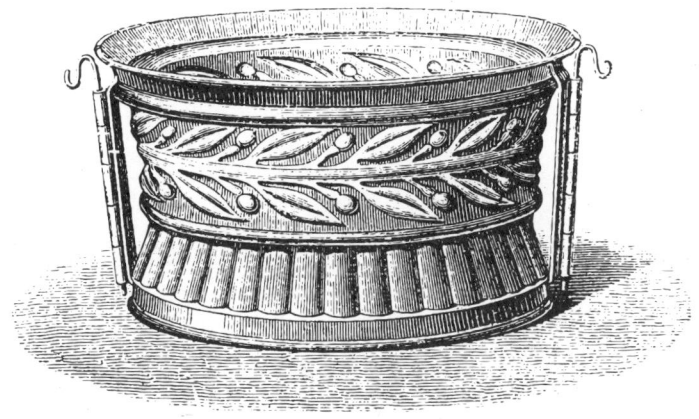

그림 61. 파테 틀

- 남은 물은 세 번에 걸쳐 추가하여 계속 섞는다. 물이 완전히 흡수되면 반죽을 둥그렇게 돌리며 매끈한 공 모양으로 만든다.
- 잘 만든 반죽은 손, 탁자, 밀대 등에 전혀 달라붙지 않는다.
- 반죽을 30분간 둔다.
- 반죽의 ¾를 떼어 두께 2cm의 타원형으로 평평하게 누른다 가장자리는 5cm 로 올려, 마치 성금을 모을 때 쓰는 주머니처럼 모양을 잡아준다.
- 파테 틀에 넣고 잘 눌러가며 가장자리를 2cm 넘게 올린다.
- 틀에 밀착된 반죽은 모든 곳에서 균일한 두께를 유지해야 한다. 너무 얇은 부분은 오븐에서 굽는 동안 터질 수 있다.
- 나머지 반죽은 평평하게 펴서 파테의 뚜껑으로 사용한다. 편 반죽은 탁자 위에 잠시 둔다.

LE LIVRE DE CUISINE. — PREMIÈRE PARTIE.

- 내장을 제거한 닭 1.2kg을 준비하여 불에 그을린 다음 손질하여 뼈를 제거한다.
- 힘줄을 없앤 송아지 허벅다리살 400g과 껍질 없는 라드 400g을 다진다. 껍질은 소스에 사용하기 위해 모아둔다.
- 허브 소금 15g으로 밑간을 하여 다진다.
- 다진 고기는 따로 보관한다.
- 양념한 라돈을 닭에 꽂아 넣는다.
- 닭 위에 다진 고기를 펴서 파테 틀의 4cm 높이까지 채운다.
- 파테 바닥에는 2cm 높이로 다진 고기를 채운다.
- 닭을 위에 놓고 허브 소금 2자밤을 뿌린다.
- 2cm 여유를 두고 다진 고기를 더해 뚜껑을 붙이도록 한다.
- 얇은 비계 조각을 고기 위에 놓고 그 위에 월계수잎을 올린다.
- 파테 가장자리에 물을 뿌린 다음 뚜껑을 얹고, 파테 몸통과 뚜껑을 눌러 밀봉한다.
- 튀어나온 반죽은 잘라낸다.
- 파테 가장자리를 집게로 눌러가며 장식한다.
- 반죽 자투리를 모아 공 모양으로 만들고, 0.5cm 두께로 평평하게 누른다.
- 17cm 직경의 타원으로 잘라 두 번째 뚜껑을 만든다.
- 첫 번째 뚜껑에 물을 뿌리고 두 번째 뚜껑을 그 위에 올린다.
- 가운데 3×2cm 크기의 구멍을 만든다.
- 달걀을 풀어 반죽에 바른다.

TERRINES ET PATÉS DE MÉNAGE.

- ✥ 뚜껑에 2mm 깊이 홈을 만든다.
- ✥ 오븐에 넣고 2시간 동안 굽는다. 파테의 색이 너무 진해지면 젖은 종이 두 장을 덮어준다.
- ✥ 뚜껑의 구멍을 통해 요리바늘을 넣어 익은 정도를 확인한다. 바늘이 막힘없이 들어가야 잘 익은 것이다.

젤레 푸르 파테 드 볼라이유
GELÉE POUR PÂTÉ DE VOLAILLE

- ✥ 닭의 뼈를 발라낸 다음 모래주머니와 간을 제거한다. 목과 몸통을 3등분한다.
- ✥ 3ℓ 들이 냄비에 돼지 껍데기를 넣는다. 껍데기는 깨끗이 손질하여 8등분한다.
- ✥ 다음 재료를 더한다.

    송아지 사태 200g

    송아지 족 반 개

    정향 두 개를 꽂은 양파 1개

    부케 가르니 1개

    소금 2자밤

    후추 2자밤

    육수 1.5ℓ

- ✥ 처음 끓어오르면 거품을 걷어낸 다음, 돼지 껍데기가 완전히 익을 때까지 약한 불에서 끓인다.

LE LIVRE DE CUISINE. — PREMIÈRE PARTIE.

- 다 익으면 면포에 걸러낸다.
- 파테를 오븐에서 꺼낸 다음 30분 뒤 뚜껑에 낸 구멍을 통해 육수를 주입한다.
- 구멍을 반죽 조각으로 막는다.

파테 드 보 에 잠봉 PÂTÉ DE VEAU ET JAMBON

- 껍질과 비계를 제거한 햄 1kg을 준비한다.
- 힘줄이 많은 송아지 사태 1kg을 준비한다.
- 사태에서 가장 좋은 부분을 600g 정도 따로 떼어 향신료를 입힌 라돈을 꽂아 넣는다.
- 남은 부분에서 힘줄과 뼈 등을 제거한다.
- 같은 양의 라드를 손질하여 준비한다. 껍질은 따로 보관해둔다.
- 사태와 라드에 허브 소금 20g을 넣고 다진다.
- 파테 바닥에 다진 고기를 깐다.
- 햄을 8cm 두께로 잘라 다진 고기 위에 올린다.
- 다진 고기를 그 위에 깐다.
- 사태를 그 위에 올린다.
- 허브 소금 2자밤을 뿌린다.
- 다진 고기를 그 위에 깐다.
- 햄을 그 위에 올린다.
- 다진 고기를 그 위에 깐다.
- 라드와 월계수잎으로 덮는다.

TERRINES ET PATÉS DE MÉNAGE.

✣ 뚜껑을 덮은 다음 위 요리와 같은 방식으로 조리한다.

젤레 푸르 파테 드 보 에 잠봉
GELÉE POUR PÂTÉ DE VEAU ET JAMBON

✣ 준비된 껍질을 8등분한다.
✣ 껍질을 3ℓ 들이 냄비에 송아지 사태, 뼈와 함께 넣는다.
✣ 송아지 족은 발골하여 조각낸 뒤 냄비에 넣는다.
✣ 육수 1.5ℓ, 정향 꽂은 양파 1개, 부케 가르니 1개를 넣는다.
✣ 처음 끓어오르면 거품을 걷어낸 뒤 허브 소금 2자밤을 더한다. 약한 불에서 2시간 동안 끓인다.
✣ 송아지 족이 익으면 체로 걸러낸다.
✣ 기름기를 걷어내고, 파테를 오븐에서 꺼내고 30분 뒤에 육수를 주입한다.

파테 드 리에브르 PÂTÉ DE LIÈVRE

✣ 산토끼 가죽을 벗기고 내장을 제거한다. 피는 따로 보관한다.
✣ 산토끼를 반으로 나누어 앞부분은 스튜에, 뒷부분은 파테에 사용한다.
✣ 뼈를 발라내고 향신료를 입힌 라돈을 꽂아 넣는다.
✣ 뼈나 힘줄 등을 제거한 송아지 넓적다리살 300g과 껍질과 힘줄을 제거한 라드 300g을 준비한다.
✣ 허브 소금 20g을 넣고 다진 뒤 피를 더한다.

LE LIVRE DE CUISINE. — PREMIÈRE PARTIE.

✥ 가금류를 쓸 때와 마찬가지로 파테 반죽을 준비한다.
✥ 다음과 같은 순서로 파테를 채운다.

> 다진 고기
>
> 토끼 고기
>
> 다진 고기
>
> 토끼 고기
>
> 다진 고기
>
> 허브 소금 2자밤

✥ 라드와 월계수잎으로 위를 덮는다.
✥ 가금류를 쓸 때와 마찬가지로 조리하여 완성한다.

젤레 푸르 파테 드 리에브르
GELÉE POUR PÂTÉ DE LIÈVRE

✥ 3ℓ 들이 냄비에 다음 재료들을 넣는다.

> 육수 1.5ℓ
>
> 송아지 고기 자투리
>
> 토끼 뼈
>
> 돼지 껍데기
>
> 조각낸 송아지 족
>
> 부케 가르니 1개
>
> 정향 두 개를 꽂은 양파 1개
>
> 허브 소금 2자밤

❖ 처음 끓어오르면 거품을 걷어낸 다음 송아지 족이 완전히 익을 때까지 약한 불에서 끓인다.
❖ 체에 걸러낸 다음 파테 드 볼라이유와 같이 육수를 주입한다.

참고 — 같은 조리법으로 집토끼, 어린 자고새 등을 사용해 파테를 만들 수 있다.

그림 62. 테린

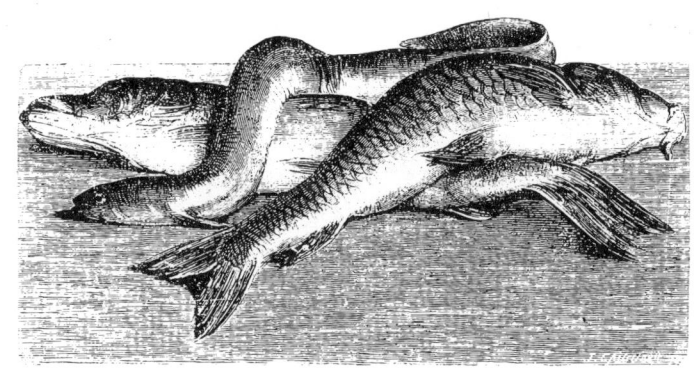

그림 63. 잉어, 뱀장어, 곤들매기

제13장
물고기

바닷물고기

이 장에서는 4인분을 기준으로 레시피를 소개하며, 필요한 물고기의 양은 그에 따름을 밝힌다.

대문짝넙치 TURBOT

- 1.5kg짜리 대문짝넙치 한 덩이를 손질한 다음 찬물에 2시간 동안 담가둔다.
- 물을 버리고, 1cm 두께로 소금을 도포한다.

LE LIVRE DE CUISINE. — PREMIÈRE PARTIE.

- 내기 1시간 전에, 타원형 냄비에 물을 끓인다.
- 대문짝넙치를 끓는 물에 넣고 약한 불에 25분간 익힌다.
- 물을 버리고, 대문짝넙치의 하얀 쪽을 위로 하여 냅킨 위에 담아 완성한다.
- 파슬리와 삶은 감자로 장식한다.
- 버터를 사용한 소스 400ml나 또는 소스 올랑데즈를 별도로 제공한다.[138]

바르뷔 BARBUE

- 바르뷔는 대문짝넙치처럼 준비하고 조리하지만, 비늘을 긁어내는 작업이 필요하다.
- 소스는 대문짝넙치와 같은 것을 사용한다.

생대구 CABILLAUD

- 1kg짜리 대구 한 토막을 준비한다(몸통 부위를 사용한다).
- 물에 씻은 다음 1시간 동안 물에 담가둔다.
- 물을 빼내고 소금을 도포한다.
- 큰 냄비에 물을 반절정도 채워 끓인다.
- 내기 10분 전에 끓는 물에 넣는다. 냄비 뚜껑을 완전히 덮고 약한 불에서 익힌다.
- 10분 뒤 익은 대구를 꺼낸다.
- 물을 빼고 대문짝넙치처럼 냅킨 위에 담아낸다.

POISSON.

✤ 파슬리로 장식하고 녹인 버터나 레몬은 별도로 제공한다.

농어 BAR

✤ 농어 1kg을 준비한다. 아가미와 내장을 제거하고 비늘을 벗긴 다음, 형태를 유지하기 위해 머리는 실로 묶어준다.

✤ 작은 냄비에 물을 끓이고 소금 35g을 넣는다.

✤ 농어를 넣고 20분간 가열한 후, 물을 빼고 냅킨 위에 담아 파슬리로 장식한다.

✤ 소스 접시에 소스 오 뵈르 400mℓ를 준비한다.

✤ 케이퍼 4큰술은 별도로 제공한다.

뮐레 아 라 메트르도텔
MULET À LA MAÎTRE-D'HÔTEL

✤ 숭어 1kg을 준비한다. 아가미와 내장을 제거한다.

✤ 내장은 라구 스푼으로 조심스럽게 긁어낸다.

✤ 비늘을 벗긴 다음 물에 씻어 말린다.

✤ 양쪽에 4cm 길이 0.5cm 깊이의 칼집을 12개씩 넣는다.

✤ 소금 2자밤을 뿌리고 올리브유 3큰술을 두른다.

✤ 요리를 내기 30분 전에 숭어를 중간 불에서 앞뒤로 10분씩 석쇠에 굽는다.

✤ 그릇에 담고 메트르도텔 300g을 뿌린다.

✤ 완성한다.

LE LIVRE DE CUISINE. — PREMIÈRE PARTIE.

뮐레 아 라 소스 올랑데즈
MULET À LA SAUCE HOLLANDAISE

- ❖ 숭어는 소스 올랑데즈를 곁들여 낼 수도 있다.
- ❖ 이 경우 농어와 같은 방식으로 소금물을 이용해 조리한다.

송어, 연어, 철갑상어, 바닷가재
TRUITE, SAUMON, ESTURGEON, HOMARD

이 식재료들은 일반적인 가정 요리의 범위를 넘는다고 생각되므로 고급 요리 항목에서 설명할 것이다. 독자 여러분 또한 이것들이 가정에서 다루는 것이 아님을 잘 알 것이다.

솔 오 그라탱 SOLE AU GRATIN

- ❖ 4인분에 적합한 가자미 한 마리를 준비한다. 아가미, 내장, 비늘을 제거한 다음 흰 껍질을 벗기고 씻어 말린다.
- ❖ 뼈를 손상 시키지 않는 선에서 0.5cm 깊이의 칼집을 넣는다. 칼은 왼쪽에서 오른쪽으로 기울이며 작업한다.
- ❖ 손질한 가자미를 타원형 냄비에 놓고 다음 재료들을 추가한다.

    버터 30g

    백포도주 200mℓ

    소금 2자밤

    후추 2자밤

- ❖ 가자미는 5분간 익힌다. 소스 이탈리엔 400mℓ를 부은 다음

POISSON.

- 1.5cm 두께로 샤플뤼르를 뿌린다.
- ✤ 팬의 뚜껑을 덮고 중간 불에서 조리한다. 계속 끓도록 한다.
- ✤ 15분간 익힌 후 접시에 담아낸다.

솔 오 뱅 블랑 SOLE AU VIN BLANC

- ✤ 위 요리와 같은 크기의 가자미를 준비한다.
- ✤ 가자미를 버터 35g, 백포도주 400mℓ, 소금 2자밤, 후추 2자밤을 넣고 조리한다.
- ✤ 앞뒤로 20분간 익힌다.
- ✤ 1ℓ 들이 냄비에 버터 25g과 밀가루 25g으로 소스를 만든다.
- ✤ 잘 섞은 뒤 소금 1자밤, 후추 1자밤, 물 300mℓ를 넣는다. 처음 끓어오를 때까지 저어준다.
- ✤ 20분 뒤에 가자미를 조리하고 남은 육즙을 소스에 붓는다.
- ✤ 한 번 끓어오를 때까지 가열한다.
- ✤ 버터 30g과 다진 파슬리 1큰술을 더한다.
- ✤ 불에서 내린 뒤 나무 주걱으로 소스를 저어 버터가 완전히 녹으면 가자미 위에 둘러 완성한다.

솔 오 핀 제르브 SOLE AUX FINES HERBES

- ✤ 위 요리와 같은 크기의 가자미를 준비해 같은 준비 과정을 거친다.
- ✤ 가자미를 타원형 냄비에 넣고 다음 재료를 추가한다.

LE LIVRE DE CUISINE. — PREMIÈRE PARTIE.

    버터 30g

    소금 2자밤

    레몬 1개 분량의 즙

    물 100mℓ

- 가자미를 앞뒤로 굽는다.
- 위 요리와 마찬가지로 소스를 준비한다.
- 20분 뒤 가자미를 굽고 남은 육즙을 소스에 붓고 버터 60g과 다진 파슬리 1큰술을 더한다.
- 불에서 내린 후 버터가 완전히 녹을 때까지 저어준다.
- 가자미에 소스를 둘러 완성한다.

솔 프리트 SOLE FRITE

- 가자미를 솔 오 그라탱과 마찬가지로 준비하여 손질한다.
- 가자미에 칼집을 낸다.
- 가자미를 10분간 우유에 재워 꺼낸 다음 앞뒤로 밀가루를 입힌다.
- 너무 뜨겁지 않은 기름에 튀긴다. 튀기는 과정에서 온도를 높여 가자미가 황금빛을 띠도록 한다.
- 기름을 털어내고 가볍게 닦아 소금을 뿌린 다음, 튀긴 파슬리와 반으로 자른 레몬을 곁들여 낸다.

POISSON.

리망드 오 그라탱, 오 핀 제르브, 오 뱅 블랑, 프리트
LIMANDE AU GRATIN, AUX FINES HERBES, AU VIN BLANC, FRITE

- ✤ 각시가자미를 위 요리와 같이 손질하되 껍질은 벗기지 않는다.
- ✤ 각시가자미는 다른 가자미와 같이 백포도주나 허브를 곁들이거나 그라탱, 튀김으로 조리할 수 있다.

마크로 아 라 메트르도텔
MAQUEREAU À LA MAÎTRE-D'HÔTEL

- ✤ 고등어의 아가미와 내장, 꼬리에서 5cm 부근에 있는 작은 구멍을 통해 창자를 제거한다.
- ✤ 꼬리 끝과 지느러미를 절단한다.
- ✤ 머리부터 꼬리까지 등 쪽을 3cm 길이로 절개한다.
- ✤ 소금 2자밤과 후추 2자밤으로 밑간을 한다.
- ✤ 고등어를 도자기 접시에 넣고 올리브유 2큰술을 더한다.
- ✤ 내기 30분 전에 뜨거운 석쇠에서 한쪽은 6분, 다른 쪽은 7분, 절개면은 4분간 굽는다.
- ✤ 메트르도텔 200g을 준비한다. 고등어 절개면을 열고 메트르도텔을 안에 넣는다.
- ✤ 따뜻하게 덥힌 접시에 담아 완성한다.

LE LIVRE DE CUISINE. — PREMIÈRE PARTIE.

레 오 뵈르 누아르 RAIE AU BEURRE NOIR

- ❖ 가오리 한 토막을 손질하고 씻는다.
- ❖ 넓은 냄비에 물을 충분히 넣고 가오리를 넣는다.
- ❖ 다음 재료들을 더한다.

  1mm 두께로 썬 양파 100g

  파슬리 줄기 25g

  식초 200mℓ

  소금 30g

  후추 5g

- ❖ 처음 끓어오르면 불을 낮추고 약한 불에서 계속 익힌다.
- ❖ 1ℓ 들이 냄비에 가오리를 끓인 물 반 ℓ와 간을 넣는다.
- ❖ 5분간 가열한다.
- ❖ 가오리의 물기를 빼고 양쪽 껍질을 벗겨 뼈 아래 부분을 손질한다. 접시에 놓고 소금 2자밤, 후추 2자밤, 튀긴 파슬리 40g을 더한다.
- ❖ 뵈르 누아르. 600mℓ를 두르고 완성한다. ▶143

레 아 라 소스 오 카프르

RAIE À LA SAUCE AUX CÂPRES

- ❖ 위 요리처럼 준비한다.
- ❖ 가오리가 익으면 손질하여 접시에 담는다.
- ❖ 소스 블랑슈 500mℓ에 케이퍼 2큰술을 더해 요리에 부어 낸다.

POISSON.

모뤼 오 뵈르 에 오 폼 드 테르
MORUE AU BEURRE ET AUX POMMES DE TERRE

- 1kg의 염장대구 토막을 준비한다. 먼저 염장대구의 소금기를 빼는 것이 중요하다.
- 이 작업은 12시간가량 소요된다. 따뜻한 물에서 6시간, 찬물에서 6시간 총 네 번 물을 갈아준다. 이 시간이 소요되어도 대구의 소금기가 충분히 빠지지 않았다면 물을 버린 다음 대구를 따뜻한 물에 15분 더 담가둔다.
- 대구를 4ℓ 들이 냄비에 넣고 물을 붓는다.
- 불에 올려 끓인다. 처음 끓어오르면 불에서 내려 물을 버린다.
- 접시에 놓고 녹인 버터 200g과 레몬즙을 더한다.
- 소금 반 자밤을 뿌리고, 중간 크기 감자 8개를 삶아 껍질을 벗겨 장식한다.
- 완성한다.

모뤼 아 라 소스 아 뢰프
MORUE À LA SAUCE À L'ŒUF

- 위 요리와 마찬가지로 염장대구를 준비한다.
- 달걀 두 개를 삶아 흰자와 노른자를 각각 거칠게 다진다.
- 소스 블랑슈 500㎖에 넣는다.[138] 대구의 물기를 뺀다.
- 소스를 대구에 둘러 완성한다.

LE LIVRE DE CUISINE. — PREMIÈRE PARTIE.

모뤼 아 라 메트르도텔
MORUE À LA MAÎTRE-D'HÔTEL

- 염장대구를 준비해 위 요리와 같이 조리한다.
- 물기를 빼고 접시에 놓은 다음 메트르도텔 200g을 올린다.

모뤼 오 뵈르 누아르 MORUE AU BEURRE NOIR

가오리와 같은 방식으로 준비하고, 뵈르 누아르 500mℓ를 두른다.▶143 튀긴 파슬리를 올려 장식한다.

메를랑 오 그라탱 MERLAN AU GRATIN

- 4인분 기준으로 500g 무게의 민대구 2마리를 준비한다.
- 내장과 비늘을 제거한 다음 씻고 물기를 닦아내어 양쪽에 1cm 깊이로 칼집을 낸다.
- 타원형 냄비에 버터 100g을 녹인다. 민대구를 냄비에 넣는다.
- 소금 2자밤과 후추 2자밤을 뿌린다.
- 백포도주 100mℓ와 버섯 두 소쿠리(900g) 분량의 쥐 드 샹피뇽을 한 마리당 각각 반절씩 발라준다.
- 버터 30g을 녹여 버섯과 민대구 위에 붓는다.
- 다진 파슬리 1큰술과 샤플뤼르 2큰술을 더한다.
- 뚜껑을 덮고 앞뒤로 15분간 익힌다. 너무 눌러 붙지 않도록 주의한다.
- 15분 뒤에 완성한다.

POISSON.

그림 64. 민대구

메를랑 아 라 소스 오 카프르
MERLAN À LA SAUCE AUX CÂPRES

- 위 요리와 같이 민대구 두 마리를 준비해 손질한다.
- 냄비에 버터를 바른다. 소금 2자밤과 후추 2자밤으로 간을 하고 백포도주 100mℓ를 붓는다.
- 앞뒤로 색이 나지 않도록 익힌다. 15분 정도면 충분하다.
- 백포도주 400mℓ를 준비하여, 민대구를 익히고 남은 것과 케이퍼 2큰술을 섞는다.
- 민대구 위에 붓는다.
- 완성한다.

메를랑 프리트 MERLAN FRIT

- 위 요리와 같이 민대구를 준비한다.
- 소금 1자밤과 후추 1자밤으로 밑간을 한다.
- 민대구를 우유 100mℓ에 적신 다음 밀가루를 입힌다.

LE LIVRE DE CUISINE. — PREMIÈRE PARTIE.

- 처음 4분간 중간 불에서 튀긴 다음 3분간은 센 불에 튀긴다.
- 이렇게 조리하면 튀김이 바삭하게 잘 만들어진다.
- 기름을 털어내고 소금 2자밤을 뿌린다. 튀긴 파슬리와 레몬을 곁들여 완성한다.

메를랑 오 핀 제르브 에 오 뱅 블랑
MERLAN AUX FINES HERBES ET AU VIN BLANC

가자미를 쓸 때와 같이 조리하면 된다. ▶312

아랭 프레 소스 무타르드
HARENG FRAIS SAUCE MOUTARDE

- 신선한 청어는 항상 살이 실하게 올라와 있어야 한다.
- 속이 빈 청어는 품질이 크게 떨어진다.
- 청어 네 마리의 내장과 비늘을 제거한 다음 민대구와 같이 칼집을 넣는다.
- 청어를 도자기 접시에 놓고 올리브유 2큰술, 소금 2자밤, 후추 2자밤을 더한다.
- 내기 15분 전에 뜨거운 불에 앞뒤로 4분간 굽는다. 익으면 접시에 올린다.
- 백포도주 500mℓ에 소스 무타르드 1큰술을 넣고 섞는다. 무타르드는 버터와 함께 넣는다.
- 소스는 별도로 제공한다.

POISSON.

아랭 프리트 HARENG FRIT

✥ 위 요리와 같이 청어를 손질한다. 우유를 적시고 밀가루를 묻힌 다음 민대구를 쓸 때와 같이 튀긴다.▶318
✥ 메트르도텔 200g을 별도로 제공한다.

에페를랑 ÉPERLANS

✥ 바다빙어 18마리를 준비해 3개의 꼬치로 만든다. 비늘을 제거한 다음 씻어 사용한다.
✥ 눈에다 나무 또는 금속 꼬챙이를 꿰어 꼬치를 만든다.▶245
✥ 우유 100mℓ에 적신 뒤 밀가루를 묻혀 민대구를 쓸 때와 같이 튀긴다. 황금빛으로 바삭하게 튀겨지면 익은 것이다.
✥ 기름을 털어내고 소금 1자밤을 뿌린다.
✥ 튀긴 파슬리, 레몬과 함께 제공한다.
✥ 꼬챙이 없이도 바다빙어를 튀길 수 있다. 이 때 바다빙어를 산

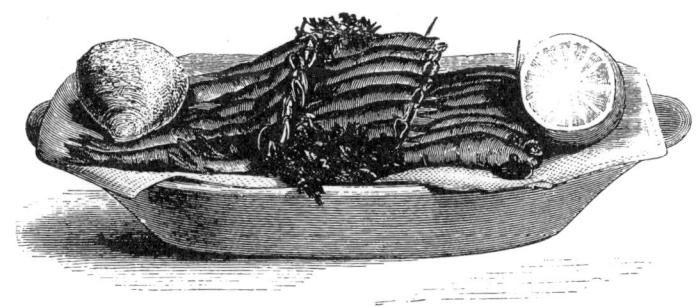

그림 65. 꼬챙이에 꽂은 바다빙어

처럼 접시에 쌓고 꼭대기를 튀긴 파슬리로 장식한다.

에페를랑 오 그라탱 ÉPERLANS AU GRATIN

✤ 바다빙어를 그라탱으로 만들 수도 있다. 이 때에는 튀김으로 쓸 때보다 큰 바다빙어를 골라야 한다.

✤ 조리 방법은 가자미로 그라탱을 만들 때와 같다.[312]

알로즈 아 로제이유, 아 라 소스 오 카프르 에 아 라 메트르도텔
ALOSE À L'OSEILLE, À LA SAUCE AUX CAPRES ET À LA MAÎTRE-D'HÔTEL

✤ 강청어 1kg을 준비한다. 내장과 비늘을 제거한 다음 깨끗이 씻어 바다빙어와 같이 칼집을 낸다.

✤ 올리브 4큰술, 소금 4자밤, 후추 2자밤을 넣고 1시간 재운다.

✤ 내기 40분 전에 중간 불에 18분씩 앞뒤로 굽는다.

✤ 접시에 올린 다음 수영 퓌레 1ℓ 또는 케이퍼로 만든 소스나 메트르도텔 600mℓ를 곁들인다.

카를레 부이 아 라 소스 올랑데즈, 오 그라탱 에 프리트
CARRELET BOUILLI À LA SAUCE HOLLANDAISE, AU GRATIN ET FRIT

✤ 넙치 1kg을 준비한다. 아가미와 내장, 비늘을 제거하고 씻어낸다. 가자미와 같이 준비한다.[312]

POISSON.

✤ 소금 40g을 넣은 물 3ℓ에 15분간 익힌다. 넙치가 물에 완전히 잠겨야 한다.

✤ 물기를 빼내고 소스 올랑데즈 400mℓ와 함께 제공한다.

✤ 가자미와 마찬가지로 그라탱 방식으로도 조리할 수 있다.

✤ 물론 민대구와 같이 작은 넙치는 튀김으로 조리할 수도 있다.

✤ 이 때 튀긴 파슬리, 레몬을 곁들여 제공한다.

루제 그리예 아 라 메트르도텔
ROUGET GRILLÉ À LA MAÎTRE-D'HÔTEL

✤ '바르베(*barbet*)'라고도 부르는 노랑촉수 네 마리를 준비한다. 아가미만 제거하고 내장은 제거하지 않는다.

✤ 비늘을 제거하고 헹군 뒤 물에 담그지 않도록 주의한다.

✤ 물기를 닦은 다음 민대구처럼 준비한다.

✤ 다음 재료로 재운다.

> 올리브유 3큰술
>
> 소금 2자밤
>
> 후추 2자밤
>
> 1mm 두께로 자른 양파 100g
>
> 파슬리 줄기 25g

✤ 내기 20분 전에 노랑촉수를 꺼내 양파와 파슬리를 제거한다.

✤ 센 불에서 앞뒤로 5분씩 굽는다.

✤ 메트르도텔 200g을 부드럽게 만들어 곁들여낸다.

❖ 이 요리는 백포도주와 함께 곁들일 수 있는데, 이 때는 가자미 조리법과 같다. ▶312

콩그르 우 앙기이유 드 메르
아 라 소스 올랑데즈 우 아 라 소스 블랑슈
CONGRE OU ANGUILLE DE MER À LA SAUCE
HOLLANDAISE OU À LA SAUCE BLANCHE

❖ 바다장어 1kg을 준비하고 내장이 있으면 제거한다.
❖ 물에 헹구어 포토푀처럼 실로 묶고 끓는 물에 15분간 데친다.
❖ 물기를 빼내 4ℓ 들이 냄비에 넣고 푹 잠길 정도로 물을 붓는다.
❖ 다음 재료들을 더한다.

> 1cm 두께로 자른 양파 200g
>
> 파슬리 줄기 20g
>
> 월계수잎 2장
>
> 식초 200mℓ
>
> 마늘 한 쪽
>
> 소금 30g
>
> 통후추 20알

❖ 30분간 익힌다. 물기를 빼내고 냅킨에 올려 접시에 놓은 다음 파슬리로 장식한다.
❖ 소스 올랑데즈 또는 뵈르를 별도로 제공한다.

POISSON.

브렘 드 메르 그리예 아 라 메트르도텔
BRÈME DE MER GRILLÉE À LA MAÎTRE D'HÔTEL

- 노랑촉수와 같이 브렘을 준비한다.
- 물에 씻고 석쇠에 구운 다음 메트르도텔을 별도로 제공한다.

물 아 라 풀레트 MOULES À LA POULETTE

- 홍합 2ℓ를 준비한다. 중간 크기의 홍합이 제일 일품이므로 가급적 중간 크기 홍합을 선택한다.
- 홍합 껍데기를 칼로 완벽하게 긁어내고, 모래가 남지 않을 때까지 씻어낸다.
- 홍합 1ℓ만 냄비에 넣는다.
- 다음 재료들을 더한다.

   1cm 두께로 자른 양파 100g

   파슬리 줄기 20g

   후추 2자밤

   백포도주 400mℓ

- 뚜껑을 덮는다.
- 홍합을 익힌다.
- 홍합의 껍데기가 열리면 홍합이 익었다는 신호이다.
- 홍합이 익으면 홍합을 꺼낸다.
- 남은 홍합 역시 같은 방식으로 조리한다.
- 홍합을 한꺼번에 조리하면 고르게 익지 않으므로 두 번에 걸쳐

LE LIVRE DE CUISINE. — PREMIÈRE PARTIE.

조리하는 것이 좋다.
- 너무 오래 익으면 안 된다. 홍합이 질겨지고, 풍미가 떨어진다.
- 홍합 끓인 물을 걸러낸다.
- 버터 30g과 밀가루 30g으로 루를 만들어 3분간 조리한다.
- 홍합 끓인 물을 더하고 물을 채워 소스 400㎖를 만든다.
- 달걀 노른자 2개와 버터 14g으로 소스의 농도를 걸쭉하게 만든다.
- 다진 파슬리 1큰술을 더한다.
- 홍합을 뜨거운 물에 담가 씻는다.
- 물기를 빼내고 면포에 닦아낸 뒤 소스에 버무려 완성한다. 홍합은 껍데기를 발라내지 않는다.

물 아 라 마리니에르 MOULES À LA MARINIÈRE

- 마리니에르● 스타일로 조리한다. 위 요리와 같은 방식이나, 백포도주를 600㎖ 사용한다.
- 홍합이 익으면 홍합 끓인 물을 시누아로 걸러낸다.
- 홍합 끓인 물을 끓여 버터 60g과 다진 파슬리 1큰술을 더한다.
- 불에서 내린다.
- 버터가 잘 녹도록 저어준다.
- 홍합의 물기를 잘 빼내어, 껍데기 채로 접시에 담아낸다.
- 소스를 곁들여 제공한다.

● 마리니에르란 에샬롯과 백포도주로 만든 소스를 이용해 조리하는 방식을 말하며, 주로 홍합 요리에 쓰인다.

POISSON.

참고 — 이 요리는 다진 에샬롯(15g)을 더해 제공할 수도 있다. 그러나 모두가 에샬롯을 좋아하는 것은 아니기 때문에 특별한 요청이 있을 때만 추가하도록 한다.

II
민물고기

쿠르부이용 COURT-BOUILLON

✣ 쿠르부이용은 향료로 풍미를 더해야 하는 담백한 생선을 요리할 때 사용한다. 민물고기나 농어, 바다장어, 숭어와 같은 일부 바닷물고기에도 사용한다.

✣ 4ℓ 들이 냄비에 다음 재료들을 넣는다.

    당근 100g

    양파 100g

    파슬리 줄기 30g

    타임과 월계수잎 3g

    소금 30g

    통후추 20알

✣ 보통 불에서 10분간 굽는다.

✣ 물 2ℓ와 식초 200mℓ를 더해 화덕 모서리에 두고 1시간동안 뭉근하게 끓인다.

LE LIVRE DE CUISINE. — PREMIÈRE PARTIE.

- 테린에 옮겨 담고 필요할 때마다 조리한다.
- 쿠르부이용은 4일에 한 번 꼴로 끓이며, 그때마다 물 400㎖를 더하면 오래 보관할 수 있다.

브로셰 소스 오 카프르 BROCHET SAUCE AUX CÂPRES

- 1.5kg의 곤들매기를 이틀간 숙성 시켜 부드럽게 한다.
- 곤들매기의 내장과 비늘을 제거한 다음 머리를 실로 묶어 고정시킨다.
- 쿠르부이용에 넣고 매우 약한 불에서 10분간 익힌다. 살짝 끓어오르는 정도에 그쳐야 한다.
- 곤들매기는 가능하다면 먹기 하루나 이틀 전에 조리해야 맛이 좋다. 아무리 늦어도 당일 아침에는 조리하는 것이 좋다.
- 48시간 동안 쿠르부이용에 재운 곤들매기와 한두 시간만 재운 곤들매기의 맛은 비교 자체가 불가능하다.
- 냄비는 주석 코팅이 되어있는지 항상 확인한다.
- 곤들매기를 낼 때는 쿠르부이용을 따로 그릇에 담는다.
- 냄비를 헹구어 곤들매기와 쿠르부이용을 넣고 20분간 데운다.
- 이 과정은 주석 코팅이 잘못된 냄비에서 발생할 수 있는 위험을 예방할 수 있다.
- 곤들매기를 냅킨에 올려 접시에 놓고, 파슬리로 장식한다.
- 소스 블랑슈 500㎖, 케이퍼 2큰술을 섞은 소스를 따로 제공한다.

POISSON.

고찰 — 곤들매기는 마요네즈 또는 오일과 식초를 곁들여 차게 먹기도 한다.

카르프 프리트 CARPE FRITE

- ❖ 600-700g짜리 잉어를 준비한다. 곤들매기와 같이 비늘과 내장을 제거한다.
- ❖ 머리와 꼬리를 절단한 다음 등에 칼집을 내고 펼친다. 이리는 따로 그릇에 담아두고, 부레와 간은 제거한다.
- ❖ 이리와 잉어를 5분간 우유에 담갔다고 소금 1자밤을 뿌리고 밀가루를 묻힌다.
- ❖ 잉어를 8-10분간 튀겨 황금빛의 바삭한 튀김을 만든다.
- ❖ 튀긴 파슬리와 레몬을 곁들여 내고, 이리는 가운데에 놓는다.

앙기이유 아 라 타르타르
ANGUILLE À LA TARTARE

- ❖ 바다장어 700g을 준비하고 외피를 벗겨낸다.
- ❖ 머리에서 6cm 떨어진 복부에 칼집을 내어 내장을 제거한다.
- ❖ 바다장어를 뜨거운 물에 넣고 내피를 벗겨낸다. 내피는 소화불량을 유발할 수 있다.
- ❖ 물 4ℓ를 냄비에 넣고 끓어오르면 불에서 내려 바다장어를 넣고 뚜껑을 덮는다.
- ❖ 바다장어를 3분간 두고 꺼내면 내피를 쉽게 제거할 수 있다.

LE LIVRE DE CUISINE. — PREMIÈRE PARTIE.

✤ 이 과정에서 내피가 모두 제거되지 않으면 작업을 반복한다.
✤ 내피를 제거한 후 등과 복부에 수염같이 난 것을 제거한다.
✤ 바다장어를 8cm 길이로 자르고, 쿠르부이용에서 20분간 약한 불로 익힌다. 바다장어 조각들이 붙어있으면 안 된다.
✤ 바다장어가 익으면 20분간 식힌 다음 물기를 닦아낸다.
✤ 그릇에 달걀 2개를 깨고, 오일 1큰술과 물 1큰술을 더한다.
✤ 몇 분간 오믈렛을 만들듯이 저어준 다음, 장어 조각을 달걀물에 담근다.
✤ 파뉘르를 묻힌 바다장어를 뜨거운 기름에 튀겨 황금빛이 날 때까지 조리한다.
✤ 냅킨으로 장식한 접시에 올린다.
✤ 소스 타르타르 500ml를 따로 그릇에 담아 제공한다.[151]
✤ 튀긴 파슬리로 장식한다.

마틀로트 드 카르프 에 당기이유
MATELOTE DE CARPE ET D'ANGUILLE

✤ 각각 6-700g의 잉어와 바다장어를 준비한다.
✤ 잉어는 내장과 비늘을 제거하고, 바다장어는 위 조리법을 따라 준비한다.
✤ 잉어와 바다장어를 4cm 크기로 자른다.
✤ 3ℓ 들이 냄비에 버터 60g, 껍질 벗긴 작은 양파 20개를 넣는다.
✤ 양파가 색이 날 때까지 볶고, 이후 밀가루 40g을 추가한다.

POISSON.

- ❖ 5분간 저어준다.
- ❖ 다음 재료들을 추가한다.

    적포도주 1ℓ

    소금 2자밤

    후추 2자밤

    부케 가르니 2배 1개

    껍질 벗긴 마늘 1쪽

- ❖ 냄비 뚜껑을 완전히 덮고 20분간 약한 불에서 끓인다.
- ❖ 바다장어 조각을 넣고 15분간 익힌다.
- ❖ 잉어 조각을 넣는다.
- ❖ 브랜디 50mℓ를 붓고 10분간 더 끓인다.
- ❖ 간을 맞춘다.
- ❖ 마늘과 부케가르니를 제거하고, 접시에 높게 쌓은 다음 양파와 소스를 곁들인다.

    고찰 — 이 조리법은 가정에 있어서 최선이자 가장 단순한 방식이다. 마리니에르를 만들 때 간혹 충분히 익히지 않은 포도주 때문에 신맛이 올라오는데, 이 요리는 그럴 위험이 적다.

LE LIVRE DE CUISINE. — PREMIÈRE PARTIE.

바르비용 그리예 아 라 메트르도텔
BARBILLON GRILLÉ À LA MAÎTRE-D'HÔTEL

❖ 각 500g의 어린 바르뷔 2마리를 준비한다. 내장과 비늘을 제거한 다음 잘 씻는다.

❖ 메를랑 오 그라탱과 같이 칼집을 넣어준다.▶318

❖ 도자기 접시에 넣고 다음 재료를 더한다.

  오일 4큰술

  소금 3자밤

  후추 3자밤

❖ 내기 30분 전에 중간 불에서 앞뒤로 8분간 굽는다.

❖ 접시에 담고 메트르도텔 200g을 녹여 요리를 덮어준다.▶142

❖ 완성한다.

  고찰 — 어린 바르뷔로 마틀로트도 만들 수 있다. 조리법은 위 요리와 동일하다.

탕슈 아 라 풀레트 TANCHE À LA POULETTE

❖ 유럽잉어 700g을 준비하여 아가미나 내장은 제거한다.

❖ 유럽잉어를 끓는 물에 4분간 담가 비늘을 제거한 다음 물기를 닦고 4cm 크기로 조각낸다.

❖ 3ℓ 들이 냄비에 버터 60g과 밀가루 40g을 넣는다.

❖ 3분간 루를 만든다.

POISSON.

✣ 백포도주 1ℓ를 붓는다.
✣ 나무 주걱으로 저어가며 10분간 가열한다.
✣ 유럽잉어 조각을 냄비에 넣고, 부케 가르니 1개, 마늘 한 쪽, 소금 3자밤, 후추 3자밤을 넣는다.
✣ 15분간 약한 불에서 익힌다.
✣ 달걀 노른자 3개와 버터 15g으로 소스의 농도를 만든다.▶138
✣ 마늘과 부케 가르니를 제거한다.
✣ 간을 보고 다진 파슬리 1큰술을 더한다.
✣ 소스를 위에 두르고 완성한다.

페르슈 오 뱅 블랑 PERCHE AU VIN BLANC

✣ 보통 크기의 페르슈 3마리를 준비하여 내장을 제거한 뒤 손질하여 팬에 넣는다.
✣ 백포도주 1ℓ를 부어 페르슈가 잠기도록 한다.
✣ 다음 재료들을 더한다

    소금 2자밤

    후추 2자밤

    0.5cm 두께로 썬 양파 1개

    부케 가르니 1개

    껍질을 벗기지 않은 마늘 1쪽

✣ 15분간 약한 불에서 익힌다.
✣ 페르슈가 익었는지 확인한다. 손가락으로 살짝 눌렀을 때 부드

LE LIVRE DE CUISINE. — PREMIÈRE PARTIE.

럽게 들어가면 익은 것이다.
- 페르슈를 그릇에 담아 물기를 제거한 다음, 버터 30g과 밀가루 30g으로 루를 만든다.
- 페르슈 끓인 물을 체에 걸러 루에 붓고 20분간 졸인다.
- 페르슈 껍질을 벗긴 다음 지느러미는 따로 잘라 접시에 올린다.
- 소스에 다진 파슬리 반 큰술과 버터 15g을 더한다.
- 잘 저어 소스의 농도를 맞춘다.
- 소스를 요리에 부어준다. 지느러미는 기름기가 묻지 않게 하여 생선에 붙어 있었을 때의 원래 위치에 놓는다.

구종 프리트 GOUJONS FRITS

- 모샘치 24마리를 준비한다. 모든 민물고기는 언제나 살아있는 상태로 취급되어야 한다.
- 모샘치의 머리에서 1.5cm 떨어진 부위의 복부를 절개한다.
- 복부를 살짝 눌러 내장을 절개선 바깥으로 내보내 제거한다.
- 가위를 사용해 지느러미를 자른다.
- 모샘치를 잘 헹군 다음, 우유에 적시고 밀가루를 묻힌다. 금빛의 바삭한 상태가 될 때까지 튀긴다.
- 튀긴 파슬리를 올려 완성한다.

에크르비스 ÉCREVISSES

- 보통 크기의 가재 25마리를 준비한다.

POISSON.

- ❖ 가재는 다리가 빨간 것과 하얀 것이 있는데, 빨간 것을 항상 선택해야 한다. 이 경우에는 발이 붉은 빛을 띤다. 이처럼 다리의 색깔을 통해 식별이 가능하다. 하얀 것의 경우에는 다리 아래쪽이 노르스름한 빛깔을 띤다.
- ❖ 가재를 잘 씻어서 3ℓ 들이 냄비에 넣는다.
- ❖ 다음 재료들을 더한다.

    1cm 두께로 썬 양파 1개

    파슬리 줄기 25g

그림 66. 가재 쌓음 요리

LE LIVRE DE CUISINE. — PREMIÈRE PARTIE.

> 소금 2자밤
>
> 후추 4자밤
>
> 백포도주 100㎖

- 냄비 뚜껑을 완전히 덮고 센 불에서 10분간 가열한다. 조리 중에 세 번 뒤적여준다. 가재가 붉게 되면 익은 것이다.
- 낼 때에는 양파와 파슬리를 제거한다.
- 냅킨으로 장식한 접시에 가재를 쌓아 올린 다음, 파슬리 다발로 장식하여 완성한다.

사르딘 프레슈 SARDINES FRAICHES

- 신선한 정어리는 석쇠에서 앞뒤로 각 2분간 굽는다.
- 접시에 올리고 버터를 녹여 곁들이되, 버터에 정어리가 잠겨서는 안 된다.

아랭 소르 HARENGS SAURS

- 오래 묵히지 않은 훈제 청어를 준비한다. 묵은 것은 너무 짜다.
- 머리와 껍질을 제거하여 이등분한다.
- 가운데 뼈와 잔뼈들을 제거한다.
- 보통 크기 훈제 청어로 길이 10cm, 너비 3cm의 필레 2개를 만든다. 이것을 세로로 1cm 너비로 자른다.
- 접시에 놓고 올리브유를 두른다.
- 완성한다.

POISSON.

그림 67. 가재를 쌓을 때 쓰는 다단 선반

❖ 훈제 청어를 이등분하나 완전히 절단하지는 않고, 머리와 꼬리

는 제거하되 뼈는 남기는 방식으로도 손질할 수 있다.
- ✥ 앞뒤로 각 2분씩 센 불에서 석쇠로 굽고, 접시에 올려 버터를 곁들여 완성한다.

콜리마송 COLIMAÇONS

- ✥ 부르고뉴 산 달팽이 24마리를 준비한다.
- ✥ 3ℓ 들이 냄비에 물 2ℓ, 포타슘(*potasse*)● 5g을 넣고 달팽이를 데친다.
- ✥ 달팽이 껍데기를 쉽게 깔 수 있을 정도까지 데친다.
- ✥ 6시간 가량 물기를 빼고, 손가락으로 문질러 표면의 점액질을 제거한다.
- ✥ 껍데기는 깨끗이 씻어서 말리거나 또는 낮은 온도의 오븐에서 건조 시킨다.
- ✥ 물기를 빼낸 달팽이는 천으로 닦아낸 다음, 껍데기마다 메트르

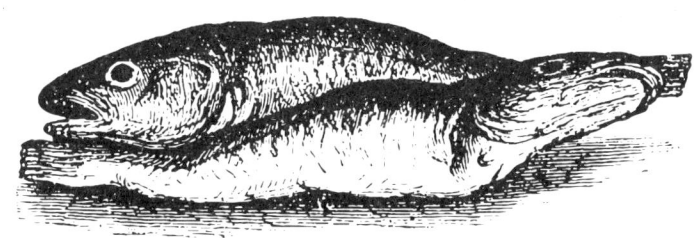

그림 68. 민대구

● 가성칼륨이라고도 하는 포타슘은 조리시에 사용하면 재료의 색상 또는 특성을 보존할 수 있다고 하여 주로 채소 요리에 사용되었다.

도텔을 작은 헤이즐넛 크기만큼 넣고 다진 마늘을 추가한다.
- 달팽이를 껍데기 속에 끝까지 밀어 넣는다.
- 껍데기의 입구를 메트르도텔로 채운다.
- 식사로 내기 전에 오븐이나 팬을 사용해 위아래로 열을 가해 10분간 익힌다.
- 완성한다.

그림 69. 채소

제14장
채소

물을 사용해 조리하는 모든 채소들은 사전이 미리 씻어서 사용하는 것이 일반적인 상식이다.

아스페르주 아 라 소스 블랑슈
ASPERGES À LA SAUCE BLANCHE

❖ 아스파라거스는 4-5월이 제철이다.
❖ 봉오리는 보라색에 줄기 끝은 아주 흰 것을 선택해야 좋다.

LE LIVRE DE CUISINE. — PREMIÈRE PARTIE.

- 봉오리 끝 부분을 1mm 잘라내고, 줄기의 세로를 따라 칼날로 밀어가며 껍질을 벗겨낸다.
- 8-10개씩 넣고 끓는 소금물에 10분간 삶는다.
- 4인분 기준으로 아스파라거스를 삶을 때에는 1ℓ의 물에 소금 5g을 넣는다.
- 다 삶으면 냄비에서 꺼내 찬 물에 담근다.
- 곧바로 찬물에서 꺼내 물기를 닦고, 봉오리를 고르게 정렬하여 냅킨으로 장식한 접시에 올린다.
- 소스 올랑데즈, 소스 뵈르를 따로 담아 완성한다.

아스페르주 아 륄 ASPERGES À L'HUILE

오일을 곁들여 아스파라거스를 내기 위해서는 아스파라거스를 데친 뒤 잘 식혀야 한다. 소스 블랑슈와 함께 내듯 아스파라거스를 준비한 다음 오일과 식초는 별도로 제공한다.

아스페르주 앙 프티 푸아
ASPERGES EN PETITS POIDS

- 녹색 아스파라거스 한 다발을 준비한다. 4인분 기준으로 아스파라거스 800g을 작게 조각낸다.
- 잎을 떼고 봉오리를 자른다.
- 아스파라거스를 8mm 길이로 조각낸다.
- 너무 큰 것은 반으로 자른다.

LÉGUMES

- 소금물(물 1ℓ당 소금 5g)에 데쳐 익힌다.
- 익었는지 확인한다.
- 아스파라거스가 익었는지 확인하려면 손가락으로 눌렀을 때 쉽게 찌그러져야 한다.
- 다음 재료들을 더한다.

    소금 1자밤

    소스 블랑슈 200㎖

    설탕 4g

- 다음 재료들로 농도를 맞춘다.

    달걀 노른자 2개

    버터 20g

    크림 50㎖

- 버터가 녹을 때까지 저어가며 잘 섞어준다.
- 완성한다.

아티쇼 아 라 소스 블랑슈 에 아 륄

ARTICHAUTS À LA SAUCE BLANCHE ET À L'HUILE

- 중간 크기의 아티초크 4개를 준비한다. 단단하거나 질긴 것은 사용하지 않는다.
- 아티초크의 제철은 5월부터 10월까지이다.
- 윗부분의 잎을 2cm 정도 자른다.
- 아래쪽 잎 2줄을 제거한 다음 하단을 1cm 절단하여 버섯을

LE LIVRE DE CUISINE. — PREMIÈRE PARTIE.

손질하듯 깎는다.▶116

- 씻어서 소금물(물 1ℓ당 소금 5g)에 데친다.
- 익었는지 확인하려면 요리바늘로 하단을 찔러서 쉽게 들어가는지 확인한다.
- 물기를 빼고 솜털을 제거해 소스 블랑슈 400mℓ를 따로 낸다.
- 아티초크는 오일과 식초를 곁들이기도 한다. 위와 같이 데치고 잘 식혀서 아스파라거스처럼 완성하면 된다.

아티쇼 아 라 바리굴 ARTICHAUTS À LA BARIGOULE

- 중간 크기 아티초크 4개를 준비해 데쳐서 식힌 다음 솜털을 제거한다.
- 물기를 빼내기 위해 살짝 눌러서 짠 뒤 소금 1자밤과 후추 1자밤으로 밑간한다.
- 팬에 오일 6큰술을 넣고 아티초크 잎의 끝부분을 튀긴다.
- 소스용 다진 허브 100mℓ를 준비한다.▶118
- 라드 100g을 갈아 1ℓ 들이 냄비에 넣고, 밀가루 5g과 버터 5g을 섞은 다음 육수 100mℓ와 다진 허브를 추가한다.
- 나무 주걱으로 저어가며 5분간 끓인다.
- 만든 것을 아티초크에 나누어 속을 채운다.
- 아티초크 위에 4cm 크기의 작고 얇은 라드 조각을 올린다.
- 모양이 흐트러지지 않도록 실로 묶고 팬에 배열한 후 육수 200mℓ를 붓는다.

LÉGUMES

- 위아래로 열을 가해 20분간 익힌다.
- 익었는지 확인한 다음 완성한다.

아티쇼 프리트 ARTICHAUTS FRITS

- 중간 크기의 아주 부드러운 아티초크 2개를 준비한다.
- 윗부분의 잎을 자른다.
- 아래쪽 잎을 자르고, 위 요리들과 같이 하단을 손질한다.[116]
- 1cm 크기로 자른 다음 솜털을 제거한 뒤 물 2ℓ와 식초 50㎖가 든 그릇에 담가 색이 변하지 않도록 한다.
- 물을 버리고 소금 1자밤과 후추 1자밤으로 밑간 한다.
- 아티초크에 달걀 3개를 깨트려 넣고 오일 3큰술과 밀가루 80g을 더한다.
- 손으로 잘 섞어 아티초크 조각에 3mm 두께의 반죽이 입혀지도록 한다.
- 반죽이 너무 묽으면 밀가루를 조금 더 추가하고, 너무 되면 물을 조금 더 추가하여 잘 섞는다.
- 준비한 아티초크는 파뉘르로 온도를 확인한 기름에 넣어 튀긴다.[161] 파뉘르를 넣었을 때 아주 부드럽게 지글거려야 한다.
- 기름은 너무 뜨거우면 안 되며, 익기 전에 색이 변하면 안 된다.
- 튀긴 아티초크의 기름기를 털어낸 다음 소금을 뿌린 뒤 접시에 쌓아 올린다.
- 튀긴 파슬리로 장식하여 완성한다.

LE LIVRE DE CUISINE. — PREMIÈRE PARTIE.

프티 푸아 아 라 프랑세즈
PETITS POIS À LA FRANÇAISE

- 껍질을 깐 신선한 완두콩 1ℓ를 준비한다.
- 2ℓ 들이 냄비에 넣고 씻은 뒤 물기를 뺀다.
- 다음 재료들을 더한다.

    버터 100g

    물 100mℓ

    흰 양파 50g

    소금 1자밤

    설탕 25g

- 어떤 이들은 파슬리를 더하기도 하나, 이는 좋지 않다. 파슬리가 완두콩의 고유한 풍미를 해칠 수 있기 때문이다.
- 냄비 뚜껑을 잘 덮고 중간 불에서 30분간 끓인다.
- 익으면 밀가루 20g과 버터 100g을 더한 후 불에서 내린다.
- 잘 섞어준다. 너무 걸쭉하면 찬물 25mℓ를 더한다.
- 맛을 보고 충분히 달지 않으면 설탕 5g을 더한다.
- 통조림 완두콩을 사용할 때에는 끓는 물에 씻은 뒤 물기를 빼고, 신선한 완두콩처럼 밑간 한다.

푸아 아 랑글레즈 POIS À L'ANGLAISE

- 3ℓ 들이 냄비에 물 2ℓ와 소금 10g을 넣는다. 물이 끓으면 위 요리와 같이 준비한 완두콩 1ℓ를 넣는다.

LÉGUMES

- ✤ 완전히 익을 때까지 끓인다. 손가락으로 눌러 쉽게 으스러지면 익은 것이다.
- ✤ 물기를 빼내고 접시에 담은 뒤 버터 100g을 올린다.

푸아 오 라드 POIS AU LARD

- ✤ 베이컨 100g을 준비해 껍질을 제거하고, 3.5×1cm 크기로 자른다.
- ✤ 끓는 물에 5분간 데친 뒤 물기를 빼내고, 2ℓ 들이 냄비에 버터 30g과 같이 넣는다.
- ✤ 3분간 볶다가 밀가루 15g을 더한다.
- ✤ 불에서 4분간 저어가며 볶는다. 그 다음 완두콩 1ℓ와 흰 양파 1개를 더하고, 물 400㎖를 붓는다.
- ✤ 냄비 뚜껑을 덮고 30분간 끓인다.
- ✤ 완두콩의 간이 충분히 되었는지 확인한다.
- ✤ 양파를 제거하고 기름기를 걷어낸 다음 완성한다.

아리코 블랑 아 라 메트르도텔
HARICOTS BLANCS À LA MAÎTRE-D'HÔTEL

- ✤ 아리코 블랑의 제철은 7월 1일부터 10월 15일 까지이다.
- ✤ 신선한 아리코 블랑 1ℓ를 준비한다.
- ✤ 4ℓ 들이 냄비에 물 3ℓ와 소금 3자밤을 넣는다.
- ✤ 물이 끓으면 아리코 블랑을 냄비에 넣고 푹 익도록 가열한다.

LE LIVRE DE CUISINE. — PREMIÈRE PARTIE.

✤ 손가락으로 눌러 쉽게 으스러지면 익은 것이다.

✤ 물기를 빼내고, 버터 30g과 밀가루 10g을 섞어 반죽을 만든다.

✤ 반죽을 6-8조각으로 나눈 다음 아리코 블랑과 다음 재료와 함께 섞는다.

   아리코 블랑 끓인 물 50mℓ

   다진 파슬리 1큰술

   소금 2자밤

   후추 1자밤

   레몬즙 1작은술

✤ 강하게 저어가며 섞는다.

✤ 잘 섞이면 완성한다.

아리코 플라졸레 HARICOTS FLAGEOLETS

✤ 아리코 플라졸레의 제철은 7월 1일부터 10월 15일 까지이다.

✤ 언제나 신선하고 밝은 녹색 빛을 띠는 것을 선택해야 좋다.

✤ 아리코 플라졸레는 위 요리와 같이 조리하고 간을 맞춘다.

✤ 레몬은 별도로 제공한다.

✤ 통조림을 사용할 경우 끓는 물에 데쳐야 하며, 물기를 뺀 뒤 동일한 방식으로 간을 맞춘다.

아리코 드 수아송 HARICOTS DE SOISSONS

✤ 아리코 드 수아송 1ℓ를 준비해 소금 10g을 탄 물 3ℓ에 데친다.

LÉGUMES

✤ 아리코 드 수아송을 끓이다가 처음 끓어오르면 냄비 뚜껑을 덮고, 화덕 모서리에 두고 완전히 익을 때까지 익힌다. 손가락으로 눌렀을 때 쉽게 부서지면 익은 것이다.

✤ 물기를 빼내 다시 냄비에 넣는다.

✤ 다음 재료들을 더한다.

　　　버터 125g

　　　다진 파슬리 1큰술

　　　소금 2자밤

　　　아리코 드 수아송을 끓인 물 50mℓ

✤ 냄비를 흔들어주며 버터가 녹을 때까지 잘 섞는다.

✤ 완성한다.

✤ 아리코 드 수아송은 잘 식혀서 샐러드로도 제공할 수 있다.

아리코 루주 HARICOTS ROUGES

✤ 아리코 루주 1ℓ를 준비하여 위 요리처럼 조리한다.

✤ 베이컨 200g의 껍질을 제거하고 2.5×1cm 크기로 자른다.

✤ 베이컨을 5분간 데친 뒤 물기를 빼고, 2ℓ 들이 냄비에 넣어 금빛이 돌도록 볶는다.

✤ 밀가루 15g을 더해 3분간 나무 주걱으로 저어가며 익힌다.

✤ 다음 재료들을 더한다.

　　　적포도주 300mℓ

　　　물 200mℓ

LE LIVRE DE CUISINE. — PREMIÈRE PARTIE.

후추 2자밤

✣ 25분간 뭉근히 끓인다. 아리코 루주를 꺼내 물기를 빼낸 다음 냄비에 넣는다.

✣ 버터 30g을 더해 냄비를 흔들며 버터가 녹을 때까지 섞는다.

✣ 완성한다.

아리코 베르 아 라 풀레트
HARICOTS VERTS À LA POULETTE

✣ 아리코 베르 500g을 준비한다. 콩의 껍질을 벗기고 헹군 다음, 양 끝을 0.5cm가량 절단한다.

✣ 4ℓ 들이 냄비에 물 3ℓ를 끓인다.

✣ 소금 10g을 넣고 아리코 베르를 넣어 완전히 익을 때까지 끓인다. 콩을 손가락으로 눌렀을 때 부드럽되 으스러지면 안 된다.

✣ 물기를 빼고, 2ℓ 들이 냄비에 버터 30g과 밀가루 15g을 넣는다.

✣ 나무 주걱으로 3분간 저어준다.

✣ 물 300㎖와 소금 1자밤을 넣는다.

✣ 10분간 가열한다.

✣ 달걀 노른자 2개와 버터 15g으로 걸쭉하게 만든다. ▶89

✣ 아리코 베르를 냄비에 넣고 다진 파슬리 반 큰술을 더한다.

✣ 아리코 베르의 모양을 유지해가며 조심히 섞어준다.

✣ 완성한다.

LÉGUMES

참고 — 아리코 베르의 색을 내려면 소금물의 농도를 정확히 맞추고, 많은 물을 써서 센 불에서 뚜껑을 덮지 않고 익혀야 한다.

아리코 베르 소테 오 뵈르
HARICOTS VERTS SAUTES AU BEURRE

✤ 아리코 베르 500g을 준비해 위 요리와 같이 조리한다.
✤ 팬에 버터 50g을 넣고 녹인다.
✤ 아리코 베르를 넣고 센 불에서 8분간 볶는다.
✤ 소금 1자밤, 다신 파슬리 1큰술, 레몬즙 1작은술을 더한다.
✤ 잘 섞어서 완성한다.

아리코 베르 아 랑글레즈
HARICOTS VERTS A L'ANGLAISE

✤ 아리코 베르 500g을 준비해 위 요리와 같이 조리한다.
✤ 물기를 빼고 소금을 뿌린 뒤 접시에 담는다.
✤ 위에 버터 100g을 올린다.

랑티유 아 라 메트르도텔
LENTILLES À LA MAÎTRE-D'HÔTEL

✤ 렌틸콩을 앞서 설명한 방식과 같이 조리한다.▶[129]
✤ 렌틸콩 1ℓ에 메트르도텔 200g을 녹인 뒤 콩을 끓인 물 50㎖

을 더해 완성한다.

폼 드 테르 오 레 POMMES DE TERRE AU LAIT

- 네덜란드 산 감자 1kg을 씻어 소금 1자밤을 넣은 물 2ℓ에 넣는다. 감자가 부서지지 않도록 약한 불에서 익힌다.
- 익으면 물기를 빼고 껍질을 벗긴 뒤 8mm 두께로 자른다.
- 2ℓ 들이 냄비에 감자와 우유 500mℓ를 넣는다.
- 10분간 끓인 뒤 버터 40g과 소금 1자밤을 넣는다.
- 버터가 녹을 때까지 잘 저어준다.
- 완성한다.

폼 드 테르 아 라 메트르도텔
POMME DE TERRE À LA MAÎTRE-D'HÔTEL

- 위 요리와 같이 감자를 조리하고 자른다.
- 냄비에 감자와 메트르도텔 200g, 육수 200mℓ를 넣는다.
- 잘 섞어서 완성한다.
- 사순시기 금식을 지켜야 하는 날에는 육수를 물로 대체한다.

슈플뢰르 아 라 소스 블랑슈
CHOUX-FLEURS À LA SAUCE BLANCHE

- 콜리플라워를 손질해 앞서 설명한 방식으로 조리한다.[129]
- 물기를 빼고 접시에 담아 소스 블랑슈 400mℓ를 곁들인다.[138]

LÉGUMES

슈플뢰르 오 그라탱 CHOUX-FLEURS AU GRATIN

- ✣ 꽃양배추를 위 요리와 같이 손질하고 조리한다.
- ✣ 다음과 같이 소스를 준비한다.
- ✣ 2ℓ 들이 냄비에 버터 30g과 밀가루 25g을 넣는다.
- ✣ 2분간 가열하여 루를 만든다.
- ✣ 물 700㎖, 소금 2자밤, 후추 3자밤을 더한다
- ✣ 나무 주걱으로 저어가며 10분간 끓인다.
- ✣ 파르메산 치즈 30g과 그뤼예르 치즈 30g을 넣는다.
- ✣ 5분간 더 졸인다.
- ✣ 슈플뢰르의 물기를 빼고 반으로 나누어 반을 4cm 두께로 냄비에 깔아준다.
- ✣ 위에 소스를 한 층 올린다.
- ✣ 나머지 슈플뢰를 올린다.
- ✣ 나머지 소스로 위를 덮는다.
- ✣ 파르메산 치즈 25g을 뿌리고 샤플뤼르 1큰술을 그 위에 골고루 뿌린다.
- ✣ 녹인 버터 20g을 두른다.
- ✣ 오븐에 넣고 20분간 슈플뢰르가 노랗게 익을 때까지 굽는다. 충분히 색이 올라오면 완성한다.
- ✣ 이 요리는 내열 도자기 또는 뚝배기에 조리하여 식탁으로 바로 낼 수 있다.

LE LIVRE DE CUISINE. — PREMIÈRE PARTIE.

슈 드 브뤼셀 소테 오 뵈르
CHOUX DE BRUXELLES SAUTE AU BEURRE

- 방울양배추 500g을 앞선 요리와 같이 손질하고 조리한다. ▶130
- 물기를 빼낸다.
- 팬에 버터 40g을 녹인다.
- 방울양배추를 넣고 소금 4g을 뿌려 센 불에서 8분간 볶는다.
- 다진 파슬리 1큰술을 더한다.
- 완성한다.

샹피뇽 파르시 CHAMPIGNONS FARCIS

- 지름 4cm 크기의 버섯 12개를 준비한다.
- 칼로 버섯 줄기의 흙을 제거한 다음, 씻어서 물기를 뺀다.
- 줄기를 제거한 다음 버섯을 다지고 헝겊으로 물기를 짜낸다.
- 1ℓ 들이 냄비에 버터 30g과 밀가루 15g을 넣는다.
- 2분간 가열하며 저어준다. 육수 400mℓ를 넣고 나무 주걱으로 저어가며 반으로 줄 때까지 졸인다.
- 소스에 다진 버섯 줄기, 다진 파슬리 3큰술, 다진 에샬롯 1큰술, 소금 2자밤, 후추 1자밤을 넣는다.
- 센 불에서 8분간 졸인다.
- 작은 팬에 기름 2큰술을 넣고, 버섯의 갓이 바닥을 향하도록 배열한다.
- 줄기를 제거하고 빈 공간에 소를 채운다.

LÉGUMES

- ✤ 샤플뤼르 1큰술을 버섯 전체에 골고루 뿌려준다.
- ✤ 팬을 약한 불에 올리고 뚜껑을 덮어 10분간 익혀준다.
- ✤ 완성한다.

샹피뇽 아 라 풀레트 CHAMPIGNONS À LA POULETTE

- ✤ 버섯 세 소쿠리를 손질하고 조리한다. ▶116
- ✤ 밀가루 15g을 물 100mℓ에 풀어준다.
- ✤ 버섯 위에 밀가루 푼 물을 부으며 덩어리지지 않도록 나무 주걱으로 저어준다.
- ✤ 달걀 노른자 2개와 버터 15g을 넣어 걸쭉하게 만든다. ▶138
- ✤ 완성한다.

토마트 파르시 TOMATES FARCIES

- ✤ 지름 6cm 크기 토마토 6개를 준비한다.
- ✤ 토마토를 끓는 물에 1분간 데친 후 꺼내 껍질을 벗기다. 밑 부분을 3cm 크기로 동그랗게 자른 다음 속을 파낸다.
- ✤ 소금 2자밤과 후추 2자밤으로 밑간한다.
- ✤ 오일 2큰술을 두른 팬에 토마토를 놓는다.
- ✤ 버섯을 채울 때 사용한 소를 만들어 토마토 속을 채운다. ▶354
- ✤ 샤플뤼르 반 큰술을 뿌리고, 센 불에서 8분간 위아래로 익힌 다음 완성한다.

LE LIVRE DE CUISINE. — PREMIÈRE PARTIE.

오베르진 파르시 AUBERGINES FARCIES

✥ 중간 크기 가지 3개를 세로로 이등분한 다음, 가장자리에서 1cm 간격, 2cm 깊이로 안쪽을 파낸다.

✥ 파낸 것을 작은 마름모 모양으로 한 면당 6개씩 자른다.

✥ 오일 2큰술을 두른 팬에 가지를 배열한다.

✥ 센 불에서 앞뒤로 5분간 노릇하게 구운 다음, 기름기를 빼낸다.

✥ 손질하고 남은 가지는 잘게 다진 다음 물기를 꼭 짜낸다.

✥ 팬에 밀가루 15g을 넣는다.

✥ 기름과 함께 5분간 저어 루를 만든다. 육수 200㎖를 루에 섞는다.

✥ 가지 속을 넣고 8분간 저어가며 볶아준다.

✥ 다진 허브 6큰술을 넣는다.▶118

✥ 고춧가루 1/4자밤을 넣고 4분간 졸인다.

✥ 가지 속에 잘게 다진 가지를 1cm 높이로 채운다.

✥ 기름 2큰술을 두른 팬에 가지를 놓고, 샤플뤼르 1큰술을 뿌린다. 위아래로 10분간 익힌다.

✥ 접시에 담아 완성한다.

에피나르 오 메그르 에 오 그라
ÉPINARDS AU MAIGRE ET AU GRAS

✥ 시금치 1kg을 손질하고 조리한다.▶131 다진 뒤 간을 맞춘다.

✥ 3ℓ 들이 냄비에 버터 30g, 밀가루 20g, 소금 1자밤을 넣는다.

LÉGUMES

- 3분간 저어준다.
- 시금치를 넣고 센 불에서 3분간 저어가며 볶아준다.
- 육수 100㎖를 넣고 2분간 저은 뒤, 육수 200㎖를 보충한다.
- 3분간 저어가며 익힌다.
- 불에서 내려 버터 30g을 더한다. 버터가 잘 섞이도록 저어준다.
- 시금치를 크뤼통으로 장식한 접시에 담아낸다. 크뤼통은 다음과 같이 준비한다.
- 빵 속을 두께 1cm, 너비 3cm 삼각형으로 자른다.
- 작은 냄비에 버터 20g을 녹여 빵을 앞뒤로 노릇하게 굽는다.
- 기름기를 털어내고 접시 주위에 가지런히 놓는다.
- 완성한다.
- 에피나르 오 메그르의 경우 같은 방법으로 준비하되 육수 대신 동일한 양의 우유를 사용한다.

에피나르 오 쉬크르 ÉPINARDS AU SUCRE

위와 같은 방식으로 우유를 사용하여 준비한다. 설탕 8g을 더해 잘 섞이도록 저어준다.

시코레 오 그라 에 오 메그르
CHICORÉE AU GRAS ET AU MAIGRE

- 치커리 12개를 준비하여 다진다. ▶132
- 2ℓ 들이 냄비에 버터 30g과 밀가루 15g을 넣는다.

LE LIVRE DE CUISINE. — PREMIÈRE PARTIE.

- ✤ 3분간 가열한다.
- ✤ 치커리를 넣고 5분간 저어준다.
- ✤ 육수 또는 쥐 드 메나주 300㎖를 부어준다.▶151
- ✤ 계속 저어가며 30분간 조리한다.
- ✤ 불에서 내려 버터 30g을 더해 낸다. 크뤼통으로 장식한다.
- ✤ 시코레 오 메그르의 경우는 육수를 우유로 대체하면 된다.

살시피 아 라 소스 블랑슈
SALSIFIS À LA SAUCE BLANCHE

- ✤ 살시피 2kg을 준비한다. 줄기가 신선하며 뿌리가 아주 검고 실한 것을 사용한다.
- ✤ 큰 테린에 물 2ℓ와 식초 50㎖를 넣는다.
- ✤ 살시피의 꼭지를 제거하고, 검은 껍질을 완전히 벗겨낸다.
- ✤ 살시피를 물에 담근다.
- ✤ 3ℓ 들이 냄비에 잘게 썬 소 신장 지방 100g을 넣고 색이 변하지 않게끔 녹인다.
- ✤ 물 2ℓ, 소금 2자밤, 식초 2큰술을 더한다.
- ✤ 처음 끓어오를 때까지 가열한다.
- ✤ 살시피를 냄비에 넣고 뚜껑은 4cm 틈이 날 정도로만 덮는다.
- ✤ 화덕 모서리에 두고 30분간 익힌다.
- ✤ 살시피를 건져 7cm 길이로 자른다.
- ✤ 2ℓ 들이 냄비에 넣고 소스 블랑슈 500㎖를 끼얹은 다음 낸다.

LÉGUMES

살시피 프리트 SALSIFIS FRITS

✤ 위 요리와 동일한 양의 살시피를 준비해 조리한다.

✤ 살시피를 건져내 같은 길이로 잘라 접시에 놓는다.

✤ 튀김 반죽 500ml를 준비한다. ▶163

✤ 작은 팬에 튀김유 1kg을 가열한다.

✤ 살시피에 반죽을 입힌 다음 튀긴다.

✤ 바삭하고 노릇하게 튀겨지면 천에 올려 기름을 털어낸다.

✤ 접시에 냅킨을 깔고 튀긴 살시피를 탑처럼 쌓아올린다.

✤ 튀긴 파슬리로 장식해 완성한다.

콩콤브르 아 라 풀레트
CONCOMBRES À LA POULETTE

✤ 중간 크기 오이 두 개를 4등분한다. 껍질이나 씨는 제거한다.

✤ 각 부분을 5cm 길이 3cm 폭으로 자른다.

✤ 3ℓ 들이 냄비에 오이를 넣는다.

✤ 물 2ℓ, 버터 30g, 소금 2자밤을 더한다.

✤ 오이가 완전히 익을 때까지 끓인다. 꼬챙이가 쉽게 들어가면 익은 것이다.

✤ 오이를 면포에 건져 물기를 빼낸다.

✤ 소스 풀레트 300mℓ를 오이에 곁들인다.

✤ 완성한다.

LE LIVRE DE CUISINE. — PREMIÈRE PARTIE.

셀르리 오 쥐 CÉLERI AU JUS

- 시들지 않고 주름지지 않은 샐러리 6개를 준비해 10cm 길이로 자른다.
- 조리하기에 너무 억세고 녹색의 줄기는 제거한다.
- 뿌리는 뾰족하게 자르며 0.5cm 두께로 껍질을 제거한다.
- 샐러리를 씻은 다음 끓는 물에 10분간 데친다.
- 식혀서 여러 번 헹구고 물기를 뺀다. 3개씩 한 묶음을 만든다.
- 샐러리와 다음 재료를 냄비에 넣는다.

    육수 300mℓ

    물 200mℓ

    기름기를 걷어낸 마르미트 100mℓ

    부케 가르니 1개

    양파 50g

    당근 50g

    소금 1자밤

    후추 1자밤

- 종이로 위를 덮은 다음 냄비 뚜껑을 덮어준다.
- 2시간동안 천천히 끓인 다음 익었는지 확인한다.
- 샐러리의 물기를 빼고 접시에 놓는다. 아래부터 3개, 2개, 1개의 순서로 올린다.
- 1ℓ 들이 냄비에 버터 30g과 밀가루 30g을 넣는다.
- 불에서 3분간 저어준다.

LÉGUMES

✣ 육수 600㎖를 더하고, 400㎖로 줄 때까지 졸인다.
✣ 시누아에 거른 다음 요리에 부어서 완성한다.

셀르리라브 오 쥐 CÉLERI-RAVE AU JUS

✣ 샐러리악 2개를 준비한다. 각 동일한 크기로 사과조각과 같은 모양으로 10조각을 만들고, 껍질은 완전히 제거한다.
✣ 위 요리의 조리법과 같이 조리한다.
✣ 같은 소스를 준비한다.
✣ 샐러리악을 건져 접시에 놓고 완성한다.

레튀 오 쥐 LAITUE AU JUS

✣ 실한 양상추 8개를 준비한다. 억세거나 노란 잎은 제거한다.
✣ 물에 씻은 다음 10분간 데친다.
✣ 식힌 다음 물기를 빼낸다.
✣ 반으로 갈라 8개 조각으로 나누어 소금 3자밤으로 밑간한다.
✣ 조각을 다시 실로 묶어 2ℓ 들이 냄비에 넣는다.
✣ 육수를 가득 부은 다음 기름기를 제거한 마르미트 200㎖, 부케 가르니 1개, 정향 2개를 꽂은 양파 1개를 더한다.
✣ 종이로 위를 덮고 2시간 동안 약한 불로 끓인다. 다 익었으면 물기를 빼낸다.
✣ 실을 풀고 양상추를 펼친다.
✣ 밑동은 반절 정도 제거하고 6cm 길이 4cm 너비의 긴 사각형

LE LIVRE DE CUISINE. — PREMIÈRE PARTIE.

모양으로 접는다.
- 접시에 둥글게 놓고, 육수 800mℓ를 반절 양으로 졸여 두른다.
- 양상추 사이에 버터와 크뤼통을 놓는다.

카로트 플라망드 CAROTTES FLAMANDES

- 이 요리는 5월 1일부터 10월 1일 사이에 수확되는 신선한 당근만 사용한다.
- 신선한 당근 800g을 끓는 물에 5분간 데친다.
- 당근을 식힌 다음 껍질을 벗긴다.
- 초록색 윗동과 꼬리를 잘라내고, 1cm 두께 원형으로 자른다.
- 2ℓ 들이 냄비에 넣는다.
- 다음 재료들을 더한다.

    물 50mℓ

    버터 30g

    소금 1자밤

    설탕 5g

- 뚜껑을 덮고 약한 불에 20분간 끓인다. 5분마다 당근을 뒤집어 골고루 익힌다.
- 손가락으로 눌러 익었는지 확인한다.
- 달걀 노른자 2개, 크림 50mℓ, 버터 15g을 섞는다(리에종 아 뢰프 참고▶137).
- 다진 파슬리 반작은술을 더한다.

LÉGUMES

✤ 섞어서 완성한다.

나베 오 쉬크르 NAVETS AU SUCRE

✤ 지름 5cm 순무 24개를 준비해 씻어서 물기를 빼낸 다음 끓는 물에 5분간 데친다.

✤ 물기를 빼내고 작은 팬에 버터 15g을 넣는다.

✤ 순무를 넣어 노릇하게 굽는다.

✤ 다시 기름기를 빼내고 작은 냄비에 넣고 육수 600mℓ와 설탕 5g을 더한다.▶151

✤ 손가락으로 눌러 익었는지 확인한다.

✤ 접시에 놓고 육수를 부어 완성한다.

카르동 CARDONS

카르동의 조리법은 고급 요리에서 다룰 것이다. 이 식재료는 가정 요리의 범주를 넘어서는 것이다.

페브 드 마레 아 라 풀레트
FÈVES DE MARAIS À LA POULETTE

✤ 잠두콩 1ℓ를 준비한다.

✤ 콩의 윗부분에 있는 검은색의 작은 껍질을 제거하고 씻은 다음, 소금 1자밤을 넣은 물 3ℓ에 데친다.

✤ 콩이 익었는지 손가락으로 눌러 확인한 뒤, 2ℓ 들이 냄비에 버

LE LIVRE DE CUISINE. — PREMIÈRE PARTIE.

터 3g을 넣는다.
- 밀가루 15g을 넣고 불에서 3분간 저어준 다음, 달걀 노른자 2개와 크림 50mℓ, 버터 15g, 설탕 4g을 모두 넣고 섞어준다(리에종 아 뢰프 참고▶137).
- 다진 세이보리 1작은술을 넣고 잠두콩을 소스에 넣는다.
- 섞어서 완성한다.

마세두안 드 레귐 MACÉDOINE DE LÉGUMES

- 다음 재료들을 준비한다.
    5mm 깍둑썰기한 당근 100g●
    같은 크기로 자른 순무 60g
    작은 초록 아스파라거스 100g(작은 강낭콩 깍지 크기)
    작은 완두콩 100g
    당근과 같은 크기로 자른 아리코 베르 100g
- 재료들을 소금 4g을 푼 물 1ℓ에 각각 별도로 데친다.
- 익으면 천으로 물기를 빼낸다.
- 2ℓ 들이 냄비에 버터 20g, 밀가루 10g을 넣고, 육수 200mℓ를 부어 소스를 만든다.
- 소금 2자밤, 설탕 2자밤을 더한다.
- 10분간 익혀 달걀 노른자 2개와 크림 100mℓ로 농도를 맞춘다.
- 모든 채소를 냄비에 넣는다.
- 채소가 으깨지지 않도록 조심하여 소스와 섞어준다.

● 이렇게 채소를 썰어 내는 방식을 마세두안이라고 한다.

LÉGUMES

✤ 완성한다.

살라드 드 레귐 SALADE DE LÉGUMES

✤ 이 요리는 위 요리와 같은 재료로 준비한다.

✤ 채소를 식힌 뒤, 샐러드 그릇의 바닥에 아리코 베르를 깔고, 각기 다른 채소들을 모둠으로 하여 배치한다.

　　　당근 모둠 1개,

　　　완두콩 모둠 1개

　　　순무 모둠 1개

　　　아스파라거스 모둠 1개

　　　당근 모둠 1개

　　　완두콩 모둠 1개

　　　순무 모둠 1개

　　　아스파라거스 모둠 1개

✤ 남은 완두콩과 아스파라거스는 다진 라비고트 1큰술로 덮은 가운데 위에 올려놓는다.

✤ 오일은 병에 든 채로 제공한다.

　　잎채소에 관한 고찰 — 잎채소 목록을 제공할 필요는 없을 것이다. 모두가 제철에 쓰는 잎채소의 종류를 알고 있고, 그 조리법도 알고 있다. 누구에게도 필요하지 않은 사족으로 책의 분량을 구태여 늘릴 이유가 어디 있겠는가?

그림 70. 암탉과 달걀을 자기로 표현한 수프 그릇

제15장

달걀

외프 아 라 코크 ŒUFS À LA COQUE

- ✥ 반숙 달걀 6개를 기준으로 설명한다. 2ℓ 들이 냄비에 물 1.5ℓ를 붓는다.
- ✥ 물이 끓기 시작하면 신선한 달걀 6개를 넣는다.
- ✥ 냄비 뚜껑을 덮는다.
- ✥ 불 위에서 1분이면 충분하다. 냄비를 불에서 내리고 5분 뒤에 요리를 마친다.
- ✥ 달걀은 더 이상 익지 않도록 주의하며 물에서 1시간 동안은 보

LE LIVRE DE CUISINE. — PREMIÈRE PARTIE.

관할 수 있다.
* 물기를 잘 빼내고 냅킨에 싸서 완성한다.

외프 쉬르 르 플라 ŒUFS SUR LE PLAT

* 둥근 철제 팬에 버터 25g, 소금 반 자밤, 후추 1자밤을 바른다.
* 신선한 달걀 6개를 그 위에 깬다.
* 소금 반 자밤과 후추 두 자밤을 위에 뿌린다.
* 약한 불에서 철제 뚜껑을 덮어 그 위에 숯을 올려 가열한다.
* 4분간 익힌 다음 흰자가 익으면 완성한다.

외프 오 뵈르 누아르 ŒUFS AU BEURRE NOIR

* 접시에 달걀 6개를 깨어 소금 1자밤, 후추 3자밤을 뿌린다.
* 오믈렛 팬에 버터 100g을 넣고 갈색이 될 때까지 가열한다.
* 버터를 달걀을 붓고, 달걀을 다시 팬에 넣는다.
* 2분간 익힌 다음 뒤집어 크레프처럼 익힌다. 다시 30초간 가열한 다음 접시에 옮겨 담는다.
* 팬에 식초 2큰술을 넣고, 반절의 양이 되도록 졸인다. 졸인 것은 달걀에 부어준다.
* 완성한다.
* 팬을 닦고, 녹 방지를 위해 기름칠을 한다. 이는 오믈렛을 조리하는 데 도움이 된다.

ŒUFS.

외프 브루이예 오 핀 제르브
ŒUFS BROUILLÉS AUX FINES HERBES

- 2ℓ 들이 냄비에 버터 100g을 넣는다.
- 신선한 달걀 6개, 우유 50mℓ, 소금 약간, 후추 1자밤을 넣는다.
- 가열하며 거품기로 빠르게 저어준다. 달걀이 굳기 시작하면 냄비를 불에서 내려 2분 더 저어준다. 다진 파슬리 반 큰술을 더한다.
- 크뤼통과 함께 완성한다. ▶356

외프 브루이예 오 프로마주
ŒUFS BROUILLÉS AU FROMAGE

- 위의 방법으로 달걀을 조리한 다음 버터와 함께 파르메산 치즈 갈은 것 60g을 더한다. 마무리도 동일하다.
- 허브, 아스파라거스, 완두콩을 넣은 버전도 있다. 이 때는 달걀을 접시에 담기 전에 재료를 추가해야 하다.

외프 프리트 아 라 소스 토마트
ŒUFS FRITS À LA SAUCE TOMATE

- 팬에 오일 3큰술을 두르고 팬을 기울여 기름을 한데 모은다.
- 기름이 가열되면 신선한 달걀을 깨어 넣는다.
- 소금 1자밤과 후추 1자밤을 더한다.
- 흰자로 노른자를 덮어 잘 감싸준다. 뒤집은 다음 즉시 빼내 기

LE LIVRE DE CUISINE. — PREMIÈRE PARTIE.

름기를 빼낸다.
- 달걀의 수에 따라서 반복한다.
- 이 요리는 항상 낱개로 조리해야 한다. 노른자는 위 요리들과 같이 완숙이 되어서는 안 된다.
- 소금 1자밤을 각 달걀에 뿌린다.
- 접시에 담고 소스 토마트 300㎖를 곁들인다.▶148

외프 포셰 오 쥐, 아 로제이유 에 아 시코레
ŒUFS POCHÉS AU JUS, À L'OSEILLE ET À LA CHICORÉE

- 작은 팬에 물을 가장자리에서 1cm 높이로 잘박하게 채운다.
- 소금 1자밤과 식초 50㎖를 더한다.
- 물을 끓인 뒤 신선한 달걀 6개를 넣고 팬의 뚜껑을 덮는다.
- 2분 뒤 불에서 내린다. 흰자가 노른자를 단단히 감싸고 있으면 달걀이 익은 것이다.
- 미지근한 물 1.5ℓ가 담긴 그릇에 달걀을 옮겨 담는다.
- 10분간 담가둔 다음, 물기를 빼내고, 흰자를 다듬어 깔끔한 타원형으로 만든다.
- 접시에 옮기고, 쥐 드 메나주 600㎖를 반절의 양으로 졸여서 곁들인다.▶151
- 달걀마다 굵은 후추 1자밤씩을 뿌린다.
- 이 요리는 치커리나 시금치를 곁들일 수도 있다.▶131

ŒUFS.

외프 뒤르 아 로제이유
ŒUFS DURS À L'OSEILLE

- ✤ 1ℓ 들이 냄비에 물 800mℓ를 끓인다. 달걀 6개를 넣는다.
- ✤ 뚜껑을 덮어 10분간 끓인다. 이 시간을 넘기면 노른자가 검게 변하고 흰자와 분리된다.
- ✤ 달걀이 익으면 식히고 껍질을 벗겨 물에 헹구고, 물기를 뺀다.
- ✤ 각 달걀을 세로로 이등분한다.
- ✤ 고명 항목에서 언급한 대로 접시에 수영 600mℓ를 놓는다.▶133
- ✤ 수영 위에 반으로 자른 달걀을 가지런히 놓아 완성한다.

외프 아 라 트리프 ŒUFS À LA TRIPE

- ✤ 양파 30g을 준비한다.
- ✤ 양파를 반으로 갈라 위아래 꽁지를 제거한다.
- ✤ 양파를 0.5cm 두께로 썬다.
- ✤ 5분간 양파를 끓는 물에 데친 다음 물기를 뺀다. 2ℓ 들이 냄비에 버터 40g을 넣는다.
- ✤ 양파를 넣고, 붉은 빛이 돌 때까지 볶아준다.
- ✤ 양파의 색이 오르면 밀가루 25g, 육수 600mℓ, 소금 1자밤, 후추 1자밤을 더한다.
- ✤ 약한 불에서 20분간 저어준다.
- ✤ 삶은 달걀 6개를 준비하여 껍질을 벗기고 씻는다. 0.5cm 두께로 썰어 양파에 섞는다.

LE LIVRE DE CUISINE. — PREMIÈRE PARTIE.

✤ 간을 보고 완성한다.

오믈레트 오 핀 제르브
OMELETTE AUX FINES HERBES

✤ 오믈렛은 매우 간단하고 기본적인 요리이지만, 대개 잘못된 조리법으로 만들어져 낭패를 보는 경우가 잦다. 올바른 규칙에 따라 조리해야만 성공할 수 있다.

✤ 달걀 6개를 그릇에 깐다.

✤ 소금 5자밤, 후추 3자밤, 다진 파슬리 반 큰술을 더한다.

✤ 포크로 달걀을 잘 저어 섞어준다.

✤ 이 작업은 1분가량 소요되며, 이 시간을 넘기면 달걀이 물처럼

그림 71. 오믈레트용 팬

ŒUFS.

묽어져서 부드럽고 좋은 모양의 오믈렛을 만들기 어렵다.

- ❖ 팬이 깨끗한 상태인지 먼저 확인한다. 오믈렛 팬은 다른 용도로는 일절 사용하지 말아야 한다.
- ❖ 팬에 버터 90g을 넣고 중간 불로 녹인다.
- ❖ 버터가 녹으면서 색이 변하지 않도록 저어준다.
- ❖ 버터가 덥혀지면 달걀을 붓고, 포크로 저어 고르게 익힌다.
- ❖ 달걀이 익기 시작하면 팬을 돌려가며 저어준다.
- ❖ 오믈렛의 양쪽 끝을 접어 타원 모양을 만든다. 불 위에서 가볍게 팬을 흔들어가며 색을 내고, 접시에 뒤집어 옮겨 담는다.
- ❖ 반숙 오믈렛은 달걀이 너무 익기 전에 접어서 색을 낸다.

오믈렛에 관한 고찰

오믈렛의 성공 여부는 세 가지 중요한 지점을 이행하는 데 달려있다. 이 중에 하나라도 미비하다면 실패할 가능성이 크다.

  오믈렛을 만들 때 사용하는 달걀의 수는 12개를 넘기지 말아야 한다. 식사 인원이 많다면 큰 오믈렛 하나로 해결을 보기보다 여러 개의 작은 오믈렛을 만드는 것이 낫다.

  다음으로, 오믈렛을 조리할 때에는 언제나 오믈렛 팬을 써야 한다. 이는 가장 기본적인 조건이다.

  끝으로, 달걀을 너무 오래 저어서는 안 된다. 혹자는 오래 저으면 더 좋다고 하는데 저어주는 것도 과해지면 달걀의 맛과 모양을 흐트러트릴 뿐이다.

LE LIVRE DE CUISINE. — PREMIÈRE PARTIE.

오믈레트 오 라드 OMELETTE AU LARD

- ❖ 베이컨 100g을 끓는 물에 5분간 데친다. 식히고 물기를 제거한 다음 껍질을 벗긴다.
- ❖ 베이컨을 길이 3cm, 너비 1cm로 자른다.
- ❖ 작은 팬에 버터 15g, 베이컨 조각을 넣고 금빛이 될 때까지 볶는다.
- ❖ 베이컨을 위 요리와 같이 준비한 달걀에 넣는다.
- ❖ 소금 1자밤과 후추 1자밤을 더한다.
- ❖ 위 요리와 동일한 방법으로 마무리한다.

오믈레트 오 잠봉 OMELETTE AU JAMBON

- ❖ 살코기 햄 100g을 준비해 1cm 크기로 자른다.
- ❖ 햄을 달걀과 섞은 다음 소금 1자밤, 후추 2자밤으로 간을 한다.
- ❖ 위 요리와 같은 방법으로 마무리한다.

오믈레트 오 샹피뇽
OMELETTE AUX CHAMPIGNONS

- ❖ 버섯 2소쿠리를 준비해 고명용으로 볶는다.[120]
- ❖ 위 요리처럼 준비한다.
- ❖ 오믈렛 가운데에 버섯을 넣는다.
- ❖ 양쪽 끝을 접어 완성한다.

ŒUFS.

오믈레트 오 로뇽 드 무통
OMELETTE AUX ROGNONS DE MOUTON

✤ 양 신장 3개를 준비해 로뇽 소테와 같이 조리한다.▶245

✤ 오믈렛 가운데에 조리한 신장을 넣는다.

오믈레트 아 로제이유 OMELETTE À L'OSEILLE

✤ 수영 200mℓ를 준비하여 조리하고 양념한다.▶133

✤ 오믈렛 가운데에 조리한 수영을 넣는다.

✤ 완성한다.

오믈레트 오 프로마주 OMELETTE AU FROMAGE

✤ 파르메산 치즈 30g과 그뤼예르 치즈 30g을 준비해 1cm 크기로 자른다.

✤ 위 요리와 같이 준비하되 파슬리는 제외한다.▶372

✤ 소금 1자밤과 후추 3자밤으로 간을 한다.

✤ 달걀에 파르메산 치즈를 더하고, 팬에 넣고 오믈렛을 익힌다. 접기 전에는 그뤼예르 치즈를 속에 넣는다.

✤ 오믈렛의 양쪽 끝을 접는다.

그림 72. 반죽 제품

제16장

반죽

마카로니 아 리탈리엔 오 그라 에 오 메그르●
MACARONI À L'ITALIENNE AU GRAS ET AU MAIGRE

- ❖ 2ℓ 들이 냄비에 물 1.5ℓ를 넣는다.
- ❖ 좋은 품질의 마카로니 200g을 준비하여 데친다. 좋은 마카로니는 손가락으로 문질렀을 때 부드럽고, 투명한 황색을 띠며, 부러트렸을 때 안쪽 면이 매끄럽고 단단해야 한다.
- ❖ 소금 1자밤, 후추 2자밤을 뿌리고 약한 불에서 20분간 끓인다.
- ❖ 체에 걸러 물기를 완전히 털어낸다.

● 메그르는 기름기가 적은 육류를 뜻하며, 그라는 기름기가 많은 육류를 말한다. 따라서 이 레시피는 기름기의 조건에 따라 두 가지 방식으로 조리할 수 있다.

LE LIVRE DE CUISINE. — PREMIÈRE PARTIE.

- ❖ 냄비를 헹구고 마카로니를 다시 넣은 뒤, 육수 200㎖를 넣고 약한 불에서 육수를 완전히 흡수하도록 끓인다.
- ❖ 파르메산 치즈와 그뤼예르 치즈를 각 50g씩 강판에 간다.
- ❖ 냄비에 두 종의 치즈를 반절가량 넣고 섞는다. 잘 섞이면 남은 치즈를 넣는다. 마카로니가 잘 늘어나려면 치즈가 완전히 녹아야 한다.
- ❖ 마카로니가 너무 딱딱하면 치즈가 기름기를 띄는데, 이 때에는 육수 100㎖를 더해 1분간 저어가며 익힌다.
- ❖ 간을 본다. 마카로니는 항상 간이 잘 배어야 한다.
- ❖ 오 메그르의 경우 육수는 우유로도 대체할 수 있다. 우유는 같은 양을 사용한다.

마카로니 오 그라탱 MACARONI AU GRATIN

- ❖ 위 요리와 같은 방식으로 조리한다.
- ❖ 작은 구리 팬에 버터를 얇게 펴 바르고, 마카로니를 6cm 높이로 넣는다.
- ❖ 파르메산 치즈 30g과 샤플뤼르 반 큰술을 뿌린다.
- ❖ 버터 15g을 녹여 마카로니 위에 붓고, 약한 불에 올린 다음 철판 뚜껑에 강한 불을 붙인 숯을 올린다. 불 조절이 잘 된다면 10분 안에 마카로니가 익는다.
- ❖ 오 메그르로 만들 경우 역시 우유를 사용하여 조리할 수 있다.

PATES.

누이유 오 잠봉 NOUILLES AU JAMBON

- ❖ 체로 거른 밀가루 250g을 준비한다. 밀가루 가운데를 파내어 달걀 3개를 깬다.
- ❖ 버터 15g과 소금 1자밤을 더한다.
- ❖ 재료들을 잘 섞어 매끄러운 반죽을 만든다. 반죽은 4등분하여 각 2mm 두께로 평평하게 펴준다.
- ❖ 반죽이 붙지 않도록 밀가루를 뿌려 각 4cm 너비로 말아준다.
- ❖ 각 조각을 4mm 너비로 썰어낸다.
- ❖ 썰어낸 국수를 손으로 흔들어 풀어준다.
- ❖ 3ℓ 들이 냄비에 물 2ℓ, 소금 1자밤, 후추 1자밤을 넣는다.
- ❖ 물이 끓으면 국수를 한 손으로 뿌리고 다른 한 손으로는 나무 주걱으로 저어준다. 국수가 덩어리지면 안 된다.
- ❖ 6분간 끓인 뒤, 체에 걸러 물기를 완전히 빼내고 식힌다. 물기를 뺀 뒤 냄비에 다음 재료와 함께 넣는다.

>   버터 30g
>   쥐 드 메나주 500mℓ를 300mℓ로 졸인다 ▶151
>   갈은 파르메산 치즈 40g
>   1cm 크기로 자른 살코기 햄 100g

- ❖ 재료들을 나무 주걱으로 잘 섞되 국수가 부러지면 안 된다.
- ❖ 간을 본 다음 채소 냄비에 넣어 완성한다.
- ❖ 이 요리도 위 요리처럼 구워서 만들 수 있다. ▶378

LE LIVRE DE CUISINE. — PREMIÈRE PARTIE.

리 아 라 메나제르 RIZ À LA MÉNAGÈRE

- 2ℓ 들이 냄비에 쌀 200g을 씻고 5분간 데친다.
- 체에 걸러 물기를 빼고 식힌다.
- 살코기 베이컨 100g을 준비하고, 3cm 크기로 잘라 데친 뒤 깨끗이 닦은 냄비에서 볶는다.
- 베이컨의 색이 올라오면 육수 600mℓ와 후추 5자밤을 더한다.
- 20분간 끓이며 쌀이 눌어붙지 않도록 나무 주걱으로 저어준다. 불에서 내린 다음 소스 토마트 200mℓ를 더한다.
- 나무 주걱으로 저어준 뒤, 쌀을 접시에 작은 산처럼 쌓아올린다. 치폴라타로 주위를 장식한다.
- 완성한다.

뇨키 GNOCCI

- 냄비에 다음 재료들을 넣는다.

    물 500mℓ

    버터 20g

    소금 1자밤

    후추 2자밤

- 끓으면 밀가루 150g을 더한다.
- 나무 주걱으로 섞어가며 파르메산 치즈 50g을 더한다.
- 1분간 불에서 저어준다.
- 불에서 내린 뒤 달걀 3개를 한 개씩 넣으며 잘 섞어준다.

PATES.

- ✤ 이 반죽은 올리브 크기로 떼어 둥글게 만든다.
- ✤ 끓는 우유에 반죽을 5분간 삶는다.
- ✤ 체로 물기를 빼고, 냄비에 버터 20g, 밀가루 40g을 넣는다.
- ✤ 뇨키 삶은 우유를 넣고 15분간 불에 저어가며 끓인다.
- ✤ 체로 걸러 소스를 만든다.
- ✤ 금속 채소 냄비에 뇨키를 한 층 깔고 파르메산 치즈를 뿌린다.
- ✤ 소스를 그 위에 부어준다.
- ✤ 뇨키, 치즈, 소스 순으로 층을 쌓아 올린다.
- ✤ 파르메산 치즈를 마지막으로 뿌려준다.
- ✤ 색이 날 때까지 구워서 완성한다.

그림 73. 마카로니 오 그라탱

그림 74. 외프 아 라 네주

제17장
앙트르메 쉬크레

외프 오 레 아 로랑주 ŒUFS AU LAIT À L'ORANGE

* 테린에 달걀 4개를 깨고, 설탕 150g, 우유 600㎖, 소금 반 자밤, 오렌지 제스트를 넣는다.
* 오믈렛을 만들 때와 같이 포크로 재료를 저어준다. 잘 섞은 뒤 시누아로 걸러준다.
* 지름 15cm, 깊이 5cm 백자 접시에 부어준다.
* 2ℓ 들이 냄비에 물 1.5ℓ를 끓인 다음, 백자 접시를 냄비 위에 올린 다음 철판 뚜껑을 덮고 그 위에 숯을 올린다.
* 20분간 조리한다. 이 시간 뒤에도 달걀이 익지 않으면 불에 몇

LE LIVRE DE CUISINE. — PREMIÈRE PARTIE.

분 더 둔다.
- 식힌다. 너무 차가우면 달군 쇠주걱을 이용해 덥힌다.
- 설탕을 달걀 위에 뿌리고 쇠주걱을 가볍게 움직이며 표면을 캐러멜라이징 한다.

외프 오 레 오 시트롱 ŒUFS AU LAIT AU CITRON

위 요리와 같은 방식으로 조리하고, 오렌지 제스트 대신 레몬 제스트를 이용한다.

외프 오 레 오 카페 누아르
ŒUFS AU LAIT AU CAFÉ NOIR

- 위 요리와 같은 방식으로 준비한다. ▶383
- 커피 가루 50g을 커피메이커에 넣는다.
- 물 200mℓ를 끓여 커피메이커에 붓는다.
- 두 번 걸러낸다.
- 위 요리에 명시된 우유를 600mℓ 대신 450mℓ만 사용하고, 커피와 설탕 30g을 더한다.
- 위 요리와 같은 방식으로 조리한 다음 캐러멜라이징 한다.

외프 오 레 오 쇼콜라
ŒUFS AU LAIT AU CHOCOLAT

위 요리와 동일한 방식으로 조리하되, 커피 대신 초콜릿 200g을

ENTREMETS SUCRÉS.

우유에 녹여서 사용한다.

샤를로트 드 폼 드 메나주
CHARLOTTE DE POMMES DE MÉNAGE

- ❖ 레네트 품종의 사과 1.5kg을 준비한다.
- ❖ 사과를 4등분하고, 껍질과 씨를 제거한다.
- ❖ 사과를 0.5cm 두께로 자른다.
- ❖ 센 불에서 버터 200g과 설탕 100g을 팬에 넣는다.
- ❖ 사과를 넣어 15분간 저어가며 익힌다.
- ❖ 길이 6cm, 너비 3cm, 두께 2cm의 크뤼통 24개를 준비한다. 크뤼통은 버터를 입혀 양면이 반질반질한 금색이 되도록 한다.
- ❖ 크뤼통에 살구 마멀레이드를 2mm 두께로 펴 바르고, 접시 가장자리에 차곡차곡 쌓는다.
- ❖ 가운데에는 사과 마멀레이드를 채우고, 그 위에 살구 마멀레이드를 한 겹 쌓는다.
- ❖ 간이 오븐에 5분간 덥혀서 따뜻한 상태로 완성한다.

참고 — 이 요리 명칭에 '가정용(*ménage*)'을 추가한 까닭은 매우 간단한 방식으로 준비할 수 있어 요리틀이 없이도 동일한 결과를 얻을 수 있기 때문이다.

LE LIVRE DE CUISINE. — PREMIÈRE PARTIE.

베녜 드 폼 BEIGNETS DE POMMES

✤ 지름 6cm의 레네트 사과 4개를 준비해 베녜 24개를 만든다.

✤ 지름 2cm 사과 속을 빼는 기구를 이용하여 씨를 제거한다.

✤ 껍질을 벗기고 8mm 두께로 자른다.

✤ 사과를 브랜디 50ml와 설탕 30g과 함께 접시에 넣는다.

✤ 과육이 부서지지 않게 조심스럽게 재료들과 섞는다.

✤ 내기 30분 전에 사과를 천에 걸러 물기를 빼낸다. 이 과정을 거쳐야 반죽이 과육에 잘 입혀진다.

그림 75. 샤를로트 드 폼

✤ 튀김 반죽 800ml를 준비한다.▶163

✤ 작은 팬에 튀김유 1.5kg을 넣고 가열한다. 기름이 뜨거워지면 팬을 불에서 내린 뒤 반죽을 입힌 사과조각을 튀긴다.

✤ 베녜를 완성하기 위해 팬을 다시 불에 올려 완전히 익힌다. 베

ENTREMETS SUCRÉS.

녜가 잘 익으면 천에 기름기를 걸러내고 앞뒤로 설탕을 뿌린다.
✤ 냅킨 깔린 접시에 산처럼 쌓아 완성한다.

참고 — 베녜 모서리의 반죽은 가위로 잘라 동그란 모양이 되도록 한다.

베녜 수플레 BEIGNETS SOUFFLÉS

✤ 2ℓ 들이 냄비에 물 200mℓ, 버터 50g, 설탕 15g을 넣는다.
✤ 끓어오르면 불에서 내린다.
✤ 밀가루 125g을 넣고 나무 주걱으로 잘 섞는다.
✤ 다시 4분간 가열하여 반죽이 눌어붙지 않도록 잘 저어준다.
✤ 불에서 내린다.
✤ 냄비에 달걀 1개를 까서 섞어준다. 잘 섞어지면 2개의 달걀을 한 개씩 더한다.
✤ 잘 섞은 다음, 반죽이 너무 단단하면 상황에 따라 반 개 또는 1개의 달걀을 더한다.
✤ 반죽을 숟가락으로 떠서 떨어트렸을 때 반죽이 퍼지지 않고 깔끔하게 떨어져야 적절한 농도가 된 것이다.
✤ 반죽이 완성되면 작업대에 밀가루를 뿌리고 반죽의 1/4를 그 위에 올린다.
✤ 반죽이 작업대나 손에 달라붙지 않도록 밀가루를 더 뿌리고, 2.5cm 크기 공 모양으로 잘라낸다.

LE LIVRE DE CUISINE. — PREMIÈRE PARTIE.

- 이 반죽들을 4cm 너비의 기름 바른 종이 띠에 올린다.
- 팬에 튀김유 1.5kg을 넣고 가열한다. 빵 부스러기로 기름 온도를 확인한다. ▶161
- 빵 부스러기가 살짝 끓어오를 정도가 되어야 한다.
- 팬을 화구 중앙에 놓고, 반죽 띠를 기름에 담가 반죽이 떨어지면 띠를 꺼낸다.
- 국자로 잘 저어준다.
- 시나브로 불을 높여 베녜가 익어 갈색이 될 때까지 가열한다.
- 베녜를 천에 걸러 기름기를 걷어낸 다음 설탕을 뿌린다. 산처럼 쌓아 완성한다.

오믈레트 수플레 오 시트롱
OMELETTE SOUFFLÉE AU CITRON

- 달걀 6개의 흰자와 노른자를 분리하여 흰자는 구리 그릇, 노른자는 테린에 넣는다.
- 노른자에 설탕 100g과 레몬 반 개 분량의 껍질을 갈아 넣는다.
- 나무 주걱으로 4분간 저어준다.
- 흰자를 강하게 휘저은 다음 노른자에 섞어준다.
- 섞은 것이 매우 찰져야 하며, 그렇지 않으면 오믈렛이 실패한다.
- 버터를 바른 타원형 접시에 반죽을 놓는다.
- 칼을 사용해 수평을 맞추며 최대한 높게 쌓아올린다.
- 주걱 손잡이를 이용해 접시 가운데 3cm 깊이의 홈을 만든다.

ENTREMETS SUCRÉS.

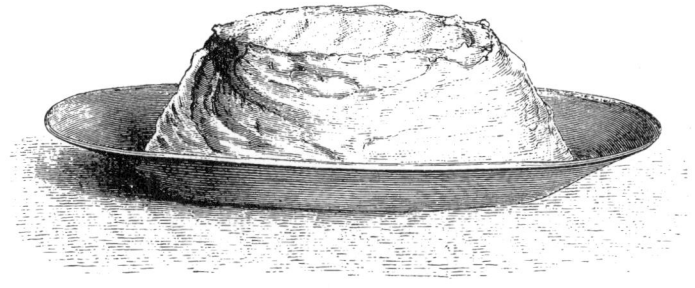

그림 76. 오믈레트 수플레

- 오믈렛 위에 설탕을 뿌린다.
- 오븐 쟁반에다 붉은 재를 깔고 그 위에 오믈렛을 놓는다. 1시간 30분 앞서 예열한 간이 화구를 그 위에 올려놓는다.
- 아래의 불이 위의 불보다 더 세야 한다.
- 이 요리는 준비되는 즉시 만들자마자 먹어야 한다.
- 오븐을 사용할 수 있다면 간이 화구 대신 오븐을 이용해 조리하는 것이 더 쉽고 안전하다.

수플레 아 라 바니유 SOUFFLÉ À LA VANILLE

- 3ℓ 들이 냄비에 우유 1ℓ, 밀가루 200g, 설탕 200g, 바닐라 설탕 2큰술, 소금 1자밤을 넣는다.
- 밀가루를 우유에 풀어준다.
- 불에 올려 처음 끓어오르면 불에서 내린 다음 나무 주걱으로 저어 반죽을 부드럽게 한다.

LE LIVRE DE CUISINE. — PREMIÈRE PARTIE.

그림 77. 휴대용 간이 오븐

❖ 달걀 6개를 깨서 흰자와 노른자를 분리한다. 노른자는 냄비에 넣어 세게 저어주고, 흰자는 힘껏 저어준다.
❖ 위 요리와 같이 흰자와 노른자를 섞어준다.▶388
❖ 반죽은 잘 섞여야 하되 너무 묽으면 안 된다. 너무 세게 저으면 묽어질 수 있다.
❖ 반죽을 22×18cm 내열 도기 접시에 붓는다.
❖ 미리 30분 동안 예열한 간이 화덕이나 오븐을 통해 센 불에서 조리한다. 20분간 가열한다.
❖ 먹기 전에 설탕을 뿌린다.

ENTREMETS SUCRÉS.

✤ 수플레는 위 요리처럼 뜸을 들여서는 안 된다. 매우 쉽게 가라앉을 수 있다.

가토 드 리 오 시트롱
GÂTEAU DE RIZ AU CITRON

✤ 쌀 300g을 씻고 5분간 데친다. 포타주 오 리 참고. ▶108
✤ 물기를 빼내고 식힌다.
✤ 3ℓ 들이 냄비에 우유 1.5ℓ를 끓인다. 우유가 끓으면 쌀을 냄비에 넣고 설탕 200g, 버터 40g, 레몬 제스트를 더한다.
✤ 아주 약한 불에서 위아래로 1시간 동안 가열하되 쌀이 눌어붙으면 안 된다. 눌어붙었다면 냄비를 바꾼다.
✤ 달걀 3개를 넣고 나무 주걱으로 잘 저어준다.
✤ 너비 12cm, 높이 7cm 요리틀에 3mm 두께로 버터를 다른다.
✤ 파뉘르로 내부를 덮은 뒤 쌀을 부어준다.
✤ 간이 화덕이나 오븐에서 위아래로 30분간 굽는다.
✤ 색이 잘 나왔는지 확인한 다음 틀에서 꺼내 완성한다.

참고 — 이 요리는 단독 또는 다음 소스를 곁들여 낸다.
2ℓ 들이 냄비에 달걀 노른자 6개를 넣는다.
설탕 80g, 레몬 제스트, 우유 500mℓ를 넣는다.
약한 불에서 저어가며 소스가 숟가락 뒷면에 얇게 달라붙을 때까지 끓인다.

불에서 꺼내 5분간 더 저어준다.

시누아에 거른다.

소스를 그릇에 별도로 제공한다.

리 오 플라 아 라 바니유
RIZ AU PLAT À LA VANILLE

✤ 조리 시간을 단축하고 요리틀 사용을 원치 않을 경우에는 다음 조리법을 따른다. 위 요리에서 설명한 대로 쌀을 준비한다.

✤ 바닐라 설탕 1큰술을 더하고, 수플레처럼 접시에 쌀을 넣는다.

✤ 설탕을 뿌린 다음 간이 화덕에서 아래는 약한 불, 위로는 강한 불로 15분간 가열한다. 쇠주걱으로 캐러멜라이징 한다.

가토 드 세물 아 라 플뢰르 도랑제 프랄리네
GÂTEAU DE SEMOULE
À LA FLEUR D'ORANGER PRALINÉE

✤ 2ℓ 들이 냄비에 우유 1.5ℓ를 끓인다. 우유가 끓어오르면 굵은 밀가루 400g, 버터 15g, 설탕 30g, 소금 1자밤을 더한다.

✤ 한 손으로 나무 주걱으로 저어가며 밀가루를 넣는다. 모두 잘 섞이면 위아래로 아주 약한 불에서 20분간 조리한다.

✤ 달걀 4개를 하나씩 냄비에 넣으며 잘 섞일 때까지 저어준다.

✤ 설탕에 졸인 오렌지꽃 1큰술, 설탕 50g을 더해 잘 섞어준다.

✤ 가토 드 리 오 시트롱과 같이 마무리한다.▶391

ENTREMETS SUCRÉS.

크로케트 드 리 CROQUETTES DE RIZ

- 가토 드 리 오 시트롱과 같이 쌀 150g을 준비한다. ▶391
- 쌀이 다 익으면 접시에 5cm 두께로 넣는다. 쌀을 식힌 다음 5× 4cm 크기로 자른다.
- 작업대에 파뉘르를 뿌린 다음 쌀을 굴려 주먹밥같이 만든다.
- 달걀 3개를 오믈렛처럼 풀어서, 굴린 쌀에 달걀물을 입힌다.
- 파뉘르를 입힌다. ▶164
- 칼로 모양을 다듬고 뜨거운 기름에 튀긴다. 기름기를 빼고 설탕을 뿌려 완성한다.

폼 오 뵈르 POMMES AU BEURRE

- 신선한 레네트(*reinette*) 사과 7개를 준비한다.
- 사과 속 파내는 기구로 씨를 뺀다. 껍질을 벗겨서 통째로 둔다.
- 팬에 3mm 두께로 버터를 바른다.
- 계피 가루 1자밤을 뿌리고, 각 사과의 구멍에 설탕을 채운다.
- 버터 40g을 녹이고 사과에 부어준다.
- 간이 화덕에서 위아래로 20분간 구워 익으면 완성한다.

폼 메랭구에 아 라브리코
POMMES MÉRINGUÉES À L'ABRICOT

- 레네트 사과 1kg을 준비하여 샤를로트 드 폼 드 메나주와 같이 살구 마멀레이드 2큰술을 더한다. ▶385

- 6cm 높이 돔 모양으로 접시에 사과를 쌓는다.
- 달걀 흰자 3개를 힘써서 저은 뒤, 설탕 100g을 더한다. 사과 위에 흰자를 덮어 균일한 층을 입힌다.
- 설탕을 뿌리고 간이 화덕에서 황금빛이 될 때까지 굽는다.
- 사과가 황금빛이 돌면 완성한다.

푸아르 오 리 아 라 바니유
POIRES AU RIZ À LA VANILLE

- 고품질의 배 4개를 준비해 껍질과 씨를 제거한다.
- 반으로 잘라 2ℓ 들이 냄비에 물 1ℓ, 설탕 100g, 바닐라 1/4개를 넣고 가열한다.
- 가토 드 리와 마찬가지로 쌀 200g을 준비하여 바닐라 설탕 1큰술을 섞는다. ▶391
- 쌀이 익으면 접시 바닥에 4cm 높이로 놓는다.
- 배를 쌀 위에 겹겹이 놓는다.
- 당밀계 기준 34도 정도로 농축 시킨 쥐 드 푸아르를 배와 쌀 위에 두른다.
- 완성한다.

오믈레트 아 라 마르멜라드 다브리코
OMELETTE À LA MARMELADE D'ABRICOTS

- 오믈레트 오 핀 제르브와 같이 달걀 6개로 오믈렛을 만든다. ▶372

ENTREMETS SUCRÉS.

- 물론 허브는 사용하지 않고, 소금 1자밤만 넣는다.
- 오믈렛을 접기 전 덥힌 살구 마멀레이드 100mℓ를 펴 바른다.
- 오믈렛을 접어 접시에 올리고, 설탕을 뿌린 다음 쇠주걱으로 표면을 태운다.
- 잼, 그로제이유(*groseille*), 미라벨(*mirabelle*) 등으로 만드는 오믈렛은 위와 조리법이 동일하다.●

참고 — 이런 종류의 오믈렛은 너무 익히지 말고 부드럽게 조리해야 한다.

오믈레트 오 럼 OMELETTE AU RHUM

- 위 요리와 같이 오믈렛을 만든다.
- 설탕 5g을 더한다. 오믈렛이 완성되면 접시에 담는다.
- 자메이카 럼 100mℓ를 더한다.
- 불을 붙인 상태로 완성한다.

크레프 오 쉬크르 CRÊPES AU SUCRE

- 테린에 밀가루 125g, 우유 25mℓ를 넣는다.
- 반죽이 부드러울 때까지 섞다가, 우유 175mℓ, 녹인 버터 60g, 소금 1자밤을 더한다.
- 덩어리지지 않도록 주의하며 섞는다.
- 크레프 팬에 완두콩 크기의 버터를 넣고 불에 올린다.

● 그로제이유는 까치밥나무 열매로 만든 시럽을 뜻하며, 미라벨은 자두의 일종을 말한다.

LE LIVRE DE CUISINE. — PREMIÈRE PARTIE.

그림 78. 크레프용 팬

- 버터가 녹으면 반죽을 2큰술 떠서 팬의 바닥을 덮어준다.
- 한쪽 면의 색이 날 때까지 굽고, 뒤집어 반대쪽도 색을 낸다.
- 마지막 크레프까지 같은 과정을 반복한다.
- 설탕을 뿌린다.
- 크레프는 아주 뜨거운 상태에서 먹는 음식이다.

외프 아 라 네주 ŒUFS À LA NEIGE

- 2ℓ 들이 냄비에 우유 1ℓ를 넣고 끓인다.
- 설탕 30g과 레몬 반 개 분량의 제스트를 더한다.
- 테린에 달걀 6개의 흰자와 노른자를 분리해준다.
- 노른자는 소스 용으로 두고, 흰자는 힘껏 저어준다.
- 흰자가 응고되면 설탕 100g을 더한다.
- 설탕과 흰자를 섞고, 끓는 우유에 흰자를 달걀 크기 정도로 떠

ENTREMETS SUCRÉS.

넣는다. 냄비 안에서 서로 닿지 않아야 한다.
- 불을 낮추어 4분간 끓인다.
- 흰자는 숟가락으로 뒤집어 골고루 익히고, 단단해지면 체에 받혀둔다.
- 모든 흰자를 같게 조리한다. 흰자가 식으면 높게 쌓아올린다.
- 남은 우유와 노른자로 소스를 만든다. 설탕 30g을 더한다.
- 소스를 흰자 위에 덮고 식혀서 완성한다.

포 드 크렘 오 카페 POTS DE CRÈME AU CAFÉ

- 작은 컵케이크 용기 6개를 준비한다. 우유는 용기의 3배 분량을 써서 1ℓ 들이 냄비에 넣고 끓인다.
- 테린에 진하게 내린 커피를 1개 용기 분량만큼 넣는다(용기의 용량에 따라 커피의 양을 조절하면 된다).
- 달걀 노른자 5개, 설탕 30g을 더한다.
- 우유를 테린에 부어 잘 섞은 다음 시누아에 거른다.
- 작은 용기에 크림을 채운 다음 거품을 제거한다.
- 작은 용기를 넣을 냄비에 용기의 절반 높이까지 물을 부은 다음 끓인다.
- 불을 줄여 물이 끓지 않게 한 다음 냄비 뚜껑을 덮는다.
- 15분간 가열해 크림이 익었는지 확인한다. 찬물에 용기를 담가 식힌 다음 물기를 닦아 완성한다.

LE LIVRE DE CUISINE. — PREMIÈRE PARTIE.

참고 — 물이 끓지 않도록 하되, 작게 지글거리는 정도는 유지해야 한다.

포 드 크렘 오 카라멜
POTS DE CRÈME AU CARAMEL

- 위 요리와 동일한 방식으로 조리하되, 커피 대신 카라멜을 넣는다.
- 카라멜은 작은 냄비에 설탕 10g을 녹여 만든다. 설탕이 마호가니의 진갈색을 띠면 작은 컵케이크 용기 1개분의 물을 더한다.
- 카라멜을 달걀과 섞고 우유와 설탕을 더한다.
- 위 요리와 같은 방식으로 마무리한다.

포 드 크렘 아 라 바니유
POTS DE CRÈME À LA VANILLE

- 위 요리와 동일한 방식으로 조리하되, 우유에 바닐라 반 개를 넣어 우린다.
- 우유의 양은 작은 컵케이크 용기 1개분을 추가로 더한다.

포 드 크렘 오 시트롱 POTS DE CRÈME AU CITRON

- 우유의 양은 위 요리와 동일하다.
- 달걀을 섞을 때 레몬 제스트를 첨가한다.

ENTREMETS SUCRÉS.

바바루아 아 라 바니유 BAVAROIS À LA VANILLE

- ❖ 얼음 3kg과 일명 '샹티이(*chantilly*)'●라고도 하는 생크림 600mℓ를 준비한다.
- ❖ 1.5ℓ 들이 원통형 디저트 틀을 준비한다.

그림 79. 바바루아 틀에서 꺼내는 모습

- ❖ 2ℓ 들이 냄비에 우유 800mℓ를 끓인다. 우유가 끓기 시작하면 바닐라 반 개를 넣고 한 시간 동안 우린다.
- ❖ 테린에 달걀 노른자 8개와 설탕 300g을 넣는다.
- ❖ 바닐라 우린 우유를 붓고 나무 주걱으로 저어가며 불에서 익힌다.

● 생크림에 설탕과 바닐라 등을 섞은 것. 주로 디저트를 장식할 때 사용한다.

LE LIVRE DE CUISINE. — PREMIÈRE PARTIE.

- ✥ 걸쭉해지면 불을 끄고 찬물에 담가 둔 젤라틴 35g을 녹인다.
- ✥ 젤라틴이 녹으면 시누아에 걸러 냄비에 붓는다.
- ✥ 얼음을 깨어 그릇에 담고 냄비를 그 위에 올린다.
- ✥ 덩어리지지 않도록 계속 저어가며 크림을 식힌다.
- ✥ 크림이 걸쭉해지면 샹티이 600mℓ를 넣고 잘 섞는다. 틀에 가득 부은 후, 얼음 위에 틀을 놓는다.
- ✥ 틀의 뚜껑을 덮고 얼음으로 덮는다. 약 1시간 30분 뒤에 바바루아가 완성된다.
- ✥ 낼 때에는 따뜻한 물에 틀을 잠시 담갔다가 꺼내 접시에 뒤집어서 완성한다.

그림 80. 바바루아 아 라 바니유

ENTREMETS SUCRÉS.

바바루아 오 프레즈 BAVAROIS AUX FRAISES

- 작고 신선하며 향긋한 딸기 1kg을 베네치아 체에 걸러낸다.
- 걸러낸 딸기에 설탕 300g을 더한다.
- 젤라틴 40g을 찬물에 담가둔 뒤 은제 숟가락으로 저어 녹인다.
- 젤라틴을 시누아에 걸러 딸기 퓌레에 넣고 잘 섞는다.
- 위 요리처럼 틀에 담아 마무리한다.

바바루아 오 자브리코 BAVAROIS AUX ABRICOTS

- 잘 익은 살구 1kg을 베네치아 체에 뭉개서 걸러낸다.
- 살구 퓌레에 설탕 300g과 살구 씨 6개를 빻아 넣는다.
- 젤라틴 40g을 녹여 퓌레에 더한다.
- 위 요리처럼 같은 방식으로 마무리한다.

젤레 에 샤를로트 뤼스 GELÉE ET CHARLOTTE RUSSES

이 요리는 고급 요리에서 다루도록 하겠다. 이 요리에 필요한 도구가 가정에 꼭 상비된 것은 아니기 때문이다.

그림 81. 누가

제18장
가정 제과

갈레트 드 메나주 GALETTE DE MÉNAGE

6-8인분을 위한 갈레트를 만드는 법을 소개하겠다.

- ❖ 밀가루 500g과 버터 320g을 준비한다.
- ❖ 밀가루는 체에 친 다음 작업대 위에 쌓고 가운데에 지름 15cm 크기의 홈을 만든다. 그 안에 소금 10g과 설탕 10g을 넣는다.
- ❖ 홈에 버터를 넣은 다음 물 200mℓ를 붓는다.

LE LIVRE DE CUISINE. — PREMIÈRE PARTIE.

- 반죽을 치댄다. 버터와 밀가루가 섞이기 시작하면 남은 물의 ⅓을 손으로 뿌려가며 더한다. 반죽은 완전히 섞여야 하며, 같은 작업을 두 번 더 반복해 물을 모두 사용한다.
- 손에 밀가루를 묻혀 손에 남은 반죽을 떼어낸다.
- 반죽을 힘껏 눌러 펴서 매끄럽게 만든 다음, 둥글게 모양을 잡고 30분간 둔다.
- 반죽으로 갈레트를 만든다.
- 반죽을 4cm 두께로 펴고, 칼로 가장자리에 1cm 간격으로 0.5cm 깊이의 칼집을 넣는다.
- 갈레트를 뒤집어 오븐 팬에 놓는다.
- 달걀 1개를 깨어 푼다. 브러시로 갈레트에 달걀물을 골고루 발라주되, 가장자리에는 바르지 않는다.
- 칼로 선을 그린다.
- 오븐은 30분간 예열한다. 팬을 넣고 오븐을 덮는다.
- 30분간 불을 유지하며 굽는다. 손가락으로 눌렀을 때 탄력이 느껴진다면 갈레트가 익은 것이다.
- 완성한다.

가토 푀유테 GÂTEAU FEUILLETÉ

- 밀가루 500g를 체에 쳐 작업대에 쌓는다.
- 밀가루 가운데 지름 6cm 크기의 홈을 파고 소금 10g과 물 150mℓ를 넣는다.

PÂTISSERIE DE MÉNAGE.

✣ 밀가루를 섞는 중에 물 100mℓ를 여러 번에 나누어 더해 반죽이 매끄럽고 달라붙지 않게 만든다. 반죽은 둥글게 모양을 잡아 4cm 두께로 펴준다.

✣ 버터 350Ib를 준비한다. 이 요리에는 버터의 묵직한 풍미가 중요하기 때문에 특별히 많은 버터를 사용해야 함을 언급한다.

✣ 겨울철에는 버터가 더 부드럽도록 미리 손보아야 한다.

✣ 버터를 반죽 가운데 놓고, 반죽과 버터를 섞어 지름 30cm의

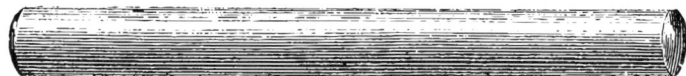

그림 82. 밀대

원형을 만든다. 네 모서리를 중앙으로 접어 버터를 감싸고 사각형 모양으로 만든다.

✣ 반죽을 1m 길이로 펴서, ⅓을 가운데로 접고 나머지 ⅓을 그 위에 덮는다. 이것을 '한 번 돌리기'라고 한다. 반죽은 10분간 둔다.

✣ 작업을 반복해 '두 번 돌리기'를 한다. 그 뒤 반죽은 다시 둔다.

✣ 10분 뒤 작업을 다시 반복하고 쉬어준 다음 마지막으로 한 번 더 돌린다. 이렇게 총 6번을 돌린다.

✣ 또 10분간 쉬어준 뒤, 갈레트를 만드는 것처럼 반죽을 둥글게 모양을 잡은 다음 마무리한다.

✣ 주현절에는 잠두콩 한 알을 넣어준다.

LE LIVRE DE CUISINE. — PREMIÈRE PARTIE.

가토 드 플롬 GÂTEAU DE PLOMB

- ✣ 밀가루 500g을 체에 쳐서 준비한다.
- ✣ 밀가루 가운데 홈을 파고 설탕 10g, 소금 10g, 크림 100mℓ, 달걀 2개를 넣는다.
- ✣ 끝으로 버터 300g을 더한다. 겨울철에는 버터를 미리 손본다.
- ✣ 반죽을 만들며 크림 200mℓ를 더한다. 반죽은 갈레트를 만들 때처럼 마무리한다.
- ✣ 반죽은 30분간 쉬어준다.
- ✣ 반죽을 4cm 두께로 펴고 가장자리에 칼집을 낸다. 달걀물을 바르고, 칼로 선을 그린다.
- ✣ 버터 바른 종이를 높이에 반죽 겉면에 둘러준다. 굽는 동안 반죽이 퍼지지 않도록 실로 묶어 고정한다. 1시간 동안 굽는다.
- ✣ 손가락으로 눌렀을 때 탄력이 느껴지면 익은 것이다.
- ✣ 요리 위에 접시를 올린 다음 1kg 추를 올려 눌러주며 식힌다.
- ✣ 식은 다음 접시와 종이를 제거하고 완성한다.
- ✣ 이 요리는 모든 가정 제과와 같이 오븐을 사용하며, 간이 화덕에서도 구울 수 있다.

그림 83. 나베트 드 플롬

PÂTISSERIE DE MÉNAGE.

프티 가토 드 플롬 푸르 르 카페 에 르 테
PETITS GÂTEAUX DE PLOMB POUR LE CAFÉ ET LE THÉ

- ✥ 위 요리와 같이 반죽을 준비한다.
- ✥ 반죽을 40g씩 나누어 8cm 길이, 4cm 너비의 타원형 모양을 만든다. 달걀물을 바르고, 갈레트처럼 선을 그려준 뒤 20분간 굽는다.
- ✥ 완성한다.

브리오슈 BRIOCHE

- ✥ 밀가루 500g을 체에 쳐 작업대에 쌓는다. 밀가루의 1/4를 덜어내어 가운데 홈을 만든다.
- ✥ 홈에 이스트 10g을 넣는다.
- ✥ 온수 50mℓ로 이스트를 녹인다. 물은 너무 뜨거워서는 안 된다.
- ✥ 이스트가 녹으면 반죽을 섞는다. 조금씩 물을 더해 부드러운 반죽을 만든다.
- ✥ 반죽은 2ℓ 들이 냄비에 물을 붓고 넣은 뒤 뚜껑을 덮고 따뜻한 곳에 둔다. 이스트가 두 배로 부풀때까지 숙성 시킨다.
- ✥ 남은 밀가루도 가운데 홈을 파 소금 10g, 설탕 10g을 넣는다.
- ✥ 물 2큰술을 넣어 설탕과 소금을 녹이고, 버터 300g과 달걀 4개를 더한다.
- ✥ 반죽을 섞으며 달걀 1개를 더한다.
- ✥ 같은 작업을 반복한다.

LE LIVRE DE CUISINE. — PREMIÈRE PARTIE.

- ❖ 총 7개의 달걀을 넣는다.
- ❖ 반죽은 부드러우면서 피지지 않아아 한다. 너무 단단하다면 달걀을 하나 더 넣는다.
- ❖ 잘 섞인 반죽을 숙성 시킨 반죽과 섞고 그릇에 담아 따뜻한 곳에서 4시간 동안 숙성 시킨다.
- ❖ 반죽을 작업대에 놓고 펼친 다음 반으로 접는다. 이 작업은 네 번 반복한다.
- ❖ 다시 그릇에 담아 2시간 동안 숙성 시킨다.
- ❖ 반죽을 다시 펼치고 접는다.
- ❖ 반죽을 아주 찬 곳에 두어 단단하게 만든다. 2시간 뒤 반죽을 둥글게 만들어 3cm 너비 왕관 모양을 만든다.
- ❖ 달걀물을 바르고 가운데 3cm 깊이의 칼집을 넣는다.
- ❖ 반죽이 부풀며 칼집이 닫히지 않도록 위치를 잘 잡아준다.
- ❖ 30분간 굽는다.
- ❖ 브리오슈는 왕관 모양으로만 만들되 가운데 돔처럼 올린 모양은 좋지 않다. 가정 오븐에서는 조리의 한계가 있기 때문이다.

브리오슈 오 프로마주 BRIOCHE AU FROMAGE

- ❖ 위 요리의 반죽에 파르메산 치즈 100g과 1cm 크기의 작은 그뤼예르 치즈 조각 100g을 더한다.
- ❖ 반죽을 잘 섞어준다.
- ❖ 왕관 모양으로 만들어 굽는다.

PÂTISSERIE DE MÉNAGE.

프티트 플뤼트브리오슈
PETITES FLUTES-BRIOCHES

✤ 위 요리의 반죽을 60g씩 나누어 9cm 길이 4cm 너비 타원형으로 만든다.

✤ 달걀물을 바르고 15분간 굽는다.

가토 다망드 GÂTEAU D'AMANDES

✤ 쓴 아몬드 10개를 포함해 아몬드 200g을 준비한다. 끓는 물에 넣고 껍질이 벗겨질 때까지 준다.

✤ 껍질이 벗겨지면 아몬드를 건져 식힌 후 깨끗한 면포로 물기를 잘 닦는다.

✤ 아몬드를 절구에 넣고 으깬다. 이 때 아몬드 기름이 나오지 않도록 달걀 1개를 세 번에 걸쳐 넣는다.

✤ 아몬드를 잘 으깨고 다음 재료들을 더한다.

  설탕 200g

  버터 200g

  오렌지꽃물 1큰술

  소금 1자밤

  달걀 3개(한 번에 1개씩 넣는다)

✤ 반죽이 잘 섞이면 테린에 넣는다.

✤ 가토 푀유테와 같이 반죽 500g을 준비해 다섯 번 접는다.

✤ 반죽을 두 개로 나누어 공 모양을 만든 다음 각각 1cm 두께로

LE LIVRE DE CUISINE. — PREMIÈRE PARTIE.

편다. 반죽 하나를 작업대에 올려놓는다.

✣ 으깬 아몬드는 가장자리에서 4cm 떨어진 곳에 펴 바른다. 가

그림 84. 막자와 막자사발

장자리는 물과 달걀물을 입히고 다른 반죽을 그 위에 덮는다.

✣ 엄지손가락으로 가장자리를 눌러 두 반죽을 접합한다.

✣ 가장자리를 0.5cm 잘라 둥글게 만든다.

✣ 달걀물로 반죽을 발라 금색이 돌도록 50분간 굽는다.▶403 식힌 뒤 체로 거른 설탕을 뿌린다.

PÂTISSERIE DE MÉNAGE.

✤ 완성한다.

플랑 드 폼 FLAN DE POMMES

✤ 푀유테 반죽 250g을 0.5cm 두께로 편다.▶404
✤ 26cm 너비 플랑 틀에 반죽이 바닥에 잘 닿도록 깔아준다.
✤ 튀어나온 반죽은 잘라주고 사과 마멀레이드 1kg을 채운다.▶385
✤ 30분간 굽는다. 다 구워지면 식힌다.
✤ 위에 살구 마멀레이드나 사과 젤리를 얹는다.

그림 85. 갈레트 데 루아

플랑 드 스리즈 FLAN DE CERISES

✤ 위 요리와 같은 방식으로 반죽을 준비한다.
✤ 체에 거른 설탕 3mm를 틀 바닥에 뿌린다.
✤ 씨를 제거한 체리 1kg을 다닥다닥 배열한다. 30분간 굽는다. 체에 거른 설탕 3mm를 뿌린다.

플랑 다브리코 FLAN D'ABRICOTS

- 위 요리와 같은 방법으로 만든다.
- 체리 대신 씨를 제거한 살구를 쓴다.
- 설탕 가루를 뿌린다.

플랑 드 프륀 FLAN DE PRUNES

위 요리와 같은 방법으로 만들되, ▶411 미라벨 또는 렌클로드 등을 사용한다.

플랑 드 푸아르 FLAN DE POIRES

- 마르탱섹 또는 루슬레(*rousselet*) 품종의 배 10개의 껍질을 벗긴다.
- 2ℓ 들이 냄비에 물 800㎖와 설탕 100g을 넣는다.
- 배를 1시간 동안 약한 불에서 뭉근하게 끓인다.
- 배가 익었는지 확인한다.
- 배를 건져 플랑 드 폼에 넣는다. 이후는 플랑 드 폼의 조리법을 따른다. ▶411
- 시럽을 시누아로 거른다.
- 당밀계 기준 32도가 될 때까지 졸인다.
- 시럽을 식힌 다음 요리 위에 두른다.

PÂTISSERIE DE MÉNAGE.

플랑 드 크렘 메랭구에
FLAN DE CRÈME MERINGUÉE

✤ 2ℓ 들이 냄비에 달걀 4개를 넣되 3개의 흰자는 따로 보관한다.

✤ 밀가루 40g과 우유 100mℓ를 넣는다.

✤ 반죽을 만들되 덩어리지지 않도록 4번에 나누어 우유 700mℓ를 넣고 섞는다.

✤ 버터 20g, 설탕 100g, 오렌지 제스트를 넣는다.

✤ 끓기 시작할 때까지 불 위에 올리고 젓는다.

✤ 식힌다.

✤ 크림이 식으면 플랑 드 폼에 넣는다.▶411

✤ 30분간 굽는다.

✤ 다시 식힌다.

✤ 따로 둔 흰자 3개를 젓다가 설탕 100g을 넣고 머랭을 만든다. 요리 위에 고르게 펴 바른다.

✤ 설탕을 뿌리고 긴이 화덕에서 색이 날 때까지 굽는다.

누가 NOUGAT

✤ 아몬드 400g을 끓는 물에 데친다.

✤ 건져내어 껍질을 벗기고 식혀 깨끗한 천으로 잘 닦는다.

✤ 아몬드는 6등분하여 오븐이나 열기를 쐬어 말려준다. 오븐이 없으면 화구 위에 팬을 놓고 고르게 말려준다.

✤ 작은 냄비에 설탕 200g, 식초 1작은술을 약한 불에 졸인다.

LE LIVRE DE CUISINE. — PREMIÈRE PARTIE.

- ❖ 설탕이 완전히 녹으면 아몬드를 넣고 젓는다.
- ❖ 아몬드는 넣을 때 뜨거운 상태여야 하며, 그렇지 않으면 프랄린이 되어 사용하기 곤란하다.
- ❖ 앙트르메 용도의 틀을 사용한다.
- ❖ 1.5cm 두께로 평평하게 바닥에 누가를 쌓아준다.
- ❖ 누가 일부를 달걀 크기만큼 4cm 높이로 올린다. 바닥에 골고루 펼쳐지도록 주의한다.
- ❖ 첫 번째 층 위에 한 층 더 올리며 틀이 다 찰 때까지 계속한다.
- ❖ 이 작업은 신속히 이루어져야 한다. 누가가 식으면 굳어서 층이 붙지 않는다.
- ❖ 식힌 다음 틀에서 꺼내어 완성한다.

토페 TÔT-FAIT

- ❖ 테린에 다음 재료들을 넣는다.

    밀가루 250g

    버터 250g

    설탕 250g

    소금 1자밤

    레몬 제스트

    달걀 4개

- ❖ 나무 주걱으로 재료들을 잘 섞어준다.
- ❖ 녹인 버터를 넣고 반죽을 잘 섞는다.

PÂTISSERIE DE MÉNAGE.

- ✤ 0.5mm 두께로 균일하게 틀 안을 버터로 칠한다.
- ✤ 반죽을 틀에 붓고 45분간 굽는다.
- ✤ 가운데 작은 칼을 꽂아 익었는지 확인한다. 칼날이 젖었다면 아직 익지 않은 것이다.
- ✤ 다 익으면 틀에서 꺼내어 식힌다.
- ✤ 완성한다.

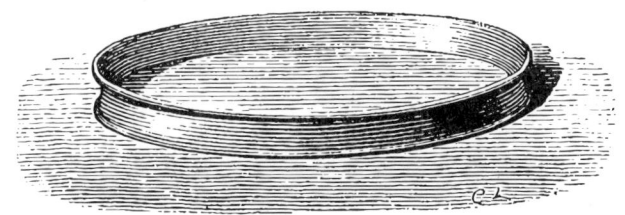

그림 86. 플랑용 틀

그림 87. 디저트

제19장

디저트

비스퀴 아 라 퀴이에르 BISCUITS À LA CUILLER

✣ 달걀 6개를 깨서 노른자와 흰자를 분리한다. 노른자는 테린에 넣고 흰자는 볼에 넣는다.

✣ 노른자에 설탕 250g을 넣고 나무 주걱으로 4분간 젓는다.

✣ 흰자는 거품을 내서 노른자와 섞고 밀가루 125g을 더한다.

✣ 두꺼운 종이로 짤주머니를 만든 다음 안에 반죽을 넣는다.

✣ 짤주머니의 끝을 2cm 정도 잘라낸다.

✣ 짤주머니를 눌러 반죽을 종이 위에 너비 2.5cm 길이 8cm 크기로 짜낸다.

LE LIVRE DE CUISINE. — PREMIÈRE PARTIE.

- 비스킷은 서로 닿지 않도록 2cm 간격을 두고 배치한다. 체에 거른 설탕을 뿌린다.
- 오븐에서 약한 불에 10분간 굽는다.
- 구워졌는지 확인한 다음 오븐에서 꺼낸다.
- 비스킷이 식도록 두고 종이에서 떼어낸 다음 서로 포개어 왕관 모양으로 배열한다.
- 이 요리는 바닐라, 레몬, 오렌지꽃물 등으로 맛을 낼 수 있다.

마카롱 MACARONS

- 쓴 아몬드 6개를 포함해 아몬드 200g을 준비해 껍질을 벗기고 흰자 1개를 넣어 으깬다.
- 으깬 아몬드에 설탕 150g을 넣고 섞는다.
- 흰자 반 개를 더해 다시 섞는다.
- 설탕 150g을 더 넣고 계속 섞다가 흰자 반 개를 넣는다.
- 반죽은 부드럽되 퍼지면 안 된다.
- 끝으로 흰자 반 개를 넣는다.
- 작은 숟가락으로 반죽을 떠 종이에 3cm 너비 1cm 두께로 둥근 모양을 만든다.
- 체로 거른 설탕을 살짝 뿌린다.
- 오븐에서 센 불에 굽는다. 금색이 되면 익은 것이다.
- 위 요리와 더불어 마카롱은 간이 화덕으로 구울 수 없다.

DESSERT.

콩포트 드 푸아르 드 마르탱섹
COMPOTE DE POIRES DE MARTIN-SEC

- ✣ 크기가 비슷한 마르탱섹 품종의 배 7개를 준비한다.
- ✣ 껍질을 벗기고 매끄럽게 손질한다. 배의 목 부분에 흠집이 나면 안 된다.
- ✣ 2ℓ 들이 냄비에 배를 넣고 당밀계 기준 16도의 시럽을 부어 덮는다. 시럽에 진홍색 식물성 염료 1작은술과 바닐라빈 1/4를 더한다.
- ✣ 약한 불에 완전히 익을 때까지 끓인다. 손가락으로 눌렀을 때 배가 부드러우면 익은 것이다.
- ✣ 배를 시럽 속에 넣고 식힌다. 배를 건져낸 다음 시럽이 32도가 되도록 졸인다.
- ✣ 배 하나를 접시 가운데 놓고 나머지 6개는 주변에 배치한다.
- ✣ 시럽은 식힌 다음 배에 뿌린다.
- ✣ 콩포트에서 시럽은 일반적으로 요리 마지막에 뿌려야 하다.

콩포트 드 푸아르 드 카티약
COMPOTE DE POIRES DE CATILLAC

- ✣ 카티약 품종의 배 4개를 각 6조각으로 자른다. 가운데 놓을 반쪽은 따로 둔다.
- ✣ 비슷한 크기의 조각들은 껍질을 벗기고 씨를 제거한다.
- ✣ 당밀계 기준 16도 시럽에 진홍색 염료 1작은술과 레몬 제스트

LE LIVRE DE CUISINE. — PREMIÈRE PARTIE.

절반을 넣고 끓인다.
- 위 요리처럼 손가락으로 익었는지 확인한다.
- 접시에 배 조각을 꽃 모양처럼 놓고 가운데 반 쪽을 놓는다.
- 당밀계 기준 30도까지 졸인 시럽을 두른다.
- 완성한다.

콩포트 드 푸아르 드 봉크레티앙
COMPOTE DE POIRES DE BON-CHRÉTIEN

- 봉크레티앙 품종의 배 5개를 이등분한다.
- 씨를 제거하고 껍질을 벗긴다.
- 가운데 놓을 반쪽은 따로 두어 원형으로 자른다.
- 당밀계 기준 16도 시럽에 충분히 담가 끓인다.
- 배가 완전히 잠기도록 한다.
- 배를 건지고 시럽은 체에 거른다.
- 위 요리처럼 장식한다.
- 30도로 졸인 시럽을 두른다.
- 이 요리는 많은 양의 시럽(2ℓ 들이 냄비에서 1,200㎖)을 써서 하얗게 만들어야 한다.

콩포트 드 폼 COMPOTE DE POMMES

- 칼빌(*calville*) 품종의 사과 4개를 이등분하고 씨를 제거한다.
- 껍질을 벗기고 비슷한 크기의 돔 모양으로 손질한다.

DESSERT.

- ✤ 2ℓ 들이 냄비에 당밀계 기준 16도 시럽 800mℓ와 레몬 반 개 분량의 즙을 넣는다.
- ✤ 약한 불에서 끓인다.
- ✤ 사과가 익으면 건져낸다.
- ✤ 시럽을 체에 거르고 32도로 졸인다.
- ✤ 사과가 완전히 식으면 하나를 접시 가운데, 나머지를 주변에 배열한다.
- ✤ 졸인 시럽을 두른다.

마르멜라드 드 폼 글라세
MARMELADE DE POMMES GLACÉES

- ✤ 레네트 1kg의 껍질을 벗기고 샤를로트 드 폼 드 메나주와 같이 조리한다.▶385
- ✤ 접시에 돔 모양으로 올린다.
- ✤ 체에 거른 설탕을 뿌리고 달군 쇠주걱으로 표면을 태운다.

콩포트 드 프뤼노
COMPOTE DE PRUNEAUX

- ✤ 자두 500g을 준비한다.
- ✤ 씻어서 1ℓ 들이 냄비에 넣는다.
- ✤ 물을 가득 붓는다.
- ✤ 약한 불에서 끓이고 계피 5g을 더한다.

- 자두가 익어 부드러워지되 터지지 않도록 하여 건져낸다.
- 시럽을 거르고 계피를 제거한다.
- 설탕 60g을 더해 시럽을 32도로 졸인다.
- 자두를 접시에 담는다.
- 시럽이 완전히 식으면 붓는다.

콩포트 드 브리뇰 COMPOTE DE BRIGNOLES

- 브리뇰• 500g을 준비한다.
- 백포도주 50mℓ, 물 100mℓ, 설탕 25g과 함께 냄비에 넣는다.
- 약한 불에서 10분간 끓인다.
- 체에 거른다.
- 브리뇰을 접시에 담고 하나는 가운데, 나머지는 서로 포개어 둥글게 배열한다.
- 브리뇰 끓인 물은 식힌 뒤 요리에 부어 완성한다.

콩포트 드 스리즈 COMPOTE DE CERISES

- 몽모랑시(*Montmorency*)•• 산 체리 500g을 준비해 꼭지를 2cm가량 자른다.
- 냄비에 물 200mℓ를 넣는다.
- 설탕 250g을 넣고 끓인다. 설탕이 끓어오르면 체리를 넣는다.
- 냄비를 덮고 5분간 약한 불에서 끓인다.
- 체에 거른다.

• 브리뇰은 주로 프로방스 지방에서 사용하는 말린 자두를 말한다.

•• 몽모랑시는 프랑스 일드프랑스 주에 속하는 도시로 새콤한 맛이 특징적인 체리 품종의 주산지로 유명하다.

DESSERT.

- 체리 끓인 물은 걸러서 당밀계 기준 30도로 졸인다.
- 체리는 꼭지가 위로 향하도록 접시에 놓는다.
- 졸인 물은 식혀서 체리에 붓고 완성한다.

콩포트 드 그로제이유 아 프루아
COMPOTE DE GROSEILLES À FROID

- 붉은 까치밥나무 열매 500g을 준비한다.
- 열매를 씻어 물에 담그지 않고 즉시 건져낸다.
- 볼에 열매를 넣고 설탕 200g, 물 50mℓ를 더한다.
- 열매를 잘 섞는다.
- 설탕이 녹으면 접시에 담는다.
- 2시간 뒤 잘 섞인 것은 빨간 젤리와 같은 콩포트가 된다. 이 요리는 여름에 먹기 좋다.

콩포트 다브리코 COMPOTE D'ABRICOTS

- 잘 익은 단단한 살구 8개를 준비해 반으로 갈라 씨는 제거하여 따로 보관한다.
- 냄비에 설탕 250g와 물 200mℓ를 넣고 끓인다. 물이 끓어오르면 살구를 넣고 약한 불에서 5분간 데친다.
- 살구 끓인 물은 체에 거른 다음 당밀계 기준 30도로 졸인다.
- 살구를 접시 가운데 5개, 나머지는 주변에 둥글게 배치한다.
- 보관한 씨는 꺼내 각각의 살구 위에 놓는다.

- 졸인 물을 부어서 완성한다.

콩포트 드 렌클로드
COMPOTE DE REINES-CLAUDE

- 렌클로드 20개를 준비한다. 설탕 250g, 물 200mℓ와 함께 냄비에 넣는다.
- 냄비 뚜껑을 덮고 약한 불에서 10분간 끓인다.
- 끓인 물은 걸러서 당밀계 기준 30도로 졸인다.
- 렌클로드를 접시에 담아 완성한다.

콩포트 드 미라벨
COMPOTE DE MIRABELLES

- 미라벨 40개를 준비해 설탕 200g, 물 200mℓ와 냄비에 넣는다.
- 위 요리와 같은 방식으로 조리하여 완성한다.

콩포트 도랑주 COMPOTE D'ORANGES

- 껍질 벗긴 오렌지 4개를 준비한다.
- 각각 10조각으로 잘라 속껍질과 씨를 제거한다.
- 오렌지 반 개는 따로 보관한다.
- 설탕 300g을 당밀계 기준 36도로 졸인다.
- 졸인 설탕을 오렌지에 붓고 볼에 담는다.
- 오렌지는 2시간 동안 시럽에 재운다.

DESSERT.

- ✤ 시럽은 체에 거른 다음 32도로 졸인다.
- ✤ 오렌지를 접시에 둥글게 놓고 가운데에 반 개를 놓는다.
- ✤ 시럽을 부어 완성한다.

살라드 도랑주 오 리퀴르
SALADE D'ORANGES AUX LIQUEURS

- ✤ 오렌지 4개를 0.5cm 두께로 자르고 껍질은 남겨둔다.
- ✤ 접시에 둥글게 놓고 설탕 80g을 뿌린다.
- ✤ 럼, 브랜디나 키르슈 100㎖를 더한다.
- ✤ 단 리큐르(아니스, 마라스켕, 퀴라소, 단치히 브랜디) 등을 사용할 때에는 설탕을 30g만 넣는다.

콩포트 드 마롱 아 라 바니유, 아 로랑주, 오 시트롱
COMPOTE DE MARRONS À LA VANILLE, À L'ORANGE, AU CITRON

- ✤ 밤 40개를 준비해 겉껍질을 벗기고 물에 담근다.
- ✤ 2ℓ 들이 냄비에 물 1.5ℓ를 붓는다.
- ✤ 속껍질을 벗긴 다음 냄비에 넣고 서로 붙지 않도록 한다.
- ✤ 16도 시럽을 부어 20분간 약한 불에서 끓인다.
- ✤ 밤이 익으면 꺼낸다.
- ✤ 시럽은 걸러서 30도로 졸인다.
- ✤ 밤을 접시에 놓고 시럽을 붓는다.

LE LIVRE DE CUISINE. — PREMIÈRE PARTIE.

✤ 이 때 바닐라빈 ¼, 오렌지 제스트 ¼ 또는 레몬 제스트 ¼를 더할 수 있다.

마롱 앙 베르미셸
MARRONS EN VERMICELLE

✤ 위 요리처럼 준비한다.

✤ 시럽을 넣고 끓인다.

✤ 끓인 밤을 황동 체에 넣고 압착시켜 콩포트 그릇에 베르미셸 모양으로 떨어지게 한다.

✤ 이렇게 4cm 높이로 쌓아 올리되 중간에 끊어지지 않도록 만지지 않는다.

오랑주 글라세 오 카라멜
ORANGES GLACÉES AU CARAMEL

✤ 오렌지 3개의 껍질을 벗기되 흰 속껍질은 남겨 조각낸다.

✤ 길이 10cm 두께 4mm의 나무 꼬챙이를 준비한다.

✤ 각 오렌지 조각의 반절까지 꼬치를 넣는다.

✤ 꼬치는 서로 닿지 않게 해서 2시간 동안 말린다.

✤ 작은 냄비에 설탕 500g과 물 250mℓ를 넣고 설탕이 녹으면 센 불로 가열한다.

✤ 처음 끓어오르면 거품을 걷어낸다.

✤ 팔팔 끓어오르면 차가운 물이 든 테린을 준비한다. 손가락을

DESSERT.

냄비에 살짝 넣어 설탕물을 묻힌 다음 바로 찬 물에 담갔을 때 바삭하게 굳어버리면 설탕물이 제대로 완성된 것이다. 잘 조리된 설탕은 물에 닿아도 끈적이거나 달라붙지 않는다.

- ✤ 설탕은 너무 오래 끓이면 노랗게 변색되니 자주 확인해야 한다.
- ✤ 1분간 식힌 다음 오렌지 조각을 설탕물에 담근다.
- ✤ 냄비에 모래를 넣고 꼬치를 모래에 꽂아 오렌지의 물기를 빼며 식힌다.
- ✤ 오렌지가 식으면 한 손으로 꼬치를 잡아 오렌지를 빼낸다.
- ✤ 오렌지 조각을 피라미드 형태로 접시에 쌓는다.

마롱 글라세 오 카라멜
MARRONS GLACÉS AU CARAMEL

- ✤ 밤 36개에 칼집을 내고 변색되지 않도록 팬에 굽는다.
- ✤ 껍질을 벗겨 식히고 위 요리처럼 꼬치로 만든다.
- ✤ 나음 과징은 위 요리와 동일하다.

레쟁 글라세 오 카라멜
RAISINS GLACÉS AU CARAMEL

- ✤ 포도송이를 4-5알씩 묶어서 가지를 자른다.
- ✤ 위 요리와 동일하게 마무리한다.

LE LIVRE DE CUISINE. — PREMIÈRE PARTIE.

스리즈 글라세 오 카라멜
CERISES GLACÉES AU CARAMEL

- 신선한 체리와 브랜디에 절인 체리를 주로 사용한다.
- 위 요리와 동일하게 진행된다.

그로제이유 오 카라멜
GROSEILLES AU CARAMEL

- 말린 백포도 20송이나 말린 적포도 20송이를 준비한다. 포도는 완전히 건조되어야 한다.
- 위 요리처럼 조리하고, 접시에 다양한 색을 이용해 장식한다.

그로제이유 오 쉬크르
GROSEILLES AU SUCRE

- 접시에 달걀 흰자를 물 1티스푼과 섞은 다음 거품이 사라질 때까지 둔다.
- 종이 위에 설탕 500g을 놓는다.
- 말린 적포도 40송이를 하나씩 달걀 흰자에 담근 뒤 설탕에 굴린다. 각 송이는 석쇠에 올려놓는다.
- 설탕이 완전히 마르면 완성한다.

젤레 드 그로제이유 GELÉE DE GROSEILLES

- 말린 적포도 2kg, 말린 백포도 2kg, 라즈베리 1kg을 준비한다.

DESSERT.

✣ 잼을 끓일 때 쓰는 냄비에 물 1ℓ를 넣고 센 불에 끓인다.
✣ 과일이 달라붙지 않도록 거품기로 저어가며 8분간 가열한다.
✣ 큰 테린에 체를 놓고 과일을 옮겨 담는다. 끓인 물은 체에 걸러 1kg당 설탕 600g을 더한다.
✣ 설탕이 녹을 때까지 가열한 다음 면포에 걸러내고, 당밀계 기준 28도까지 두 번에 걸쳐 센 불에서 졸인다.
✣ 젤리가 완전히 식으면 용기에 맞춘 종이를 브랜디에 담근 다음 젤리 위에 덮고, 또 다른 종이를 용기 입구에 덮어 밀봉하여 건조한 곳에 보관한다. 너무 뜨거운 곳에 보관해서는 안 된다.

참고 ― 젤리는 소량으로 조리하는 것이 더욱 요리의 모양새가 좋다.

그림 88. 잼용 냄비

LE LIVRE DE CUISINE. — PREMIÈRE PARTIE.

콩피튀르 드 스리즈 CONFITURES DE CERISES

- 손질하여 2kg이 되는 체리를 준비한다.
- 꼭지와 씨를 제거하되 과육에 흠집이 생기면 안 된다.
- 설탕 750g과 물 500mℓ를 냄비에 넣고 체리를 더한다.
- 센 불에서 과일이 부서지지 않도록 거품기로 천천히 저어준다.
- 걸쭉한 상태가 될 때까지 익힌 다음 불에 내려 테린에 체리를 옮겨준다.
- 다음 날까지 둔 다음 다시 냄비에 넣고 설탕 250g을 더해 걸쭉해질 때까지 익힌다.
- 용기에 담고, 완전히 식으면 위 요리와 같이 보관한다.

참고 — 걸쭉한 상태라는 것은 거품기를 담갔다가 꺼냈을 때 조리 중인 액체류가 거품기에 얇게 덮이는 정도의 상태를 말한다.

마르멜라드 다브리코
MARMELADE D'ABRICOTS

- 살구 4kg의 껍질을 벗기고 4등분하여 큰 테린에 넣은 다음 설탕 2.4kg을 넣는다.
- 나무 주걱으로 설탕이 녹을 때까지 젓는다. 설탕이 녹으면 살구를 큰 냄비에 넣고 10분간 거품기로 저으며 뭉근히 끓인다.
- 거품기를 꺼내 상온에 식힌다.

DESSERT.

- 손가락으로 거품기를 문질러 마멀레이드 입자가 느껴지면 다 익은 것이다. 작은 양을 접시에 담아 모양이 퍼지지 않는지 확인하는 방법도 있다.
- 병에 넣고 식힌 다음, 위 요리와 같이 보관한다.

젤레 드 폼 GELÉE DE POMMES

- 캐나다 산 레네트 3kg의 껍질을 벗긴다. 모든 종류의 사과로 젤리를 만들 수는 있지만 칼빌이나 캐나다 산 사과가 제일 낫다.
- 사과를 큰 냄비에 넣고 물 4ℓ를 부어 푹 익을 때까지 끓인다.
- 사과가 마멀레이드가 될 때까지 익힌 다음 체에 걸러 즙을 짜낸다. 즙은 1kg당 설탕 600g을 섞는다.
- 젤리를 만드는 데 사용한 마멀레이드는 플랑, 샤를로트, 콩포트 등에도 활용할 수 있다.
- 젤리는 불에서 녹인 다음 천으로 걸러낸다. 당밀계 28도 선에서 두 번에 걸쳐 조리한다.
- 병에 넣고 위 요리와 같이 보관한다. ▶428

젤레 드 코앵 GELÉE DE COINGS

- 마르멜로 2kg의 껍질을 벗겨 4등분하고, 씨를 제거한다.
- 껍질을 벗기며 과육이 붉어지지 않도록 찬물에 담근다.
- 큰 냄비에 마르멜로와 물 4ℓ를 넣고, 마멀레이드를 만든다.
- 체에 걸러 즙을 짜서 무게를 잰다.

LE LIVRE DE CUISINE. — PREMIÈRE PARTIE.

- 즙 1kg당 설탕 600g을 넣는다.
- 위 요리와 동일하게 마무리한다.

세르노 오 베르쥐 CERNEAUX AU VERJUS

- 호두 30개를 준비하여 물기를 빼고 테린에 넣는다.
- 베르쥐● 50mℓ를 호두에 뿌린다. 이를 위해 신 포도 한 송이를 빻아 즙을 내고 면포로 걸러낸다.
- 굵은 소금 30g과 후추 2자밤을 더한다.
- 호두는 먹기 5분 전에 준비한다.

치즈와 제철 과일들
FROMAGES ET FRUITS DE SAISON

치즈와 제철 과일에 있어 특별한 지침이 요구되지는 않는다. 다만 과일은 최상품만을 구입해야 하며, 치즈는 시기마다 최상의 상태

그림 89. 칼빌 사과

●베르쥐는 익지 않은 포도로 만든 신 포도즙을 뜻한다. 소스를 만들 때 레몬이나 식초의 대용으로 사용하며, 육류를 사용할 때에도 사용한다.

DESSERT.

를 유지하는 것을 선택해야 한다.

　　　중요한 것은 디저트로서 치즈와 제철 과일을 어떻게 식탁에 내는지에 관한 것이다. 특히 과일은 아름답고 우아한 기준에 맞추어 담길 때 더욱 돋보인다. 첨부한 그림은 적절한 플레이팅 방식에 대한 아이디어를 제공할 것이다.

대형 도판 I.

대형 도판 II.

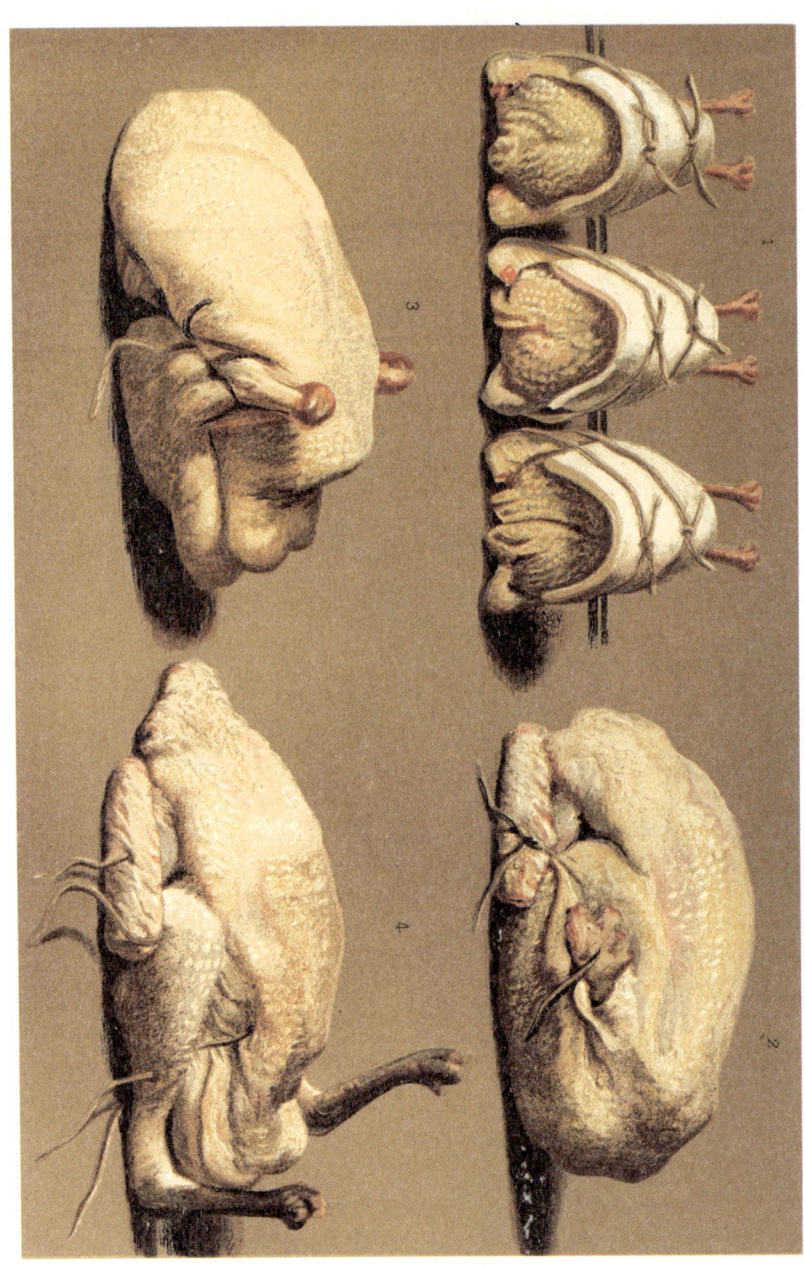

대형 도판 III.

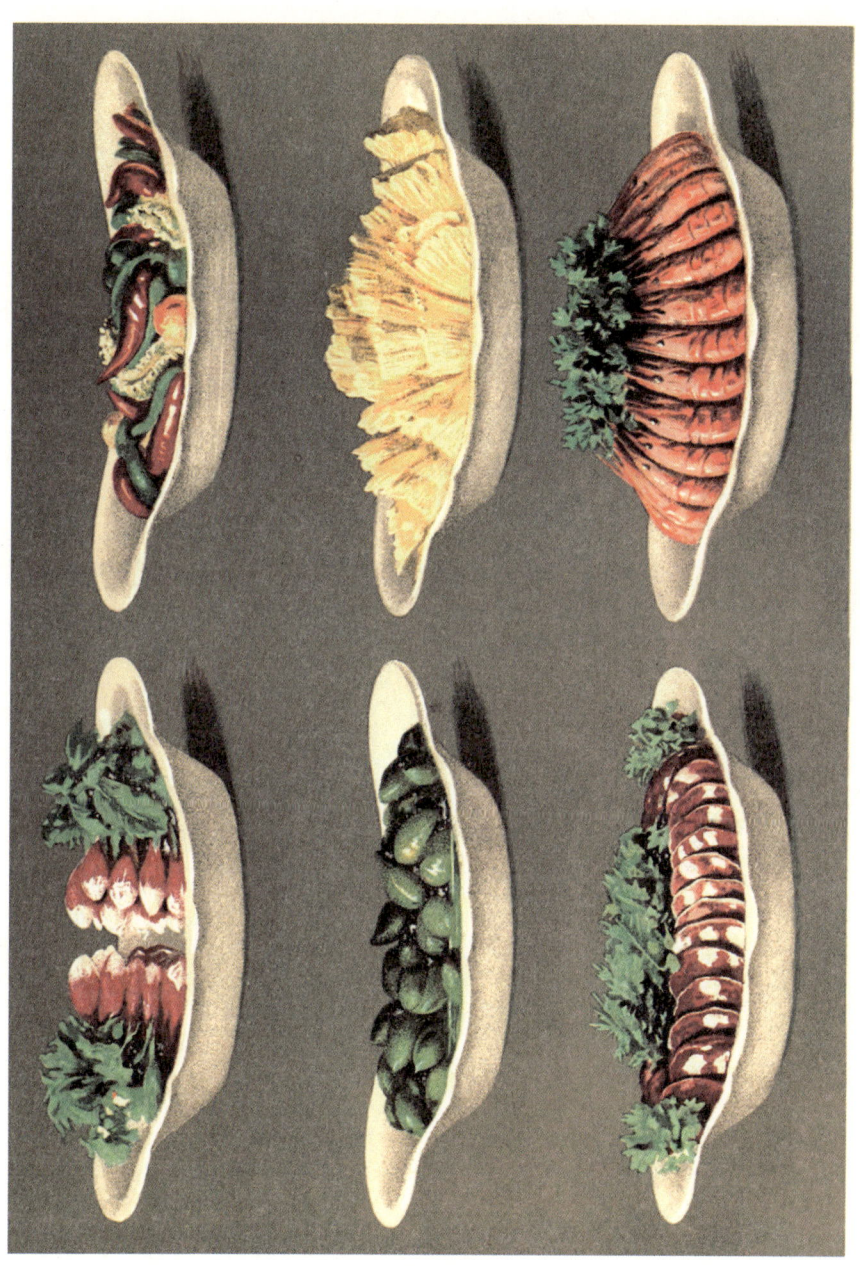

대형 도판 IV.

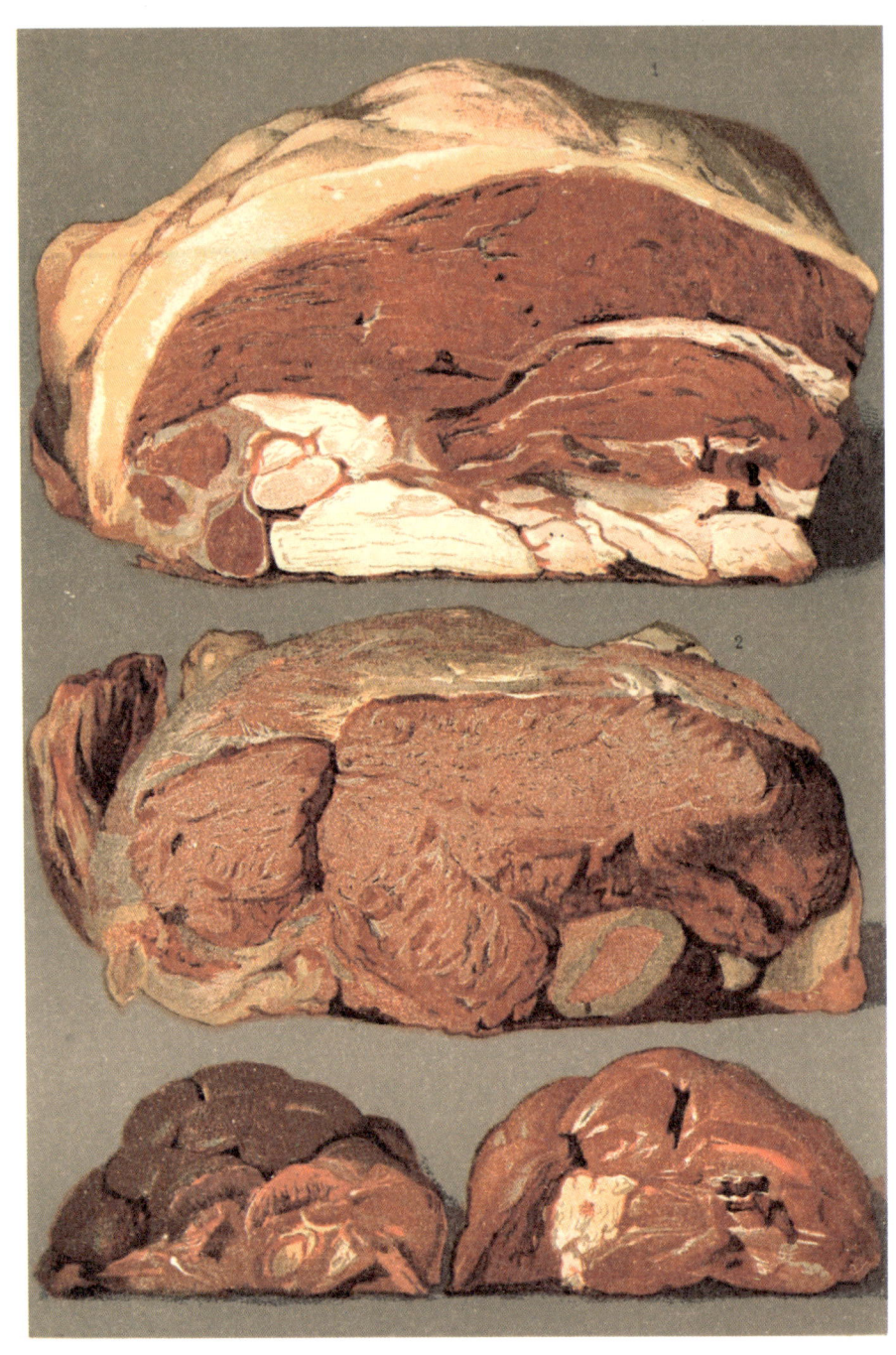

대형 도판 V.

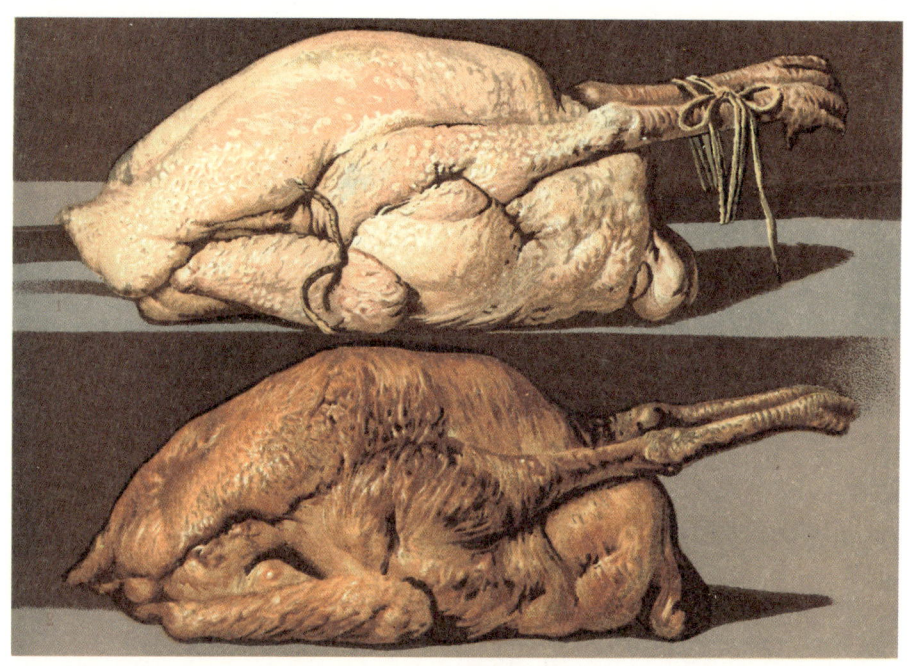

대형 도판 VI.

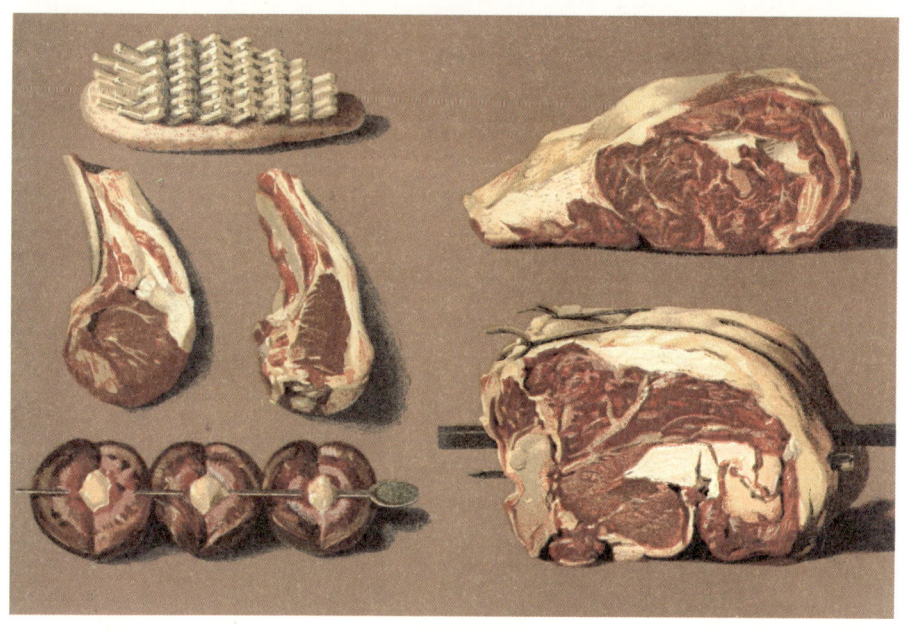

대형 도판 VII.

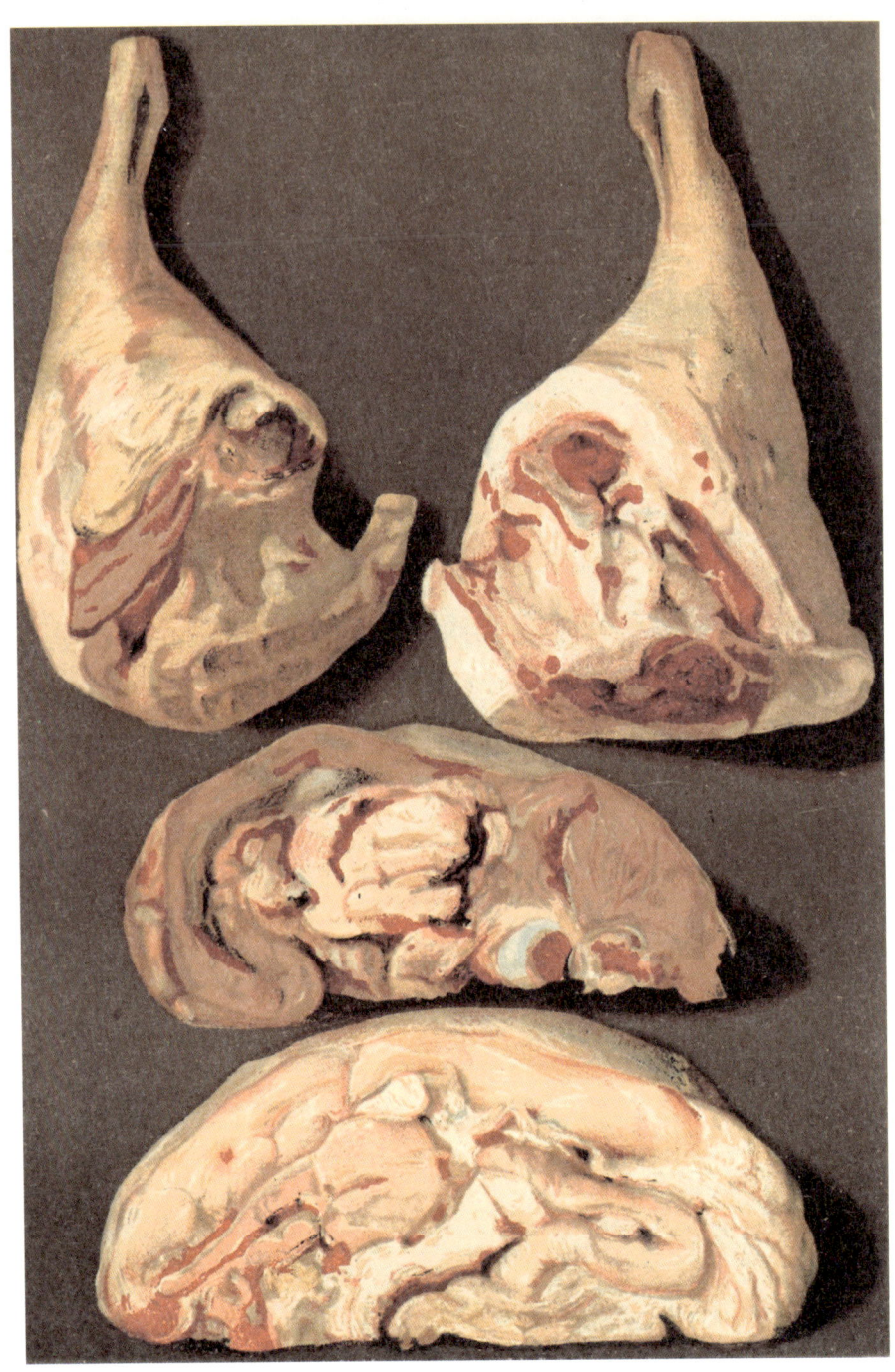

대형 도판 VIII.

도 판 목 차

I. 포타주 그릇과 상차림   21
II. 주방을 상징하는 도구들   27
III. 주방에서 쓰는 풀무   28
IV. 국자와 거품뜨개   41
V. 구리로 된 큰 여과틀   42
VI. 그라탱용 타원형 접시   43
VII. 일명 시누아라고 하는 여과틀   43
VIII. 꼬챙이 통   44
IX. 큰 꼬챙이, 일반 크기 꼬챙이, 철제 정육칼, 철제 고기망치   45
X. 브리데용 바늘   46
XI. 식칼   47
XII. 발골용 톱   48
XIII. 음식 저장대   49
XIV. 실내용 음식보관대   50
XV. 표준 화덕   55
XVI. 석쇠장   56
XVII. 솥단지   75
XVIII. 구리 솥   77
XIX. 주방에서 쓰는 소금단지   87
XX. 수프 그릇과 기타 식기   89
XXI. 퓌레용 여과기   104
XXII. 육수 볼   111
XXIII. 고명 재료   115
XXIV. 세로홈이 나 있는 칼   117
XXV. 양파를 돌려 깎을 때의 자세   117
XXVI. 채소용 스푼   121
XXVII. 원통 함   122
XXVIII. 채소용 칼   127

XXIX. 채소를 채썰 때 사용하는 칼	132
XXX. 콜리플라워	134
XXXI. 리에종을 섞을 때의 자세	135
XXXII. 꼬챙이에 꽂은 산토끼	157
XXXIII. 석쇠	160
XXXIV. 튀김 받침	161
XXXV. 페르드로 로티	164
XXXVI. 오르되브르	167
XXXVII. 멜론(캉탈루)	171
XXXVIII. 뿌리채소로 장식한 소고기	173
XXXIX. 크로케트 드 부이	179
XL. 코트 드 뵈프 브레제	185
XLI. 미로통	198
XLII. 송아지의 머리와 족	201
XLIII. 허벅지살을 사용한 보 로티	202
XLIV. 프리캉도	207
XLV. 소테용 팬	209
XLVI. 파피요트에 감싼 코틀레트 드 보	212
XLVII. 소 뇌	230
XLVIII. 지고 드 무통	233
XLIX. 코틀레트 드 무통	243
L. 양 족 묶음	247
LI. 프리카세 드 풀레	249
LII. 마요네즈 드 볼라이유	260
LIII. 우와 아 라 슈크루트	269
LIV. 피종 아 라 크라포딘	270
LV. 돼지고기	273
LVI. 칼집을 넣은 앙두이예트	280
LVII. 잠보노	281
LVIII. 페르드리 오 슈	283
LIX. 꼬챙이에 꽂은 종달새	294
LX. 파테	297
LXI. 파테 틀	301
LXII. 테린	307

LXIII. 잉어, 뱀장어, 곤들매기	309
LXIV. 민대구	319
LXV. 꼬챙이에 꽂은 바다빙어	321
LXVI. 가재 쌓음 요리	335
LXVII. 가재를 쌓을 때 쓰는 다단 선반	337
LXVIII. 민대구	338
LXIX. 채소	341
LXX. 암탉과 달걀을 자기로 표현한 수프 그릇	367
LXXI. 오믈레트용 팬	372
LXXII. 반죽 제품	377
LXXIII. 마카로니 오 그라탱	381
LXXIV. 외프 아 라 네주	383
LXXV. 샤를로트 드 폼	386
LXXVI. 오믈레트 수플레	389
LXXVII. 휴대용 간이 오븐	390
LXXVIII. 크레프용 팬	396
LXXIX. 바바루아 틀에서 꺼내는 모습	399
LXXX. 바바루아 아 라 바니유	400
LXXXI. 누가	403
LXXXII. 밀대	405
LXXXIII. 나베트 드 플롬	406
LXXXIV. 막자와 막자사발	410
LXXXV. 갈레트 데 루아	411
LXXXVI. 플랑용 틀	415
LXXXVII. 디저트	417
LXXXVIII. 잼용 냄비	429
LXXXIX. 칼빌 사과	432
대형 도판 I, II	434-435
대형 도판 III, IV	436-437
대형 도판 V	438
대형 도판 VI, VII	439
대형 도판 VIII	440
XC. 상추 샐러드	447

맺음말

이것으로 제1장을 끝마치게 되었다. 나는 가정에서의 요리 자체를 구성하는 데 있어 필수적인 어떠한 것도 생략하지 않았다고 생각한다. 이를 통해 독자 여러분은 일상의 요리를 성공적으로 해낼 수 있을 것이다. 이보다 더 많은 레시피를 수록하는 것이 내게는 어려운 일이 아니지만, 만일 그렇게 했더라면 당초의 계획에서 벗어나 이 장에서 소개하려고 했던 정보의 의도를 지키기가 어려웠을 것이다.

가정 요리와 고급 요리 사이를 가르는 경계선이란 우리가 의식하지도 못한 채 넘을 수 있을 만큼 무척 희미하다는 것이 자명한 사실이다. 평범한 식사를 넘어 완벽한 저녁 식사를 위해, 또는 한 접시에 특별함을 담고자 하는 사람이라면 언제나 이 책의 제2장에서 영감을 얻을 수 있을 것이다. 그 곳에서 모든 요구를 충족할 수 있는 충분한 정보를 구할 수 있을 것이라 확신한다. 다만 나는 먼저 기본적인 것과 분명한 것을 밝히고, 그 뒤에 세련되고 화려한 것을 설명하고자 했을 뿐이다.

　　　　나는 머리말에서 이미 밝힌 바와 같이, 일명 식사 예절이라고 부르는 것을 설명할 필요가 왜 없는지를 언급한 바 있다. 누구나 일상에서의 예절을 다 알지 않는가? 이 주제에 관해 너무나 유치하고 진부한 내용들이 이미 수많은 책에 인쇄되지 않았는가? 도대체 식탁 위에 유리잔, 접시, 나이프, 포크, 소금통, 겨자통 등을 어떻게 놓아야 하는지 모르는 자가 상식 있는 이 세상 어느 곳에 있겠는가? 요리에 관해 진지한 내용을 다루는 이가 유리잔은 항상 깨끗해야 하며, 식탁보는 하얗게 유지되어야 하고, 음식을 내는 이의 손은 완벽하게 씻어야 한다는 것과 같은 기본적인 내용을 언급해야 하는가? 나는 이러한 기본적인 예절과 문명의 기초적인 부분은 생략해도 된다고 믿었다.

　　　　통상적으로 저녁 식사를 대접하는 데 있어 갖추어야 할 소양은 역시나 맛이며, 맛이 훌륭하다면 그 손님은 잘 대접받은 것이다. 이것은 일상적으로 입증되는 사실이다. 요리에 능통한 요리사라면 별도의 언급이 없어도 품질이 뛰어나거나 맛이 강한 음식을 간단하거나 담백한 음식 다음에 내야 한다는 것을 잘 알고 있다. 또한 고용된 저택의 안주인에게서 조언을 언제든지 얻을 수도 있다.

그러므로 일반적인 가정에서의 식탁 예절은 조리법 자체에 담겨 있다. 조리법을 잘 이해하고 이 책에서 설명하는 대로 실행할 수만 있다면, 요리를 맛볼 사람들에 대해 과하게 근심할 필요는 없을 것이다. 자신을 위해 준비된 요리에 대해 만족할 줄 아는 손님이라면, 조리법에 있어 세부적인 실수가 몇 가지 있더라도 괘념치 않을 것이다. 자기 자신과 자신의 냄비로부터 만들어지는 요리에 대한 믿음이 확고한, 진실된 가정 요리사라면 평론가 행세를 하려는 자들의 무장을 해제할 비기를 항상 손에 쥐고 있는 것이다.

그림 90. 상추 샐러드

보유

Martin-Jules Gouffé

(1807 – 1877)

마르탱쥘 구페가 요리에 입문하게 된 결정적인 계기에는 아버지의 영향이 컸습니다. 파리에서 제과사로 근무하던 부친 피에르루이 구페 아래에서 1807년 태어난 구페는 아버지의 가게에서 십대 시절을 보내며 제과 기술을 익혔습니다. 구페는 삼형제 중 맏이었는데, 그의 동생인 알퐁스와 이폴리트 또한 아버지의 영향을 받아 일찍이 주방을 드나들 것입니다.

그의 재능은 우연한 계기를 통해 세상에 알려졌는데, 구페가 16세 되던 해 부친의 가게를 구경하던 당대 최고의 프랑스 요리사 마리앙투안 카렘(Marie-Antoine Carême) 덕분이었습니다. 그는 정기적으로 구페 가문의 진열장을 구경했는데, 어느 날 새로운 전시품이 눈에 띈 것입니다. 진열장에는 구페가 만든 고명용 설탕 공예와 마지팬(*pâte d'amandes*)●으로 만든 피에스 몽테가 전시되어 있었습니다. 카렘은 즉시 가게로 들어와 작품의 주인을 찾았고, 구페를 발견한 카렘은 그를 자신의 문하로 들여 그로부터 7년간 사세의 연을 맺게 되었습니다.

당시 카렘의 요리 경력은 절정에 달했습니다. 나폴레옹 치세의 전설적인 외교관인 탈레랑에 발탁되어 그 유명한 요리 외교의 주역으로 활약하였으며, 훗날 조지 4세로 등극하는 영국의 웨일스 공과 러시아의 알렉산드르 1세, 오스트리아의 프란츠 2세의 식사를 담당하며 온 유럽에서 명성을 얻었습니다. 1826년에 귀국하여 화려함의 극치로 유명한 페리에르 성의 주인인 금융재벌 제임스 드 로스차일드의 담당 요리사로 근무하던 중이었던 카렘

● 최초 고안자 프란지파니의 이름을 따서 프란지판이라고도 한다. 아몬드 페이스트에 설탕을 첨가한 것으로 주로 디저트에 다양하게 활용된다.

의 문하에서 수학하게 된 구페는 경력과 학식 모든 면에서 괄목할 성장을 경험할 수 있었습니다. 당대 프랑스의 쟁쟁한 요리사들과 수련을 함께 하던 구페는 1833년 카렘이 세상을 떠난 뒤 루이필리프 1세의 아들이자 해군 제독이었던 주앵빌 공, 나폴레옹 3세, 나폴레옹 3세의 이복형제였던 모르니 공작과 같은 유력 인사들의 사저에서 식사를 책임지기도 했습니다. 각종 요리 경연에도 출전하여 두각을 드러내었고, 1840년부터 파리 포부르 생토노레에 자신의 이름을 건 제과점을 개업하며 홀로서기를 시작하였습니다.

   구페의 제과점은 큰 인기를 끌었으나, 1850년대 이후 통풍과 류머티즘 등의 증상이 악화되면서 1855년에 제과점 운영을 중단해야만 했습니다. 그러나 구페가 주방에서 얻은 명성은 갈수록 빛났으며, 그의 은퇴를 아쉽게 여긴 당대 음식평론가였던 알렉상드르 뒤마(Alexandre Dumas)와 레옹 브리스(Léon Brisse) 등이 설득한 끝에 구페는 프랑스 최고 권위의 사설 클럽인 조키 클럽의 케이터링 감독이라는 명예직으로 영전하였습니다. 구페의 재능은 1867년 파리 만국박람회를 기념해 조키 클럽에서 각국 왕실 인사를 초청한 만찬에서 다시 한 번 빛을 받았고, 프랑스 요리에 대한 그의 공훈은 레지옹 도뇌르 슈발리에 훈장의 서훈으로 이어졌습니다.

   그러나 프랑스 요리를 위해 달려온 일생의 노고를 뒤로하고 자신이 이룩한 업적을 되짚어보며 명예를 음미하는 여유를 거부한 구페의 열의는 주방을 떠나서도 식지 않았습니다. 그는 저술

활동을 통해 후학 양성은 물론 프랑스 요리의 이론을 정초하여 전문가와 비전문가를 구별하지 않고 평등한 지식을 보급하려는 계획을 품었습니다. 이 시기 알렉상드르 뒤마는 구페의 도움을 받아 『주방 백과』라는 책을 집필하였는데, 구페는 대중에게 요리에 관한 정보를 제공하는 데 있어 그것으로 충분치 않음을 느꼈습니다. 구페는 영국 왕실의 요리사로 근무하였던 친동생 알퐁스 구페와 러시아에서 슈발로프 백작의 요리사로 근무하던 이폴리트 구페가 보내준 새로운 레시피를 참고하여 이전에 없었던 새로운 요리책을 집필하였습니다. 알퐁스 구페는 1938년 파리에서 결혼한 뒤 영국으로 이주하여 빅토리아 여왕의 수석 제과장으로 봉사하였는데, 그는 형이 만든 첫 책을 직접 영어로 번역하여 1883년 출판하였고, 영국에서도 선풍적인 인기를 끌었습니다.

　　　　19세기 중엽부터 이루어진 과학과 산업의 발달은 서구 사회에 물질적 풍요를 제공하였고, 이로부터 모든 영역에 과학적 질서를 도입해야 한다는 실증주의적 기조가 사회 영역 도치에 만연해 있었습니다. 구페 또한 당대의 기조를 받아들여 과학적인 방법론을 요리에 접목하는 데 많은 관심을 기울였습니다. 그는 앞서 어떤 요리사도 감히 시도하지 못했던 작업에 착수하였습니다. 눈대중이나 어림짐작으로 레시피가 전수되는 과거의 관행과 결별하고, 재료의 양과 조리 시간 등을 실제 과학 영역에서 사용하는 단위를 이용하여 기록된 정보로서 레시피를 엄격하게 통제하기 시작한 것입니다.

453

이러한 기조는 그의 첫 저서 『프랑스 요리의 모든 것』에서 자세히 드러납니다. 구페는 정확한 계량 작업을 강조하는 이유를 초심자에게 올바른 정보를 분명하게 제공하기 위함이라고 밝힙니다. 모두가 흡족함을 느끼는 맛이란 요리사의 재능이나 자질보다는 재료의 상태, 주방 도구, 조리 시간과 같은 세부적인 요소에 달려있음을 설파한 구페의 의도는 화려함과 복잡성에 매몰되어 가던 프랑스 오트 퀴진의 신격화를 경계하는 한편, 정해진 규칙과 질서만 충분히 실천한다면 누구나 어디에서건 미식을 누릴 수 있다는 신념을 강조한 것에서 발견할 수 있습니다. 이 책은 다양한 삽화를 통한 시각적인 정보 전달에도 힘쓰는데, 특히 당대 최신 기술인 다색석판인쇄를 통해 제작한 컬러 삽화는 요리책에 사용된 최초의 사례로 알려져 있습니다.●

구페가 카렘의 적통을 이어 받은 직계 제자라는 점은 의심의 여지가 없으나, 요리를 대하는 자세는 두 인물이 확연한 대비를 보입니다. 카렘은 오트 퀴진의 개념을 정립한 대가 답게 요리의 미적 감수성에 몰두하였습니다. 그에게 중요한 것은 음식의 맛뿐만 아니라 외형상에 보여지는 구도의 예술적 균형, 즉 조형미였으며 이러한 유미적인 감각은 자연히 미식의 고급화와 희소화로 이어졌습니다. 요리가 화려함을 추구할 수록 더 값비싼 재료를 사용하고 고난도의 기술을 다루는 요리사가 필요해지며, 일반인들이 누리는 일상의 양식과는 완전히 구별되는 미식의 경지가 펼쳐진 것입니다. 반면 구페는 카렘의 문하 답게 '장식 요리의 사도'라

● 삽화가 수록된 최초의 요리책은 카렘이 저술한 것으로 알려져 있는데, 이 삽화는 모두 흑백으로 인쇄된 것이다.

고 불릴 만큼 음식의 조형적 측면을 신경 썼고 실제로도 뛰어난 재능을 선보였으나, 그것이 소수의 만족에 그치지 않도록 정확한 계량에 입각한 세부적인 레시피의 보급에 힘썼습니다. 구페는 선배 요리사들 사이에 전승되었던 부정확한 레시피나 과장된 명칭들을 일종의 허세로 취급하며 초심자가 요리에 입문하는 데 있어 주방에서 제일 먼저 내몰아야 할 것들로 꼽았습니다.

요리에 대한 구페와 카렘의 견해가 옳고 그름을 가릴 수 있는 문제는 아니며, 카렘이 집대성한 오트 퀴진이 프랑스 문화의 중요한 축을 담당하는 귀중한 유산이라는 사실을 부정할 수는 없습니다. 한편 보다 대중적이고 분석적인 요리를 지향한 구페의 시도는 과학의 진보를 통해 번영의 세기로 나아가는 동시대의 경향을 반영하듯, 프랑스 요리의 새 시대를 예비하는 선각자의 부지런한 면모를 보여줍니다.

『프랑스 요리의 모든 것』을 통해 가정 요리와 고급 요리 전반에 걸쳐 프랑스 요리의 이론적 기초를 완성한 구페는 이어서 각종 식재료, 수프, 제과와 관련된 이론서를 잇따라 출판하며 지식의 보급과 후학 양성에 힘썼습니다. 당대 최고의 요리사들은 구페의 제자를 자처하며 배움을 얻었습니다. 비록 구페는 1877년 숨을 거두었지만, 프랑스 요리를 향한 헌신으로 완성한 그의 저서들은 여전히 요리에 입문하려는 모든 이들의 나아갈 길을 비추는 북극성이 되어 '모두가 요리할 수 있다'는 고귀한 가르침의 찬연한 광채를 발산하고 있습니다.

제 작 후 기

『프랑스 요리의 모든 것』은 19세기 프랑스에서 활약한 요리사이자 요리이론가인 쥘 구페의 *Le livre de cuisine* 중 제1부 「가정 요리」를 완역한 것입니다.

　　쥘 구페는 요리라는 개념을 보다 효율적으로 교육하고 실천하기 위한 새로운 인식틀을 여러 권의 저서를 통해 마련한 실증적인 학자였습니다. 경험적인 지식의 도제식 전승이 강조되었던 이전의 전통과 과감히 결별하고, 정확한 계량과 기록을 바탕으로 체계적인 학문 분과로서 프랑스 요리를 재편하려는 저자의 시도는 과감하지만 혁신적인 것이었습니다. 은유가 뒤섞인 난해한 용어를 명확하게 고치고, 요리에 사용되는 모든 재료들의 양을 엄격하게 계량하며, 주방에 시계를 들여 조리 시간을 분명하게 한 것은 저자 이전에 그 어떤 요리사도 감히 실천하지 못했던 일이었습니다.

　　저자는 요리에 과학적인 방식을 도입하는 이유를 책의 머리말과 맺음말, 그리고 본문 곳곳에 삽입되어 있는 '고찰'에서 분명하게 밝힙니다. 그는 엄격하게 징제된 정보를 제공함으로써 불분명한 지식이 유발하는 각종 문제들을 해소하기를 원했습니다. 이러한 정보를 바탕으로 요리를 직업으로 삼고자 입문하는 자들은 직능의 계발을 더욱 촉진하고, 가정에서 일상적인 요리를 준비하는 이들에게는 저마다의 형편에 맞는 미식을 즐길 수 있게 하는 것이 저자의 목표였습니다. 상술한 조건이 달성된다면 프랑스 요리의 유산이 정체되지 않고 시대에 발맞추어 진보함으로써 그 명성과 전통이 오래 계승되리라고 그는 굳게 믿은 것입니다.

말년 대부분을 요리 이론서 집필에 보낸 저자의 투지는 수많은 요리사들의 귀감이 되었으며, 그 뜻처럼 프랑스 요리는 시대를 거듭하면서 다양한 모습으로 발달하였습니다. 대혁명 이후 구시대의 전통을 고수하는 격식과 호화로움이 강조된 오트 퀴진(*haute cuisine*)은 1960년대에 들어서며 누벨 퀴진(*nouvelle cuisine*)이라는 반동적이며 현대적인 사조로 이어졌고, 이는 1990년대에 접어들어 현대와 과거의 적절한 조화를 추구하는 새로운 경향으로 나아갔습니다. 이처럼 전통적 기반에서 수행되는 변화와 혁신을 통해 프랑스 요리는 포섭할 수 있는 가능성의 영역을 더욱 확장하였으며, 2010년 유네스코 인류무형문화유산으로 등재되어 인류가 공유하는 귀중한 문화적 자산으로 거듭났습니다.

레시피를 번역해가며 그 조리법대로 머릿속에서 요리를 만들어 보는 재미가 무척 상당했습니다. 한편 정확한 정보를 전달해야 하는 만큼 곤란한 지점도 있었는데, 특히 용어의 표기가 그렇습니다. 식재료나 육류 부위의 경우 프랑스어를 준용할지 세간에 자주 쓰이는 것을 취할지 정하는 과정에 많은 고민을 거듭하였습니다. 요리 명칭의 경우 프랑스 문화에 대한 독자의 관심을 충족하기 위해 번역하지 않고 외래어 표기법에 맞게 적었습니다. 소나 돼지의 육류 부위는 책을 참고하여 요리할 독자를 고려해 프랑스의 구분법과 한국의 구분법을 대조하여 원문 표기와 가장 유사한 부위로 옮겼습니다.

저자는 이 책을 통해 프랑스 요리의 모든 것을 이론적으로 정초하고 있습니다만, 그럼으로써 동시에 "프랑스 요리는 무엇인가?"에 대한 질문을 던지고 있습니다. 엄격하게 통제된 레시피를 소개하고 있으나 그것이 절대적인 기준은 아닙니다. 저자는 저마다 다른 입맛을 가지고 있음을, 동원할 수 있는 재료의 형편이 다름을 알고 있습니다. 레시피가 가리키는 단 하나의 요리를 만들어도, 동일한 요리가 완성될 수 없는 이유입니다. 이 책에서 제시하는 과학적인 규칙들은 모두 요리라는 기술을 효율적으로 익히기 위한, 보다 구체적으로 말하자면 보다 적절하고 훌륭한 '맛'을 위한 지침입니다. 차이와 한계가 저마다의 개성이 될 수 있다는 구페의 요리 철학은, 비단 요리뿐만 아니라 인간의 삶에 있어서도 중요한 지침이 될 만한 교훈입니다.

　　많은 분의 도움을 받아 이 책을 완성할 수 있었습니다. 이 책이 세상에 나오도록 도움을 보태주신 후원자 여러분, 그리고 나의 가족에게도 깊은 감사를 전합니다. 저자의 헌신으로 탄생한 이 책이 프랑스 요리에 관한 바른 길잡이가 되어 독자 여러분께 도움이 될 수 있기를 바랍니다.

안 세 하

2025년 2월

Première édition : 500 exemplaires

*Impression S. K. P. C.
à Goyang, le 19 avril 2025
1ᵉʳ dépôt légal : avril 2025*

ISBN 979-11-979167-6-2 / Imprimé en Corée du Sud.